高等职业院校岗课赛证综合育人系列教材

法律逻辑应用教程

主 编 吴 诚 郑 琼 龙 昶

北京理工大学出版社
BEIJING INSTITUTE OF TECHNOLOGY PRESS

内 容 提 要

法律逻辑是涉法类专业学生的核心课程，旨在让学生了解逻辑学一般原理，掌握正确思维的基本形式、规则和规律，学会用逻辑的眼光审视法律领域中的特殊逻辑现象和问题，训练和提升学生的逻辑思维能力。

本书结构合理，共分九章，系统介绍了概念、简单判断及推理、复合判断及推理、逻辑思维基本规律、归纳推理、类比推理、假说、论证等逻辑知识。本书可作为司法院校、警察院校及涉法专业在校学生的逻辑教材，也可作为从事涉法涉警工作者或希望提升逻辑思维能力的学习者的阅读用书。

版权专有　侵权必究

图书在版编目（CIP）数据

法律逻辑应用教程 / 吴诚，郑琼，龙昶主编. — 北京：北京理工大学出版社，2023.1 重印
ISBN 978-7-5763-0750-4

Ⅰ.①法… Ⅱ.①吴… ②郑… ③龙… Ⅲ.①法律逻辑学－高等学校－教材 Ⅳ.①D90-051

中国版本图书馆 CIP 数据核字（2021）第 267032 号

出版发行 / 北京理工大学出版社有限责任公司
社　　址 / 北京市海淀区中关村南大街 5 号
邮　　编 / 100081
电　　话 /（010）68914775（总编室）
　　　　　（010）82562903（教材售后服务热线）
　　　　　（010）68944723（其他图书服务热线）
网　　址 / http://www.bitpress.com.cn
经　　销 / 全国各地新华书店
印　　刷 / 河北鑫彩博图印刷有限公司
开　　本 / 787 毫米 × 1092 毫米　1/16
印　　张 / 17　　　　　　　　　　　　　　　　责任编辑 / 阎少华
字　　数 / 330 千字　　　　　　　　　　　　　文案编辑 / 阎少华
版　　次 / 2023 年 1 月第 1 版第 3 次印刷　　　责任校对 / 周瑞红
定　　价 / 48.00 元　　　　　　　　　　　　　责任印制 / 边心超

图书出现印装质量问题，请拨打售后服务热线，本社负责调换

前言 PREFACE

  法律和逻辑具有天然的联系，无论是立法、司法还是执法，都离不开逻辑思维，可见逻辑思维是法律思维的基础工具。在我国逻辑学长期被边缘化，致使法律思维也存在缺陷，甚至影响法律工作者的思维，进而影响整个法律工作，出现诸如佘祥林案、滕兴善案、赵作海案等冤案、错案，表面上看，造成这些冤案、错案原因都是刑讯逼供，实质并非如此。可以想象，如果办案人员不是坚信这些人有罪，他们还会刑讯逼供吗？如果办案人员拥有正确的逻辑思维，能够做出正确的判断，还会那样盲目自信而刑讯逼供吗？可见，提高法律工作者逻辑思维能力是十分必要的。

  对大多数人而言，对逻辑的了解主要来自数学或一些奇妙逻辑思维训练，因其太过深奥而难以把握，因此，逻辑或逻辑学让人望而生畏。然而，作为思维的工具，人们生活和工作都离不开逻辑。而涉法工作更是一项非常严肃、严谨且复杂的工作，如果不具备较高的思维素质、缜密的逻辑思维是难以胜任的。因此，提高学生的逻辑思维能力，特别是法律逻辑思维能力，是涉法、涉警类院校教授逻辑学的教师不可推卸的责任。

  本书为湖南省职业教育优秀教材，主要对象是即将在基层一线工作的涉法工作者，是没有经过系统学习的逻辑"零基础"的学生，逻辑思维能力普遍偏弱，学习逻辑的困难不难预见。对这些学生而言，学习逻辑并不是为了学术研究，而是运用逻辑处理日常工作中出现各种逻辑问题和法律实践工作中遇到的各种法律问题。因此，编者试着通过对具体的法律案例的逻辑分析，在感性认识的基础上，引出相关的逻辑知识，再通过"拓展学习",将逻辑理论运用到指导法律实践活动,通过"训练提升"和"启发反思"巩固所学知识及灵活运用,达到提高学生逻辑思维能力的目标。

本书内容没有脱离形式逻辑体系,依次介绍概念、判断、推理和论证等知识,但在案例和例子上选取偏重法律实践工作中的事例。一是便于学生直观了解逻辑原理在法律实践中的应用,二是体验运用逻辑解决法律实践问题所获得的成功喜悦,这不仅使学生掌握了相关的逻辑知识,而且还能提升学生学习逻辑的兴趣,并促进个人逻辑思维能力的提高。

同时,书中深度融入课程思政,将尊重客观事实、遵循客观规律、坚守道德底线和法律红线,树立正确的世界观、人生观、价值观,提升思想道德素养等内容融入教材内容。注重"崇德、重法、诚信、公正"等价值引领,"求真、创新、慎思、笃行"等科学精神培育,实现"德法兼修"的教学目标。

本书由湖南司法警官职业学院吴诚、郑琼、龙昶担任主编。

本书在编写过程中参考了大量逻辑教材和论著,尽量标明了出处,在此特向书中提到的或未能提到的所有文献的作者深表谢意。如果出现错漏,在此深表歉意,并请及时联系。

同时,本书编写还得到北京理工大学出版社的大力支持,在此一并表示感谢。

由于编者水平有限,书中难免存在不足之处,敬请广大师生提出宝贵意见并给予批评指正。

本书编写组

目录 CONTENTS

第一章 绪论 1
    第一节 逻辑学的产生和发展 2
    第二节 思维与法律思维 5
    第三节 学习逻辑的意义 11

第二章 概念 14
    第一节 概念的内涵与外延 15
    第二节 概念分类及外延间的关系 23
    第三节 界定概念的逻辑方法 33

第三章 简单判断及其推理 49
    第一节 判断和推理的概述 50
    第二节 性质判断 60
    第三节 性质判断的直接推理 69
    第四节 三段论 76
    第五节 关系判断及其推理 96

第四章 复合判断及其推理 103
    第一节 联言判断及其推理 104
    第二节 选言判断及其推理 108
    第三节 假言判断及其推理 120
    第四节 二难推理 146
    第五节 负判断及其等值判断 155

第五章 逻辑思维的基本规律 158
- 第一节 同一律 159
- 第二节 矛盾律 166
- 第三节 排中律 172

第六章 归纳推理 179
- 第一节 归纳推理概述 180
- 第二节 归纳推理及运用 184
- 第三节 求因果归纳推理 191

第七章 类比推理 200
- 第一节 类比推理概述 201
- 第二节 类比推理的法律运用 204

第八章 假说及其运用 216
- 第一节 假说的概述 217
- 第二节 侦查假说 222

第九章 论证及其法律运用 235
- 第一节 论证的概述 236
- 第二节 法律论证 239
- 第三节 法庭辩论的逻辑技巧 251
- 第四节 谬误与反驳 255

参考文献 263

第一章

绪 论

第一节　逻辑学的产生和发展

　案例解析

城郊住有张姓三兄妹，两个妹妹都为人胆小，晚上从不外出。平时兄妹都是一起吃晚饭。这天哥哥所在单位厂庆，晚上11点回家时发现两个妹妹不在家里，于是组织人进行寻找，后在河边竹林深处一废弃井中发现两人尸体，系先奸后杀，井边草地有碾压痕迹，还有些水果、零食残渣、塑料袋、绳索等。据此，侦查人员做了如下推测：

（1）根据死者姐妹一贯胆小、夜不外出的习惯，罪犯应与死者极为熟悉。

（2）罪犯作案地点选择在城乡接合、地形复杂、僻静竹林内的废井处，说明罪犯十分熟悉现场周围情况。

（3）罪犯选择作案时机正是死者之兄离家未归的时候，一般人是不了解这个情况的，罪犯极可能是居住在死者家的附近。

（4）现场遗留有水果、零食残渣、塑料袋、绳索等，说明罪犯作案前有预谋。

（5）在案发当天下午和晚上，罪犯应有足够的准备和作案时间。

（6）罪犯应是道德败坏、品质恶劣，或曾有犯罪行为，极有可能是青壮年。

上述这些推测都是该犯罪分子作案的必要条件。按必要条件的特点：有之不必然，无之必不然。就是说，一个人具备了这些条件不一定是犯罪分子，但不具备这些条件的肯定不是犯罪分子。侦查人员正是根据这些条件，查出罪犯果然是死者的一个邻居，曾有偷盗、奸污妇女等罪行，且探知死者的哥哥会晚归，熟悉现场周围的情况等。

逻辑学是一门研究思维的形式、规律和方法的科学。逻辑学是一门基础性、工具性的学科，逻辑学的基本理论是其他学科普遍适用的原则和方法，是建立各门学科的基础，也为包括基础学科在内的一切科学提供逻辑分析、逻辑批判、逻辑推理、逻辑论证的工具。

法律逻辑学是一门逻辑学与法学交叉的学科，主要研究法律推理，即研究法律推理的规律、规则和方法。无论立法、司法还是执法，侦查破案、起诉辩护还是审理裁判，都要应用逻辑学的理论和方法，都要遵守逻辑思维的规律和规则。因此，法律工作者都要熟练掌握逻辑学的理论和方法，运用好逻辑这一工具。

逻辑学是一门古老的科学。距今 2000 多年前，古代的希腊、中国和印度几乎同时对逻辑问题展开了研究。不过，它产生之时还不是一门独立存在的科学，而是经过漫长的时间才从哲学中逐渐分化出来的。

1. 古希腊——逻辑学的主要发源地

古希腊哲学家亚里士多德（公元前 384—前 322）在继承、总结前人的基础上，第一次全面、系统地研究了逻辑学的主要问题，首创了演绎逻辑系统，被后人称为"逻辑之父"。他研究了概念、判断、推理、论证、论辩的方法以及驳斥诡辩的方法、三段论、同一律、矛盾律和排中律等问题。亚里士多德的逻辑，由于是以对词项（概念）的研究为基础的，所以被人们称为"词项逻辑"，词项逻辑成为演绎逻辑发展的坚实基础。

继亚里士多德之后，斯多葛学派（公元前 300 年左右）研究了复合命题，建立了"命题逻辑"，将复合命题区分为联言命题、选言命题和假言命题等，并总结了复合命题的推理形式，制定了相应的推理规则。

1620 年，英国哲学家、数学家弗朗西斯·培根（1561—1626）提出科学归纳法，奠定了归纳逻辑的基础。19 世纪，英国哲学家约翰·穆勒继续发展了归纳逻辑，在其《逻辑学体系》（《穆勒名学》）中明确、系统地阐述了探求事物间因果联系的五种归纳方法：求同法、求异法、求同求异并用法、共变法、剩余法。进一步丰富了归纳逻辑的内容，演绎逻辑和归纳逻辑构成了传统逻辑。

17 世纪末，德国的数学家和哲学家莱布尼茨（1646—1716）提出了用数学方法处理演绎逻辑，把推理变成逻辑演算，成为数理逻辑（又称为现代逻辑）的奠基人。19 世纪，英国数学家乔治·布尔（1815—1864）建立"逻辑代数"，将莱布尼茨的思想变为现实。后来又经过 20 世纪英国哲学家罗素等人的研究，数理逻辑进一步得到发展。数理逻辑把逻辑规则数字化，用符号、公式来描写逻辑规则。现代用计算机处理自然语言，就要用到数理逻辑。

传统逻辑只研究思维的形式，没有把思维的内容和思维的形式统一起来，同时只立足于思维的确定性而撇开了思维的变动性和辩证性，德国唯心哲学家康德（1724—1804）和黑格尔（1770—1831）创立了辩证逻辑。逻辑科学至此也就不只是一门学科，而是形成了一大科学门类。

2. 古代中国——逻辑学主要发源地之一

我国古代称逻辑为"名学""辩学""论理学"等，先秦时期的《墨经·小取》《荀子·正名》《公孙龙子·名实论》等逻辑专文集中阐述了当时的名辩学说和理论体系。例如,《墨经》提出了"以名举实,以辞抒意,以说出故"的光辉思想,其中的"名"相当于概念,"辞"相当于判断,"说"相当于推理。它说明,在人们的思维和论证过程中,用概念来反映事物,用判断来表达思想认识,用推理来推导事物的因果联系,这是对概念、判断和推理的本质和作用所做的精辟论述。

但是,在重视人文伦理的古代中国,逻辑学没有像西方那样发展为一个相对独立、不断完善而形成系统的学科。直到近代,严复(1854—1921)在翻译《穆勒名学》中首次使用了"逻辑"一词,这门学科才在中国重新得以倡导并发展起来。

3. 古印度——逻辑学的主要发源地之一

早在公元前6世纪,古印度"因明"学诞生:"因"是指推理的依据,"明"指通常所说的学说,"因明"是关于推理、论证的学说,主要讨论论题、论据和例证之间的关系,总结立论和驳论的规则。

代表人物是陈那(公元前520—前440),他在《正理门论》中提出三支论式,认为每个推理均由"宗""因""喻"三部分组成,其中的"宗"相当于三段论的结论,"因"相当于三段论的小前提,"喻"相当于三段论的大前提。事实上,三支论式与三段论,主要是前提与结论的次序不同,它们在推理形式上是一致的。"因明"于唐代经玄奘等传入我国并得到发展。

训练提升

1. 逻辑学的研究对象是什么?
2. 指出下列各段文字中"逻辑"一词的含义。
  (1)不给就抢,这是强盗的逻辑。
  (2)表达思想要合乎逻辑。
  (3)要成为一名好警察,必须学一点逻辑。
  (4)与语法、修辞一样,逻辑是没有阶级性的。

启发反思

　　案件侦破源于侦查员细致观察和严密的逻辑推理,可见,分析处理问题需要养成严谨细致的工作作风。逻辑思维的规律和规则历千年而不朽,没有随着时空变迁、人事差异而有所不同,说明为人处事必须遵循逻辑思维,尊重客观规律。

第二节 思维与法律思维

 案例解析

2017年1月12日9时53分许,深圳龙岗警方接事主珠宝店老板张某报警:家中保险柜内存放的15千克黄金(价值约400万元)和7 700元现金被盗。接到报警后,龙岗警方立即成立"1·12黄金被盗案"专案组。现场勘查发现:门窗完好无损,保险柜也没有撬痕,屋内其他地方并无翻动痕迹,房间内有视频监控,不巧的是对着保险柜的监控探头关闭了。张某介绍,1月11日晚他才将一批黄金放进保险柜,不料马上被盗。专案组民警通过研究,认为熟人作案的可能性非常大。具体推理过程如下:

(1)如果是熟人作案,那么就可以不损坏门窗进入房间,门窗完好无损,因此,可能是熟人作案。

(2)只有熟人才有可能知道保险柜密码,才能顺利打开保险柜。保险柜被顺利打开,没有发现撬痕,因此,作案人可能是熟人。

(3)只有熟人才会如此熟悉房间内监控探头的开关位置,对着保险柜的监控探头正好关闭,所以,作案人可能是熟人。

通过进一步调查,民警发现1月11日夜里0时至1月12日上午9时,有员工谭某等3人居住在案发的房屋内,警方初步判断为内外勾结盗窃,谭某等3人有重大作案嫌疑。进一步调查发现,谭某是张某的侄女婿,帮其打理生意,平时就住在张某家中,谭某的嫌疑加大。经突审,谭某交代了其伙同表弟陈某盗窃的犯罪行为。

这宗黄金失窃案,深圳龙岗警方经过严密的逻辑推理,仅用36小时成功破案,并借助天网等高科技手段,不仅抓获了两名黄金大盗,还远赴千里追回了全部被盗黄金。①

---

① 15公斤黄金家中被盗,警方36小时擒回内鬼。http://news.110.com/viewnews-87484.html。

一、思维

人们对客观事物的认识分为两个阶段：一是客观事物在人脑中产生感觉、知觉和表象的阶段，即感性认识阶段；二是对感性认识加以整理和改造，去粗取精，去伪存真，由此及彼，由表及里，逐步把握事物的本质和规律，形成概念、判断和推理，即理性认识阶段，也就是思维的阶段。

概念、判断、推理是理性认识的基本形式，即思维的基本形式。

（1）概念是反映事物本质属性或特有属性的思维形式，是思维结构的基本组成要素，相当于汉语中的词或词组。

（2）判断是对思维对象有所断定（肯定或否定）的思维形式，相当于汉语中的句子。

（3）推理是由一个或几个已知判断推出一个新判断的思维形式，相当于汉语中的"因为……所以……"的语言关系，它是思维形式的主体，人们的思维活动主要是靠它来实现的。

思维有概括性、间接性两个基本特征。

（1）思维的概括性是指思维不仅能够反映个别事物，而且能够反映一类事物；不仅能够反映事物偶然的、非本质的属性，而且能够反映它们共同的本质属性。例如人们可以从市场上形形色色的物品中，识别出它们用以交换的共同属性，把它们命名为"商品"。

（2）思维的间接性是指思维在感性认识的基础上，可以认识那些没有被感知的东西，可以从已有的知识推出新的知识。例如，光在真空中的传播速度为每秒30万千米，物质的基本粒子及其内部结构，等等。这些都不是感知的，而思维能够把握它们。又如人类社会的发展，将进入美好的共产主义社会，当前这也不依赖于感知，而是根据社会发展规律推断出来的。

由此可见，思维是人脑的机能，是人脑对客观事物间接的、概括的反映。

二、思维的逻辑形式

世界上的任何事物都有它的内容和形式。思维也是这样，有内容也有形式。思维的内容就是指思维所反映的特定对象及其属性；思维的形式就是指思维对特定对象及其属性的反映方式，如法律概念、法律判断和法律推理等。具有不同内容的思维形式所共同具有的一般形式结构，称作思维的逻辑形式。如下面的例子：

①所有罪犯都是受到刑法惩罚的。
②所有犯罪现场都是有犯罪痕迹的。
③所有警察都是国家公务员。

这三个判断描述的具体内容是不相同的，但它们有共同的形式结构，即"所有……都是……"，即共同的逻辑形式。

思维的逻辑形式可以用公式来表示。我们用 S 表示指称判断对象的概念，用 P 表示指称判断对象所具有属性的概念，那么这三个判断的逻辑形式就可以用公式表示如下：

所有 S 都是 P。

再看下面的例子：

①所有罪犯的被服都是由监狱统一配发的，张某是罪犯；所以，张某的被服是由监狱统一配发的。

②所有犯罪行为都是违法行为，李某的行为是犯罪行为；所以李某的行为是违法行为。

这是两个推理，它们的具体内容虽各不相同，但仔细分析一下，它们的逻辑形式是相同的。我们用 M、P、S 分别表示推理中的 3 个不同的概念，那么上述推理的逻辑形式就可以用公式表示如下：

所有 M 都是 P，

所有 S 是 M；

所以，所有 S 都是 P。

思维的逻辑形式，就是从内容各不相同的判断、推理中抽取出来的共同的连接方式。其中如"S""P"等符号表示的部分，是可代入具体内容的可变部分，称为逻辑变项；而"所有""是"是不同的判断或推理都共同具有的、不变的部分，称为逻辑常项。在实际法律思维中，任何判断或推理总是具体的，其逻辑形式和具体内容是结合在一起的。但是，为了化繁为简，人们往往会暂时撇开思维的内容而只研究它的形式。

三、法律思维

1. 法律思维的含义

法律思维是指在法治理念和法律原理的指引下，根据法律规范，对进入法律视野的客观现实进行理性思考，运用法律概念、法律术语等法律语言载体进行判断、推理，得出符合法治精神和法律规范的结论，适用法律问题解决的思维过程。

法律思维能力是法律工作者最核心的素养。在司法过程中，只有依照严格的法律思维，才能排除个人偏见，避免随意性，才能形成并推导出解决法律问题的正确结论。

例如，一位律师在张某抢劫案辩护中提出张某的行为不构成抢劫罪，理由是张某没有实施暴力，仅仅是扬了一下拳头，被害人就把物品留下了，故被告人的行为只构成抢夺罪。显然辩护律师的观点是错误的，公诉人感觉到此案的关键是被告人是否使用暴力，抓住这一实质性问题，就会一说即明，因而答辩道："抢劫罪是以非法占有为目的，以暴力、威胁或者其他方法强行将公私财物抢走的行为。可见，暴力手段并不是构成抢劫罪的唯一条件，采用语言、用某种动作或示意进行威胁的手段同样也能构成抢劫罪，被告人张某对被害人扬了一下拳头，是以将要实施暴力相威胁，实质是实行精神强制，使被害人恐惧不敢反抗，被迫当场交出财物，这就是一种用暴力胁迫进行抢劫的行为，完全符合抢劫罪的特征。"由于公诉人抓住了答辩要点，使辩护人哑口无言。

2. 法律思维的基本特征

（1）法律思维是主体认知客体的一种方法。法律思维的主体是指法律职业者，主要包括法官、检察官、律师等；客体是指法律规范和客观现实。

（2）法律思维是主体从现象到本质以达到法律真实为最低标准的一个思考过程。由于法律思维的对象一般是发生过的事实，法律职业者只能根据符合程序要件当事人的主张和举证，以及依照法定程序收集的信息和证据进行分析判断。只能达到程序要求的法律真实，而不可能完全再现客观真实。因此，法律思维虽然是主体从现象到本质的思考过程，但这种思考以达至法律真实为标准，即所谓的合法性优于客观性。

（3）法律思维以法律职业者的法律知识和经验阅历为前提。与法律职业者相关联的不仅是法律规范整体，还涉及具体的事实构成。法律思维不可能凭空产生，其必然以对事物的"先见"为前提。所谓"先见"是指个人在评价事物时所必备的平台，其先前的生活阅历、知识等构成理解倾向的基础因素，不可避免地带有个人的主观色彩。法律职业者运用法律思维，必须具备深厚的法律知识底蕴，否则思考法律问题就会没有依据和方向；同时，法律职业者还必须具备丰富的人生阅历和社会经验，否则就无法认识事实构成。因此，只有具备了法律知识与"先见"这两个前提，法律思维才可能发生。

（4）法律思维以法律规范和客观事实为思考资料。法律思维的逻辑起点是进入法律视野的自然事实或者说案件，这些自然事实包括时间、地点、人物、行为、动机等。法律思维通过法律规范要求，区分出自然事实和法律事实，并在此基础上进行建构，区分出法律事实的性质。法律思维的过程就是将法律研究和事实研究结合起来的过程，法律规范和客观事实则是这个思考过程的资料。用简图可以表示：自然事实→初步法律研究→法律事实及其性质→法律事实和证据研究→深入法律研究→裁判事实。

（5）法律思维以法治理念为价值指引，以定分止争为目的。

3. 法律思维的基本规则

法律思维的基本规则可归纳为六条：

（1）法律思维必须以权利义务的分析作为思考问题的基本逻辑

线索。

（2）形式合理性优先于实质合理性。

（3）程序公正优先于实体公正。

（4）普遍正义优先于个案正义。

（5）理由优先于结论。

（6）合法性优先于客观性。

如法官在进行权利义务分析时，常常容易犯两种错误：一是把道德上的权利义务同法律上的权利义务混为一谈；二是逻辑理由偏颇。而对于合法性优于客观性的法律思维规则，我们认为一个理想的判决应该是既合法又客观。

4. 法律思维素质

法律思维素质是指法律工作者应当具备的职业素质（专业素质）。其要素包括法律思维能力、法律表达能力和对法律事实的探索能力。

其中，法律思维能力是法律思维素质的核心，主要有以下内容：

（1）准确掌握法律概念的能力。

（2）准确建立和把握法律判断的能力。

（3）法律推理的能力。

（4）对即将做出的法律裁决或法律意见进行论证的能力。

法律表达能力可以分为口头表达能力和书面表达能力两个方面。

对法律事实的探索能力，就是探知法律事实，即调查、搜索、制作、组合、分析、认证法律事实的能力。

而其中的过程也无不运用着法律思维。

当今逻辑科学的发展显现出一种多角度、多层次的势头。以传统逻辑学的一般原理为框架，结合刑事侦查、起诉辩护、审案判决等一系列法律工作实践，来研究法律工作思维的基本规律、方法和特点，我们将其称为"法律应用逻辑"。我们通过下面这个案例来看看法律应用逻辑的运用过程：

2007年3月18日，某分局刑警大队接到小静（化名）的报案：3月15日早晨去上班时，在汽车的挡风玻璃上发现了一个档案袋，内有自己的多张用电脑打印的黑白裸照，还有一张手写的字条："再给你一次机会，请短信联系1324××××××，否则，在你周围会到处看到你美丽的裸照，上面会有你的姓名、单位和住址。"原来，几天来小静收到了3条类似的威胁短信，心情十分紧张。警方帮助小静分析出裸照的拍摄地是本市的一家大型洗浴场所。警方分析，拍摄裸照，无非两个目的：一是恶意报复；二是敲诈勒索。小静是一家机关的工作人员，生活中没有什么有仇的人非得用这种方式来报复，所以警方认为，如果不是报复，对方肯定还会有具体的下一步行动。果然，3月18日晚，一名男子打通了小静的电话，要求小静用20万元"买回"裸照。在小静的故意拖延中，警方得到了对方的蛛丝马迹，锁定了一个嫌疑目标。接下来的几天里，该目标又急着几次打来电话要求小静付钱。小静巧妙周旋，并将电话录音。其中一次通话，将"赎金"谈为 78 万元，但小静要求让人陪同送钱，被对方拒绝（这个要求合情合理，让对方不能得手又留有希望）。最后，目标发来短信威胁："我会让你付出代价！"警方判断，犯罪嫌疑人一步步的行动说明：他急需一笔钱，可能还会敲诈其他对象。为了掌握证据，民警连续几天在小静去过的洗浴场所内外布控，终于抓获了一男一女两名嫌疑人：男的在浴场外选定对象，用手机指挥，女的在浴场内洗浴间和更衣室用手机录像或拍照。警方在女性犯罪嫌疑人的手机里发现了刚拍摄的一段裸照录像。2007 年 8 月，陈某（男）因敲诈勒索罪被判处有期徒刑两年半，小玉（女）因同一罪名被判处有期徒刑两年。

这个案例体现了逻辑在案件侦查过程中的运用。

 训练提升

请指出下列判断或推理的逻辑常项与逻辑变项。
1. 有些公安民警不是警校毕业生。
2. 所有犯罪行为都是违法行为。
3. 有的犯罪嫌疑人是很狡猾的。
4. 只有到过犯罪现场，才可能作案。
5. 本案的作案人或者是王某，或者是赵某。
6. 犯罪是违法行为，贪污是犯罪，所以，贪污是违法行为。
7. 如果触犯了刑律，那么一定会受到《刑法》的制裁。

案件侦破源于侦查员细心勘查、推理严密、客观公正，更离不开共同的思维形式这一逻辑工具，正是人们常说"举一反三""万变不离其宗""一法通而万法通"，运用好方能畅游思维之海。可见，工作作风和思维素养不可或缺。

第三节 学习逻辑的意义

案例解析

某工厂发生一起重大责任事故，给国家造成了350多万元的巨大损失。人民检察院依法对该厂厂长和党委书记提起公诉。在法庭辩论中，厂长辩称说："出现这次事故是工人违反操作规程所造成的，我们根本就没有支持工人违反操作规程，更不可能清楚工人违反操作规程。因此，我们要负什么法律责任呢？"

厂长的话似乎有道理，他们的确没有支持工人违规操作，也不清楚工人违规操作。但公诉人看穿了被告人这一为自己开脱罪责的诡辩，反驳道："你作为一厂之长，如果知道并支持工人规范操作，那么，根据法律规定，你应该负刑事责任；如果你不清楚这种规范操作，那么，这是严重的官僚主义，玩忽职守，也应该负刑事责任。总之，不管你知道不知道，作为一个厂长，出了重大责任事故都得负刑事责任。"

被告人无理反驳，只得认罪。

任何一个活着的正常人，都要进行思维。人在进行思维时都离不开概念、判断、推理，要进行正确的思维就必须遵守思维的形式、规则、规律和运用逻辑方法，因此，学习、掌握、运用逻辑知识对每一个人都有十分重要的意义，对于搞好法律工作更有不可估量的作用。具体说来，学习逻辑具有以下几方面的意义。

1. 有助于提高思维能力，获取新知

人们要正确认识客观事物，获得科学知识，就必须参加社会实践，进行调查研究。人们在社会实践获得的感性材料，需要运用逻辑工具使感性认识上升到理性认识，进而获得新知。对客观事物的认识是通过概念、判断、推理等思维形式来进行的，是一种间接知识。实践证明，在符合客观实际基础上正确地得出概念，做出判断，进行推理，其结果也是正确的、符合客观实际的。例如人们常说的"运筹帷幄，决胜千里""秀才不出门，能知天下事"，说明了这种间接知识的正确性。诸

葛亮"未出隆中，先知天下三分"，靠的就是在了解天下形势基础上的合乎逻辑的推导。

涉法工作中与违法犯罪分子的较量，从某种意义上讲就是智力的较量。如在侦查过程中，要从遗留的痕迹、物证，从犯罪现场准确地推导出罪犯作案的时间、地点、动机、目的、过程，刻画出罪犯的条件，这些除需要侦查业务知识外，逻辑知识也起着非常重要的作用。只有正确理解、运用法律武器，准确分析案情，确定侦查方向，预测犯罪动向，准确鉴别痕迹物证，把握讯问技巧等都要运用逻辑知识。

2. 有助于我们准确地、严密地进行论述

思维和语言是密切相关的，思维必须通过语言才能表达出来、固定下来，语言是思维的物质外壳，是表达思维的工具。思维是语言表达的内容，语言是思维表达的形式。思维的逻辑性强，语言表达就更有逻辑、更有说服力。学好逻辑能增强我们思维的逻辑性，有助于我们准确地、严密地表达思想和论证问题，说话和写文章就会中心明确、条理清楚、结构严密，更有说服力。

法律工作是针对人的工作，无论是调查研究，还是开展法制宣传，以及对违法犯罪人员进行教育，都离不开语言。法律工作的严肃性要求在使用语言时，比日常生活使用语言更严密、更准确、更有逻辑性。一字之差、一词之错都可能会造成不可弥补的损失，所以，在法律工作中使用语言必须严密、准确、字斟句酌，要做到这一点，学习逻辑很有必要。

3. 有利纠正逻辑错误，批驳诡辩和谬论

人们在思维中，常有意或无意地违反思维规则、规律，产生各种逻辑错误，学习和掌握逻辑知识对增强我们的识别能力，避免和纠正逻辑错误很有帮助。例如，我们常听人说："我又不是团员，何必那么严格要求自己。"大家总觉得这句话不对，但为什么不对，就不一定每个人都能说得出来。学好逻辑就很容易分析出这句话的逻辑错误。

在日常生活、学习、工作中，总会有些人出于某种目的，散布种种谬论或者为自己错误观点进行诡辩，对这些谬论、诡辩，我们就要运用逻辑武器予以揭露、批驳。如在侦查工作中，公安民警要同形形色色的违法犯罪分子做斗争，而违法犯罪分子也会以种种理由来掩盖其罪行，为其违法犯罪行为进行诡辩。但诡辩始终是错误的思维，只要我们拿起逻辑的武器，就能批驳其诡辩，揭露出事实真相，使其受到应有的惩罚。

或许有人会说，我没有学过逻辑，也照样能思维，能分析问题。其实，每一个人从一开始使用语言进行思维时，就在学习和运用逻辑，只不过这种学习和运用是不自觉的、无意识的。这种不自觉的学习和运用，有一定盲目性，且效率极低，所掌握的逻辑知识也是不系统的，也

很难有效地运用逻辑规则、规律去衡量自己或别人的思维是否正确，往往"知其然，不知其所以然"。系统地学习逻辑知识可以使我们克服思维的盲目性，使思维条理化、系统化、理论化，使我们不仅知道"是什么"，还知道"为什么"。

为什么说涉法工作者特别需要学习逻辑学？

"无知者无畏"，运用好逻辑工具，运用逻辑理性克服盲目自信，逐步树立求真、理性的科学精神。

第二章
概 念

第二章 概念

第一节 概念的内涵与外延

案例解析

张先生与某开发商签订房屋买卖合同一份,张先生购买开发商的房屋一套,交房时间为合同签订后两个月内,购房订金12万元,剩余购房款58万元,交房时一次性付清。合同签订后,张先生交付开发商12万元,收据载明为言字旁"订金"。张先生到期未能领取钥匙,张先生称开发商违约至今没有交房,开发商则称张先生违约不领钥匙不接收房屋,实质上房屋还不具备交付条件,张先生只好提起诉讼。法院判决:张先生在购房时所交的订金是预付款的性质,非法律所规定的作为债权担保的定金性质,原、被告双方现未能交付房屋,被告应将预付款退还原告。因双方未明确约定12万元为定金性质,对张先生要求双倍定金的诉求,法院不予支持。

为什么张先生的诉求没有得到法院的支持?

"定金"在法律上有明确的规定,它既是履约的保证,又是一种支付,同时还是一种赔偿。在出现违约时,如果是收取定金方,就要向购买方双倍返还定金;如果是支付定金方,则无权要求返还定金。

"订金"则在法律上没有明文规定。"订金"是消费者对商家的一种保证,是一种支付手段,具有预付款的性质,而不具备担保性质。在违约时,双方的法律责任并不明确。订金不利于维护消费者权利。

由于张先生支付的是订金而非定金,所以对张先生的诉求,法院不予支持。

一、什么是概念

概念是反映对象特有属性的思维形式,其表现形式相当于语言中的词或词组。

例如,"国家""监狱""抢劫罪""被告""非法占有他人财物的行为"。

概念总有其思维的对象。任何对象都具有许许多多的属性。它可以是对象自身具有的性质,如形状、颜色、气味、动态、功用等,也可以

什么是概念

是该对象同别的对象之间呈现出的各种关系，如大小、高矮、远近等。人们对对象的认识，主要就是对它的属性的认识。

特有属性是指在一类对象中，每个对象都共同具有而别类对象不都具有的那些属性。特有属性既能表明该类中所有对象的共同特征，又能体现该对象与别类对象的根本区别。

除特有属性外，其他属性都是该类对象的非特有属性。

例如，"鸟"这类对象在形态结构、生活习性、地理分布、经济价值等方面有着多种不同的属性，其中"有羽毛""卵生"和"脊椎动物"这三个属性为每一只鸟所共同具有，而其他对象不都具有，因此"身有羽毛的卵生脊椎动物"就是"鸟"这类对象的特有属性。至于"能飞行"等属性既没有反映鸟类全部对象的共同特征，也不能体现鸟与其他一些动物的根本区别，因而它只是"鸟"这类对象的非特有属性。

在实践中，人们对对象认识是在获得了较为丰富的感性认识材料的基础上，运用比较、分析、综合、抽象、概括等方法，舍弃对象的非特有属性，把对象的特有属性抽象概括出来，就形成了对这一类对象特有属性的理性认识，这种理性认识就是概念。所以，概念是人们通过对对象特有属性的认识而形成的一种思维形式。

概念在语言中用词和词组表现出来。例如：人们要形成关于鸟的概念，就需要在感知了鸟所具有的众多属性的基础上，使用"鸟"这个语词来指称鸟这一类动物。

二、概念与语词

概念和语词有着密切的联系。语词是概念的语言表现形式，而概念则是语词所表达的思想内容。概念必须通过语词来表达，但并非一一对应。

1. 同一语词可以表达不同的概念

一词多义的情形在思维领域经常出现，如："逻辑"可以用来表达："思维规律""客观规律""逻辑科学"等。"拘留"可以用来表达："刑事拘留""行政拘留"。

由于同一语词可以表达不同的概念，因而对于孤立的多义词，我们就难以确定它究竟是什么概念。为了弄清词义，正确确定语词所表达的概念，就必须分析语词所处的语言环境，离开了语境就有可能错误地判定语词所表达的概念。

2. 不同语词可以表达同一概念

如，人们认识到死亡这种现象的特有属性是生命活动和新陈代谢的终止，从而形成了关于死亡的概念。而对"死亡"这一概念进行表述，则可以使用多个不同的语词，如"卒""殁""故""去世""身亡""死

概念和词语

亡""丧命"等。

在思维或辩论过程中，我们应特别注意结合语境，准确地把握语词实际表达的概念，尤其要防止简单地把相同语词当作相同的概念；在运用语词表达概念时，应尽量避免语词歧义，力求使之能够准确表达所要表达的概念。

例如，张某2003年年初盖房时因资金不足，向同村的李某借了4万元，并向李某出具了欠条。2004年年初张某将3万元归还给李某，还钱时没有其他人在场。李某收钱后给张某出具了一张字据，上写："还欠款3万元。"张某当时接纳了该字据也没有表示异议。6个月后，张某和李某为这张字据产生了争端。争端的焦点在于"还"字的两种读法。李某说，字据上的"还"字读"hái"，意思是张某还欠其3万元；张某说，字据上的"还"字读"huán"，意思是已还李某3万元，只欠1万元。

诉讼到法院后，法官认为本案中的还款字据如果是债务人张某出具的，其要表达的真实意思应该是"仍欠3万元"（否则李某会当时表示异议）；而如果是债权人李某出具的，那他所表达的真实意思是"已收到3万元"（否则张某会表示异议）。因此，法院裁决张某归还李某3万元的事实存在，并裁决撤销原字据，责令李某重新出具明确无误的字据，避免再生事端。

由于法律工作的严肃性，法律术语的语义是单一而固定的，每一个法律术语所表达的都是一个特定的法律概念，其他任何语词都无法替代。例如，在法律文书的写作中，"过错"不能用"错误"替代，"故意"不能用"特意"代替，"解除"不能用"撤销"等。

案例解析

被告人杨某，女，28岁，某木材加工厂女工。被告人张某，男，30岁，某个体户老板。被告人钱某，男，26岁，某医院司药。杨某与张某长期通奸，为达到结合为夫妻之目的，预谋杀害杨某的丈夫王某。他们共同商定由张某设法搞来毒药，由杨某伺机下毒。张某找到在医院工作的钱某要砒霜。钱某问张某做什么用，张某讲出实情，钱某拒绝。张某便以揭发钱某的隐私相要挟，钱某无奈，给张某一包硫酸铜（一种会引起呕吐而不会致命的药物），张某将药交给了杨某。某日，杨某在王某的饮食中下了药，王某吃后翻胃呕吐，十分痛苦，杨某观察了一段时间，见王某仍在痛苦之中，便后悔，遂急送王某到医院抢救，王某很快恢复了健康。被告人杨某、张某是属于犯罪中止还是犯罪未遂？钱某是否构成共同犯罪？[①]

---

① 王洪.法律逻辑学案例教程［M］.北京：知识产权出版社，2003.

这里就必须弄清"犯罪中止""犯罪未遂""共同犯罪"等概念的含义。犯罪未遂是指行为人已经着手实行犯罪，由于犯罪分子意志以外的原因而未得逞；犯罪中止则是指在犯罪过程中，自动放弃犯罪或者自动有效地防止犯罪结果的发生。犯罪未遂和犯罪中止的不同之处在于犯罪未完成是否出自行为人自己的意志。

本案中，张某与杨某的投毒杀人行为已经实施完毕，虽未发生行为人所预期的死亡结果，但这是由于行为人投放的是不能致人于死命的硫酸铜所致，并非行为人所采取的送医院抢救所致。尽管杨某最终在主观上放弃了犯罪意图，客观上做了积极努力，但这种努力并非有效地避免预期危害结果发生的原因，即这种努力在主观上是自动的，在客观上却是无效的。它虽然符合犯罪中止的自动性要件，但不具备犯罪中止的客观有效性特征。因此，被告人杨某、张某属于犯罪未遂。

共同犯罪是指两人以上共同故意犯罪，客观上须各个行为人实施了共同的犯罪行为，主观上具备行为人之间存在着共同的犯罪故意。

本案被告人钱某，在得知张某的杀人意图后，不仅未积极提供帮助，并且予以拒绝。后虽在张某揭发其隐私的要挟下提供了药物，但提供的是不能致人死地的硫酸铜，这说明钱某自始至终均不存在与杨某、张某共同杀人的主观要件，也未实施共同杀人的客观行为，故钱某的行为不构成共同犯罪。

三、概念的内涵和外延

（一）概念的内涵和外延

任何概念都有它的内涵和外延，这是概念共同具有的两个逻辑特征。

（1）概念的内涵，即它所指称的那类对象所具有的特有属性，它表明一个概念所指称的那类对象具有什么样的根本特征。

例如："法院"这个概念，它的内涵是"行使审判权的国家机关"，其外延在我国包括最高人民法院、各高级人民法院、各中级人民法院和各基层人民法院以及各专门法院。

（2）概念的外延，即属于它指称的那些对象，它表明一个概念可用于指称的对象有哪些。

例如："纵火罪"的内涵是故意放火焚烧公私财物、危害公共安全的行为，其外延是故意焚烧学校等。

只有准确理解了概念的内涵和外延，才能正确使用概念。使用法律概念时尤其要求严谨、准确。比如法律上的"讯问"和"询问"这两个概念，虽然含义相近，但是使用的外延不一样，讯问是针对犯罪嫌疑人

什么是内涵和外延

的，有审讯的意味；而询问是针对证人的，是平等合作的关系。

拓展学习

比如，深圳机场一名清洁人员曾在打扫卫生时捡到一个硬纸箱，打开发现里面是黄金，她没有交给机场派出所，而是带回家中藏了起来，失主报案后，通过监控录像查出真相，追回失物，公安机关以涉嫌盗窃罪对清洁人员出具起诉意见书。那么她的犯罪行为是否是盗窃呢？①

根据《中华人民共和国刑法》第264条有关规定，盗窃罪是指以非法占有为目的，秘密窃取数额较大或者多次秘密窃取公私财物的行为。从案情描述可知，此清洁人员并没有秘密窃取，而是捡到别人的遗失物品，所以不构成盗窃的行为特征，不在盗窃罪的外延之中。

另据《中华人民共和国刑法》第270条有关规定，侵占罪是指以非法占有为目的，将他人交给自己保管的财物、遗忘物或者埋藏物非法占为己有，数额较大，拒不交还的行为。显然此清洁人员的行为符合侵占罪的要件，是在侵占罪的外延之中。

（二）概念内涵和外延间的关系

概念的内涵和外延是互相联系、互相制约的。概念的内涵确定之后，就确定了概念指称对象的范围；同样，概念的外延确定之后，也就确定了概念反映的对象具有何种特有属性。

概念的内涵和外延之间存在着反变关系，即概念内涵多少与外延大小之间的相互制约的关系：将一个概念的内涵增多，则它的外延就会随之缩小；相反，将一个概念的内涵减少，则它的外延就会相应扩大。例如，"法律"与"刑法"，前者的外延大、内涵小；而后者的外延小、内涵大。

对于具有反变关系的概念，我们把外延大的称为属概念，把外延小的称为种概念。

内涵和外延间的关系

例如，2008年某日凌晨5点，孟某与同伙在长沙市芙蓉区某住宅楼13楼一户人家撬门而入偷盗现金6 000元；在另一户偷盗现金2 500元、手机一台，被保安发现。其中两名保安在电梯里拦住孟某二人，孟某从赃款中取出一沓钱给保安，企图"买路"，被保安拒绝。电梯到达一楼时，孟某的同伙取出电棒电倒其中一名保安。两人在冲出电梯时，被另外手持铁棒从值班室跑出的两名保安挡住，又抢过铁棒对保安猛打，但最终被保安擒获。长沙市芙蓉区法院以抢劫罪判处其中的孟某有期徒刑

---

① 黄彬.从"梁丽拾金案"探究"拾金而昧"的法律责任[J].法制与社会，2009(20)：87+98.

7 年，并处罚金 1 万元。

逻辑辨析：上述案例最初的性质是"偷盗"，随着孟某等二人使用电棒、铁棍攻击保安，案件的性质变为了"抢劫"，其犯罪行为的内涵和外延均发生了变化，在适用法律时，量刑自然随之加重了。

◆ 拓展学习

中央电视台 2004 年 2 月 2 日《今日说法》：2003 年 5 月 29 日，位于山西省长治县西南 9 千米的八义村召开村民大会选举村委会主任。八义镇政府派出了镇选举指导组，对八义村的选举进行指导。按规定，村民们又选举产生了村选举委员会，具体主持选举工作。经过预选产生了村主任候选人。丁建国，当过兵，退伍后在村子里搞汽车运输。赵斌，上一届村主任。下午 5 点左右，得票结果统计出来了：丁 1 225 票，赵 1 109 票。可奇怪的是，村民们等了大半天，镇选举指导组却迟迟不让村选举委员会宣布选举结果。

原来这次选举共发出选票 2 451 张，收回选票 2 448 张。按照规定，候选人得票只要超出投票人数的一半就能当选。镇选举指导组认为：投票人数应以发出选票 2 451 张计算，半数应为 1 226 张（四舍五入），丁正好差一票不能当选。村选委会认为：投票人数应以收回选票 2 448 张计算，半数应为 1 224 张，这样丁就超出一票，刚好当选。如何界定"投票人数"这个概念，成了决定选举结果的关键。

镇选举指导组不让公布选举结果引起村民的严重不满。后来镇选举指导组向长治县选举指导组请示，县选举指导组的崔某答复：选举结果应以发出票数为计票基数。县选举指导组当即复函，两人均不得当选。镇选举指导组根据这份复函通知村选委会 15 日内另行安排选举村主任，并让村选委会当场宣布这个结果。

对这个结果村民不满，到长治市民政局咨询上访，民政局武局长接待了他们。武说早在 2002 年 10 月，山西省民政厅就针对《山西省村委会选举手册》中关于有效票总数的计算问题做了更正，更正说明中强调选民领了选票而未投票，实际上是放弃选举权，因而应算参加选举但不计算在参加投票选民数内，即应按收回选票计算有效票的总数。于是，6 月 4 日，长治县选举指导组又给八义镇选举指导组发出第二份复函，内容是，八义村的村委会换届选举应以实际收回票数来决定。

这样一来，丁建国名正言顺地当选为村主任。但此时新的问题又产生了，赵斌提出：丁是非农业户口，不算村民，没有参选资格。八义镇选举指导组决定继续调查赵反映的情况，这样公布选举结果就遥遥无期了。

选举过去了 4 个月，9 月 22 日，丁建国带领拥护者强行进入村委会大院上任，引起了自认为仍是村主任的赵斌的不满。10月4日，赵等几人进入广播室和丁发生冲突，丁被赵的人用刀砍伤，无生命危险。致使村里一团糟，村民烧不了煤，吃不上水，垃圾成堆没人运走，电线断裂没人修。

逻辑问题：分析该案发生的原因是什么？

案例分析：该案的发生除社会原因外，还有一个选举中的技术问题没解决好。即对两个法律概念的内涵和外延不明确：一个是"投票人数"（是按发出选票数计算投票人数还是按收回选票数计算投票人数）；一个是"村民"（村民是否包含户口不在本村，但仍在本村居住、生活和劳动的人）。丁建国在1998年1月因父亲退休接班办理了户口"农转非"，但仍在本村生活和劳动并履行村民义务，那么他算不算八义村的村民呢？《山西省村委会选举手册》第17条规定：户口在村以及户口不在村但在村居住、生活、劳动，履行村民义务的公民，都有选举权和被选举权。按这个规定，丁应该是八义村的村民，应该有选举权和被选举权。但"选举手册"不是法律规定，不具有法律法规的效力。对这两个重要的法律概念，其内涵和外延应由国家的法律法规来界定。①

案例解析

在日本，一个妇女在夜间死于卧室，鲜血染红了床铺。她究竟是死于自杀还是他杀？从现场没有搏斗迹象等看来，似乎是自杀。然而，血型鉴定结果出来后，警方发现，死者的血型为O型，而枕头上的血迹为AB型，这表示可能有AB型的凶手作案。但案子久侦不破。日本警察科学研究所第二研究室主任山本茂过问此案。他发现枕头的内芯是荞麦皮做的。对荞麦皮进行化验后，山本茂吃惊地发现：荞麦皮居然属于AB型！这就是说，植物也含有血型物质，也有"血型"！这可是空前的发现。山本茂深入进行了研究，他调查了500多种植物，发现它们都有血型，例如苹果、南瓜、草莓、山茶为O型，珊瑚树为B型，葡萄、李子为AB型。但他没有发现A型的植物。②

由于植物血型的发现，案件排除了他杀的疑惑，也使人们对血型这个概念有了更加深刻的认识。

四、概念本身是发展变化的

---

① 武建中，李义敏，杨丽.有法不依酿血案［J］.山东人大工作，2003（11）：63-64.

② 植物血型_360百科，http://baike.so.com/doc/7891523-8165618.html.

如果一个概念的内涵得到确定,那么它的外延也能得到相应的确定。概念的内涵与外延具有相对确定性,即在一定的时间、地点、条件下,概念的内涵和外延总是确定的、不变的。

但是,因为概念是人们对客观事物的一种认识,而认识具有发展性和不完全性,所以,随着客观事物的发展和人们在实践中对客观事物认识的不断深入,某些概念的内涵和外延也会发生变化。

训练提升

1. 什么是概念?概念与语词有何关系?

2. 什么是概念的内涵和外延?举例说明从属关系概念的内涵与外延间的反变关系。

3. 2008年7月,秦某在自己运营的车上,和李某等4人玩起了"跟三",以1元为底下注,最高跟注为20元,被长沙市公安局某派出所现场抓获,收缴赌资共275元。秦、李二人被处治安拘留10天。从拘留所出来后,秦某将马坡岭派出所告上法庭,请求法院判决派出所撤销处罚,消除影响并赔偿相应损失,其依据:根据《湖南省公安机关办理赌博类行政案件的规定》,以钱财为赌注,单注金额在10元以上,每轮输赢在500元以上方可认定为赌博行为,而自己玩"跟三"无论是单注还是总赌资,均未达到上述数额,不应受到治安处罚。派出所认为,《湖南省公安机关办理赌博类行政案件的规定》中第5条中的第3、4、5、6、8项的情形不受"以钱财为赌注,单注金额在10元以上,每轮输赢在500元以上方可认定为赌博行为"条款的限制。即判断是否为赌博,不仅要从赌注的大小,还要从赌博的形式来看,"跟三""转转麻将""扳砣子""六合彩"等活动,无论赌注大小,均应被认定为赌博行为。

请问:本案诉讼的焦点是什么?如果你是法官,你将如何裁决?

在法律适用时必须明确、清晰地把握相关法律条文,否则就可能出错,出现不公正的判决。任何事物都处在发展变化之中,没有例外,因此要充分认识到事物本身和对事物的认识的发展性与不完全性,也是马克思主义最基本的观点。

第二节 概念分类及外延间的关系

案例解析

小李将自家护栏边的绿地毁坏，种上了蔬菜。小区物业老张发现后，提醒小李：护栏边的绿地是公共绿地，属于小区的业主。物业为此下发了整改通知书，要求小李限期恢复绿地。小李对此辩称："我难道不是小区的业主吗？护栏边的绿地既然属于小区的业主，当然也属于我。因此，我不能在自己的地里种蔬菜吗？"老张虽然感觉小李的话有问题，却又不知如何反驳。

请问，小李的话存在什么逻辑错误？

逻辑分析："绿地属于小区的业主，小李是小区的业主"，前后两个"小区的业主"表达的并不是同一个意思，前一个表示整个小区的业主，后一个仅表示小李是这个小区的业主，根本就不是同一概念。

一、概念的种类

根据概念内涵和外延方面的某些共同特征，按照不同的标准，可以把概念划分为若干不同的种类，一般有两种分法。

概念的分类

（一）单独概念和普遍概念

概念根据所反映的对象数量不同，分为单独概念和普遍概念。

1. 单独概念

单独概念是指反映某一个事物的概念，它的外延仅指一个单独的对象。如人名、地名、国家名、事件名等都表达单独概念。

例如："中国""北京""钓鱼岛""鲁迅""雷锋""十月革命""九·一八事变""世界上最大的沙漠""我国第一座长江大桥""中国共产党"等。

在单独概念中，有一类比较特殊的概念，是由多个个体组成的整体（或群体），它反映的对象是一个整体（或群体），可以称为整体概念。整体和组织它的个体是整体和部分的关系，个体不具有整体的整体性，因而不是同一类概念，也不具有属种关系。

例如："中国人民解放军是我国的主要武装力量""中国共产党是中国工人阶级的先锋队"中的"中国人民解放军""中国共产党"都属于整体概念。如，军队是一个武装集团，但就组成军队的广大指战员来说，任何一个指战员个人都不具有武装集团的性质。共产党员也不具有共产党是工人阶级先锋队的性质，任何党员个人都不能代表共产党。

2. 普遍概念

普遍概念是指反映某一类事物的概念，它的外延不是由一个单独的分子构成的，而是由两个以上乃至许许多多分子组成的类，组成类的分子具有类的全部属性。

例如："亚洲国家""规律""国家""革命""我国的直辖市"等。

3. 两者的区别

区分单独概念和普遍概念的标准是外延的数量。在实际思维中，某个语词表达的究竟是单独概念还是普遍概念，不能脱离语境，否则可能会导致误解。例如：

①国家不论大小、强弱、贫富，应当一律平等。

②国家维护社会主义法制的统一和尊严。

例中"国家"一词所表达的概念是不同的，前者是指称当今世界上的所有国家，包括中国、美国、日本等，是普遍概念，而后者指的是"中华人民共和国"这个特定的对象，是单独概念。

又如：

③中国人是很聪明的。这句话中的"中国人"指的是全体中国人组成的统一整体，是单独概念，个体不具有整体性，所以不能把它理解为：中国人个个都是很聪明的。

④中国人是具有中华人民共和国国籍的人。这句话中的"中国人"代表一个类，是一个普遍概念，指的是每一个中国人都具有"中华人民共和国国籍"这个类的属性。所以不能理解为：未必中国人个个都具有中华人民共和国国籍。

 拓展学习

在司法工作中，特别是在关于名誉权案件的审理中，注意辨别某个语词表达的究竟是不是单独概念，具有特别重要的意义。

例如，徐良诉《上海文化艺术报》和赵伟昌名誉权纠纷案，就涉及这个问题。

《上海文化艺术报》曾发表赵伟昌撰写的《索价3 000元带来的震荡》一文，称"当一家新闻单位邀请一位以动人的歌声博得群众爱戴的老山英模参加上海金秋文艺晚会时，这位英模人物开价3 000元，少一分也不行。尽管报社同志一再解释，鉴于经费等因素酌情付给报酬，他始终没有改口"。文章发表以后，徐良认为"虽然没有点我的名，但显然指的是我。因为老山英模中只有我一个人参加了上海金秋文艺晚会演出。《索价》一文事实严重失实……严重损害了我的名誉。"因此提起诉讼。①

文章虽然使用的是"老山英模"这个概念，通常情况下它只是一个普遍概念；然而在文章所描写的具体环境中，它实际上已成了特指徐良这个特定对象的单独概念，人们也完全可以根据文章所述情况，确认所指就是徐良。

又如，2016年9月，广东增城妇女潘金莲以侵犯名誉权为由，将电影《我不是潘金莲》与同名小说作者刘震云等一同告上法院，要求他们停止侵权并赔偿损失。2017年3月21日，此案在北京朝阳区法院开庭审理，4月19日，北京朝阳区法院做出判决，认定本案中的原告潘金莲，仅是与文学作品《水浒传》中的人物形象同名，与小说《我不是潘金莲》及同名电影、预告片并无直接利害关系，不符合起诉条件，裁定驳回原告潘金莲的起诉。②

语言中的专有名词都表达单独概念。至于像人的姓名这样的专有名词，往往因其有着多个同名同姓的对象而使之显得并不"专有"，这并不意味着它就是普遍概念了。姓名相同，表明的只是姓名的语词形式相同，并不表明它们指称的对象也相同。

又如，一辆公共汽车开到某站，车下的人不等下车的人下完，便一窝蜂地往上挤。突然，哗啦一声，一块玻璃被一个小伙子弄碎了。

售票员对他说："同志，你把玻璃弄碎了，你要赔偿！"

小伙子反问道："为什么要我赔？"

售票员说："这是人民的财产，损坏了人民的财产就应当赔偿。"

小伙子理直气壮地说："我是人民中的一员，人民的财产也有我的一份，用不着赔，我的那一份不要了。"

尽管售票员知道小伙子强词夺理，但又不知怎么反驳，与小伙子争吵起来。

我实在看不下去，就说："人民的财产中的人民代表了所有人，人民中的一员只代表你一个，这是两个不同的概念。你混淆起来就纯属狡辩。"小伙子只好认赔。

---

① 徐良诉《上海文化艺术报》、赵伟昌侵害名誉权纠纷案，《中华人民共和国最高人民法院公报》，1990年04期，http://www.cnki.com.cn/Article/CJFDTotal-FYGB199004010.htm。

② 广东妇女潘金莲起诉电影《我不是潘金莲》被驳回，https://www.guancha.cn/society/2017_04_20_404605.shtml。

（二）肯定概念和否定概念

根据所反映的对象具有某种属性或不具有某种属性，概念可以分为肯定概念（又称正概念）和否定概念（又称负概念）。

1. 肯定概念

肯定概念是反映对象具有某种属性的概念。例如："成年人""国有企业""作为""有罪供述"等。

2. 否定概念

否定概念是反映对象不具有某种属性的概念。例如："未成年人""非国有企业""不作为""无罪供述"等。

表达否定概念的语词，一般是在对应的正概念前加上一个否定词"不""非""无"等，以表示否定的意思；否定词不起否定作用时就不是否定概念，如"不丹""非洲"等。

与肯定概念相比，否定概念的外延较为模糊。否定概念指的是缺乏某种属性的对象，但其外延不能漫无边际，而有一个相对的特定范围。否定概念相对的特定范围，称为论域。论域是由一个否定概念和一个相对应的肯定概念指称的全部对象所组成的类。

例如："死亡"就是"非正常死亡"这个否定概念的论域，"动物"即为"无脊椎动物"的论域；由"脊椎动物"和"无脊椎动物"这两个相对应的概念所指称的全部对象构成。

把握概念的论域，有助于我们正确理解否定概念的外延。

（三）不同类别概念间的关系

概念的种类可以从不同的角度划分。正因为如此，一个概念又可以同时分别归属于这两种分类中的一种。

例如："中国共产党"这一概念，就分别属于单独概念（整体）、肯定概念；"未成年人"这一概念，就分别属于普遍概念、否定概念。

 案例解析

军训后的第一天上语文课，同桌没休息过来，上课时睡觉。

老师见到后说："睡觉的那个同学，请你来回答一下这个问题。"

同桌一激灵，醒了，站起："我不会。"

老师："注意听讲，坐下！那么请43号同学来回答这个问题。"

同桌又站起："老师，我不会。"

老师晕："坐下，请×××同学来回答！"

同桌又站起："老师，我真的不会！"

老师无奈："坐下！语文课代表给我起来回答！"

同桌再次站起："老师，我是语文课代表。"

可见，表达某一概念的方法可能有很多种。

二、概念间的关系

概念间的关系很复杂，逻辑学主要从外延方面来研究概念间的关系。从外延上看，概念之间的关系主要有相容关系和不相容关系两种。其中，相容关系包括同一关系、真包含关系、真包含于关系和交叉关系；不相容关系即全异关系，包括矛盾关系和反对关系。

为了更加直观，逻辑学常用欧拉图表示概念的外延，即用一个封闭的图形表示一个概念的外延。

概念间的关系

1. 同一关系

一个概念可能会有很多种表示方法。a、b 两个概念，如果它们的外延全部重合，即所有的 a 都是 b，同时所有的 b 都是 a，那么，a 与 b 之间的关系就是同一关系。同一关系又叫全同关系。例如：

①人民法院（a）与我国的审判机关（b）；

②北京（a）与中国的首都（b）。

两个概念之间的同一关系如图 2-1 所示。

图 2-1　同一关系

具有全同关系的概念，因其外延所指完全相同，故在语境许可的情况下可以替换使用，这不仅能避免表述重复，而且还能丰富表达的内容。

2. 真包含关系

a、b 两个概念，如果 b 的所有外延都是 a 的外延，但是有的 a 的外延不是 b 的外延，那么 a 与 b 之间的关系就是真包含关系。例如：

①法律（a）与刑法（b）；

②动物（a）与脊椎动物（b）。

两个概念之间的真包含关系可以如图 2-2 所示。

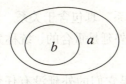

图 2-2　真包含关系

3. 真包含于关系

a、b 两个概念的外延，如果所有的 a 都是 b，但是有的 b 不是 a，那么 a 与 b 之间的关系就是真包含于关系。例如：

①民法（a）与法律（b）；
②抢劫犯（a）与罪犯（b）。

两个概念之间的真包含于关系如图 2-3 所示。

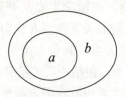

图 2-3　真包含于关系

在真包含关系和真包含于关系中，属于从属关系，处于不同层次，因此，在表达中一般不宜并列使用。

例如："被告先后盗窃各种机动车、小轿车和自行车共 20 多辆。"这里就是把"机动车"与"小轿车"这两个具有从属关系的概念错误地并列使用了。

4. 交叉关系

a、b 两个概念，如果它们的外延仅有一部分是重合的，即有的 a 是 b，有的 a 不是 b，而且，有的 b 是 a，有的 b 不是 a，那么，a 与 b 之间的关系就是交叉关系。例如：

①医生（a）与军人（b）；
②妇女（a）与工人（b）。

两个概念之间的交叉关系如图 2-4 所示。

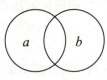

图 2-4　交叉关系

在表达中，具有交叉关系的概念一般不并列使用。例如："主犯李某某把多名国家机关干部和多名共产党员拉下了水。"这句话就因并列使用了"国家机关干部"与"共产党员"这两个具有交叉关系的概念，使人产生疑惑。

同一关系、真包含关系、真包含于关系、交叉关系有一个共同点，即两个概念至少有一部分外延是重合的，统称为相容关系。

5. 全异关系

a、b 两个概念，如果它们的外延没有任何部分重合，即所有的 a 都不是 b，那么 a 与 b 之间的关系就是全异关系。全异关系又叫不相容关系。

例如，"罚金"与"罚款"是两个不同含义的法律概念。罚金是指人民法院在处理刑事案件时，强制被告人在一定期限内缴纳一定数量钱币的刑罚；罚款则是行政执法部门对不够刑事处分的违法行为依法强制在一定时期内缴纳一定数量钱币的行政处罚。罚金是刑事犯罪的刑罚，必须由人民法院判决才能适用；而罚款一般仅用于行政执法机关对违法行为的处罚。

两个概念之间的全异关系如图2-5所示。

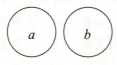

图2-5　全异关系

全异关系还可以进一步分为矛盾关系和反对关系。

（1）矛盾关系。具有全异关系的 a、b 两个概念，它们都包含于另一个概念 c。如果 a 与 b 的外延之和等于 c 的全部外延，那么，a 与 b 之间的关系就是矛盾关系。例如：

①成年人（a）与未成年人（b）；

②机动车（a）与非机动车（b）。

就"成年人"和"未成年人"而言，它们都包含于"人"这个概念，而且"成年人"加上"未成年人"，其外延等于全部"人"这个概念的外延。因此，"成年人"和"未成年人"的关系就是矛盾关系。两个概念间的矛盾关系如图2-6所示。

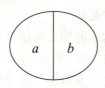

图2-6　矛盾关系

（2）反对关系。具有全异关系的 a、b 两个概念，它们都包含于另一个概念 c，如果 a 与 b 的外延之和小于 c 的全部外延，那么，a 与 b 之间的关系就是反对关系。例如：

①无产阶级（a）与资产阶级（b）；

②青年人（a）与老年人（b）。

就"无产阶级"和"资产阶级"这两个概念来说，它们都包含于"阶级"，此外，还有"农民阶级""小资产阶级""地主阶级"等。这样，"无产阶级"和"资产阶级"的关系，就是反对关系。

两个概念之间的反对关系如图2-7所示。

图 2-7 反对关系

反对关系和矛盾关系同属于全异关系，a 与 b 在外延上没有任何部分是重合的，两者的主要区别在于：矛盾关系中两个概念的外延之和等于第三个概念的外延，反对关系中两个概念的外延之和小于第三个概念的外延。

把握概念间矛盾关系和反对关系各自的特点，区分概念间的矛盾关系与反对关系，对于正确思维来说具有重要的意义。例如，在确认了某甲的行为已构成犯罪的情况下，若否认某甲的行为是"过失犯罪"，就等于确认了他的行为是"故意犯罪"。但若否认他的行为是"抢劫罪"，不等于确认了他的行为是"抢夺罪"。原因在于前者两个概念之间是矛盾关系，而后者两个概念之间确是反对关系。

又如，一种行为不违法，是否就等于合法呢？

这并不一定。因为一种行为在法律上虽然没有明确禁止，但也并不意味着法律就支持或保护这种行为。因此，不能简单地说，任何不违法的行为，就一定是合法行为。如某些不道德的行为虽然不能说违法，但也不合法。简言之"违法行为"与"合法行为"相对于"人们行为"来说是反对关系，而不是矛盾关系。

如果要对3个以上概念之间的关系做出分析，仍然是以对两个概念间关系的分析为基础进行的，如"妇女（a）"与"警察（b）"是交叉关系，而交叉关系的重合部分即为"女警察"这个概念指称的对象，而"女刑警（c）"又真包含于交叉重合的这类对象，故上述3个概念之间的关系，如图2-8所示。

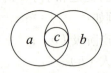

图 2-8 三个概念之间的关系

 拓展学习

1933年4月，国民党统治下的江苏高等法院公开审理陈独秀等"危害民国案"，起诉书列举的罪名为"以危害民国为目的，集会组织团体，并以文字为叛国宣传"。4月14日上午在江宁地方法院刑二庭第一次开审，55岁的陈独秀踏上法庭。审判长问他："何以要打倒国民政府？"他回答："这是事实，不否认。至于理由，可以分三点：现在国民党政治是刺刀政治，人民无发言权，党员恐亦无发言权，不合民主政治原则；中国人已穷至极点，军阀官僚只知集中金钱，存放于帝国主义银行，人民则困苦到无饭吃，此为高丽亡国时的现象；全国人民主张抗日，政府则步步退让。十九路军在上海抵抗，政府不接济。所谓长期抵抗，只是长期抵抗四个字，始终还是不抵抗。根据以上三点，人民就有反抗此违背民主主义与无民权实质政府之义务。"

4月20日上午第三次开庭，旁听者人满为患，有些是从上海、无锡、镇江各地赶来的，法庭无地可容，门外挤满了人。等检察官控告完毕已是下午1点45分，陈独秀当庭抗辩："检察官论告，谓我危害民国，因为我要推翻国民党和国民政府，但是我只承认反对国民党和国民政府，却不承认危害民国。因为政府并非国家，反对政府，并非危害国家。"他的书面辩诉状说得很清楚，国家乃是土地、人民、主权的总和，所谓亡国是指外族入据其土地、人民和主权，本国某一党派推翻某一党派的政权而代之，不能说是"亡国"，所以"危害民国"不成立。民国之所以叫民国，就是民主共和国，以别于专制君主国。所谓"叛国"，刑法上有具体说明，即平时外患罪、战时外患罪、泄露机密罪。如果把国家和政府混为一谈，那又何必摒弃法国路易十六的"朕即国家"说。如果说在野党反抗不忠于国家或侵害民权的政府党，而主张推翻其政权，就是"叛国"，则古今中外的革命政党无不曾经"叛国"，国民党也曾"叛国"矣。

他指斥——"国民党政府，以党部代替议会；以训政代理民权；以特别法（如危害民国紧急治罪法及出版法等）代替刑法；以军法逮捕、审判、枪杀普通人民；以刺刀削去了人民的自由权利，高居人民之上，视自己为诸葛亮与伊尹；斥人民为阿斗与太甲。日本帝国主义方挟'武力征服'政策对待吾国，同时国民党政府亦挟同样态度以临吾民。"他表示自己力争的只是体现民主共和国实质的人民自由权利，力争的是实现普选的国民立宪会议，力争的是民主制扩大到历史的最高阶段。现在和将来，他本人都没有篡夺民国为"党国"的企图，"试问谁为'危害民国'？"

他进一步反驳，如果说人民发言反对政府或政府中某个人，就是有罪，那么两千年前周厉王有监谤之巫，秦始皇有巷议之禁、偶语之刑，汉武帝更有腹诽之罚，那时当然没有言论自由。20世纪的民主共和国，似乎不应该有这样的怪现象。如果认为宣传共产主义就是"宣传与三民主义不相容之主义"，就是"危害民国"，欧洲中世纪专横黑暗的宗教法庭迫害异教徒、科学家，以阻塞思想信仰自由的故事，岂不是重见于今日的民国，那不是正好证明日本人所谓的"中国非近代国家"之说不是污蔑吗？

陈独秀的无罪自辩经当时《申报》《大公报》《国闻周报》等各大报刊的报道而轰动一时,他提出的"政府不等于国家""反对国民党及其政府,并非反对国家"等观点尤其有力,让国民党当局很是难堪。①

◆ 训练提升

1. 试分析以下括号中的概念是单独概念还是普遍概念？
（1）张某某的（手）被刘某某砍伤了。
（2）现场附近的一家（商店）有监控。
（3）该公司的（董事长）出席了大会。

2. 用欧拉图表示下列概念外延之间的关系。
（1）A 律师　　B 法律工作者　　C 党员
（2）A 人　　　B 证人　　　C 非证人　　D 共产党员　　E 男证人
（3）A 主刑　　B 死刑　　　C 极刑　　　D 有期徒刑　　E 罚金
（4）A 抢劫罪　B 抢夺罪　　C 侵犯财产罪
（5）A 盗窃罪　B 盗窃犯　　C 罪犯

◆ 启发反思

厘清概念的内涵和外延，把握概念的分类能避免很多逻辑错误。要特别注意"整体（群体）"这一形式的单独概念，在思维实践中很容易出现谬误，产生诡辩。

---

① 傅国涌.政府等于国家吗？——章士钊就陈独秀案与程沧波笔战[J].江淮文史,2009(06):171-176.

第三节　界定概念的逻辑方法

明确概念可以从明确概念的内涵和外延两个角度出发。明确概念外延的方法有限制、概括和划分，明确概念内涵的方法有定义。

案例解析

1997年11月10日早晨6时许，被告黄某、卢某、高某窜至浙江省长兴县雉城镇东门的温秀美容店内，拉下卷帘门后，3人对店主林成招实施暴力抢劫，劫得人民币1 200元、金戒指一只、金项链一条。

一审浙江省长兴县人民法院判决，被告黄某、卢某、高某属入户抢劫。……

被告黄某、卢某、高某不服，以原判认定事实错误，定性不当为由，提出上诉。

二审浙江省湖州市中级人民法院判决认为，被告黄某、卢某、高某，抢劫美容店，不以入户抢劫犯认定。……

判决生效后，浙江省人民检察院向浙江省高级人民法院提出抗诉。

浙江省高级人民法院判决认为，对原审被告人黄某、卢某、高某等以普通抢劫罪量刑一节，经查：被害人林成招、蔡秀珠陈述，黄某等人敲开店门时，该店尚未营业，蔡秀珠及服务员等尚在睡觉，店内有卧室和厨房。可以认定温秀美容店是集生活与经营于一体的场所。根据相关法律规定，本节犯罪事实应认定为"入户抢劫"，原判认定为普通抢劫不当。浙江省人民检察院的抗诉理由成立，应予采纳。①

逻辑辨析：浙江省高级人民法院确定温秀美容店案构成"入户抢劫罪"中"户"的要件，运用了概念的概括与限制的逻辑方法。概括：温秀美容店——美容店。限制：美容店——有生活功能的美容店——处于非营业状态的有生活功能的美容店。揭示出温秀美容店案所具有的"入户抢劫罪"中"户"的外延。

---

① 法律案例_百度文库，https://wenku.baidu.com/view/15cb32ea0975f46527d3e160.html

一、限制与概括

为了准确使用概念，人们经常需要缩小或扩大概念的外延，使得概念与它所指的对象相应、相称，为此就需要对概念进行限制和概括。概念的内涵与外延间的反变关系是对概念进行限制和概括的逻辑依据。

（一）概念的限制

1. 概念的限制定义

概念的限制，就是通过增加概念的内涵以减少概念外延的逻辑方法，即由一个外延较大的属概念过渡到一个外延较小的种概念。例如：

工人→建筑工人→中国建筑工人

法律→刑法→中华人民共和国刑法

犯罪→侵犯财产罪→诈骗罪

人们在表达思想时，如果使用的概念外延过大，就不能明确表达想要表达的内容，这就需要使用限制去缩小概念的外延。究竟要限制到什么程度，这就要根据实际思维的需要。例如，在"一切战争都不得人心"这个判断中，"战争"的外延太大，必须对它进行限制，把原判断改为"一切侵略战争都不得人心"就比较准确了。

因为限制是在属概念和种概念之间进行的，单独概念的外延只反映某一个特定的对象，它本身就是外延最小的概念。所以，从逻辑上说，限制到单独概念，也就到了限制的极限。

2. 限制的方法

（1）在概念前加上限制词。例如：

军队→人民的军队

文明→物质文明

战争→革命战争→国内革命战争

限制词必须具有"限制性"。例如，从"侵略战争"到"不得人心的侵略战争"、从"神话"到"人类的神话"、从"老虎"到"吃人的老虎"等，在概念前加上限制词后并没有使概念的内涵增加而外延缩小，所以，并没有起到限制作用。

（2）将一个属概念直接过渡到种概念。例如：

动物→牛

蔬菜→白菜

古人→唐朝人→唐太宗时期人

概念的限制不仅可以帮助人们对事物的认识从一般过渡到特殊，使认识具体化和有针对性，还可以帮助人们在表达思想的过程中准确地使用概念，使表达恰当而鲜明。

3. 对概念的限制应注意的问题

对概念进行限制所得到的结论并不是绝对的，有时还可能出现偏差。在侦查过程中，现场发现和调查访问的情况是进行限制的依据。而这个依据又具有两重性：主观性和客观性。作为主观的认识，有时可能不完全正确或完全不正确。出现偏差不是运用概念限制本身的问题，而是由于提供情况的当事人受视力、听力、记忆、经验等因素的影响造成的。因此，侦查工作中运用限制法时，既要看到限制法的可行性，又要看到限制法的局限性。

另外，运用限制法应该注意，对待案件特殊性的分析要客观真实、切忌凭主观想象或不加分析轻信知情人的介绍。要对现场出现的情况进行反复查证，从中发现假象，以避免偏差。

例如，农民程某带有5 000元只身步行去买木材，途中现金被抢，人被杀死。侦查人员在调查访问时，有人提供情况说他曾在现场附近的一条小路上，迎面遇到死者与另一个人一前一后，边走边谈。于是，侦查人员从死者生前的交往人员中寻找线索。经过侦查，都不具备作案条件，后发现侦查范围确定得不正确。显然，与死者一前一后边走边谈话的，既可能是死者的熟人，也可能是陌生的同路人结伴而行。对这两种情况，不能主观轻易断定是哪一种，因而不能做出案犯是"死者的熟人"这个限制。此案侦破的结果证明，凶手与被害人只是同路，并不相识。[①]

在思维过程中，我们应防止对使用概念不进行正确限制的逻辑错误：

（1）缺少限制。例如："死刑只适用犯罪分子"，外延过宽，要限制为"罪大恶极的犯罪分子"。

（2）多余限制。例如：只有实践是检验真理的唯一标准。"只有"和"唯一"两个限制词只能保留一个，同时使用就重复了。

（3）限制不当。例如：实践是检验真理的重要标准。因为这句话可以理解为：除了实践这一重要标准，还有别的标准。

◆ 拓展学习

限制可以防止我们使用的概念适用范围过宽，从而准确地确定侦查范围。在侦查工作中，侦查范围越小越好，查证的对象越少越好，而限制正好满足这一要求。

（1）限制法是刻画犯罪嫌疑人脸谱的必要方法，有利于迅速查找犯罪嫌疑人。

例如：某年10月24日，江宁乡陈塘村村民胡家起火，老夫妇均被

[①] 张醒. 浅谈限制法在破案中的运用［J］. 辽宁警专学报，2001，（03）：46-47.

烧死。办案人员通过现场勘查、尸体检验和调查访问,确定该案性质为图财害命即财杀。那么,罪犯是何人呢?

办案人员根据案件性质,调查材料和现场勘查的结果,对罪犯进行了如下的限制:

首先,根据作案时间是在夜里,可以断定罪犯是与死者熟悉的人。如果是不熟悉的人在夜间喊门,胡家老两口不会开门,只有熟人喊门,胡家才会开门。此外,胡家还养有一条狗,此狗平时见生人来时吠得很凶,在案发当夜,周围邻居没有听到狗吠。因此,可以把罪犯限制为与胡家熟悉的人。其次,根据作案目标选择为胡家,可断定罪犯的作案动机是为了钱财。胡家最近要盖房子,有存款,说明罪犯是胡家附近知根知底的人。再次,从窃走的物品看,罪犯可能是经济生活困难,急需物品维持生活的人。这样,可把罪犯进一步限制为胡家附近的因家庭经济困难而图谋钱财的且与胡家熟悉的人。最后,根据此案的图财害命焚尸灭迹的恶果,可推断罪犯可能是一个有前科、胆大妄为、品质恶劣的青壮年。依据这一推断,则可把犯罪嫌疑人限制到胡家附近的因家庭经济困难而图财害命,与胡家熟悉的并且是胆大妄为、品质恶劣的青壮年。[①]

通过4次对罪犯的限制,确定了追查方向,缩小了侦查的范围。通过进一步查证发现陈塘窑厂王某有重大嫌疑,在证据面前王某供述了他的罪行。

(2)利用限制法可以确定被害人的身份和形象。在被害人被焚尸、毁容和碎尸等情况下,确定被害人身份是一件很困难的工作,这就需要通过限制来分析被害人的具体特征。

例如,某市某年所发现的凶杀碎尸案,就是利用多次限制来确定死者画像的。发案时的情况:被害者的尸体被肢解,且已高度腐烂,身高无法测量,面貌特征难以辨认。根据死者智齿已经萌生,股骨与肱骨的骨骼与骨体已经吻合,但锁骨的骨骸与骨体尚未吻合等情况,把死者的性别限制为20多岁的女性;又根据仅有的一只脚、一个头和部分尸块,把死者的身高限制为1.55米,体型微胖。依据死者手上无茧,把死者限制为城市女青年。最后,以这个大致轮廓为线索,终于查明了死者的身份。

(3)利用限制法可以对犯罪嫌疑人使用的作案工具和物品进行确定,从而以物找人。

例如,某杀人案件现场,警方从数枚作案人的41码解放鞋脚印中,可以推断凶手身高1.75米左右;从犯罪分子踹门而入,并与被害人搏斗,在搏斗中将被害人打死,后又将死者从走廊移到床上等情况,推断案犯是一个青壮年。根据案犯作案目标选择得准确,判断案犯与被害人

---

① 张醒.浅谈限制法在破案中的运用[J].辽宁警专学报,2001,(03):46-47.

可能有交往等情况。这样查找案犯的方向就比较明确，侦查范围也缩小了。在现场发现的材料越多，限制的次数越多，案犯的特征就越明显，对侦查活动的意义也就越大。

（二）概念的概括

1. 概念的概括定义

概念的概括，就是通过减少概念的内涵、扩大概念外延的逻辑方法，即由一个外延较小的种概念过渡到一个外延较大的属概念。例如：

"情节特别严重的贪污罪"——"贪污罪"

人们在表达思想时，有时因使用的概念外延过小，不能准确表达想要表达的内容。如"学生干部应该努力学习"，这句话就表达欠妥，应为"学生都应该努力学习"。学生上课讲话是"不遵守课堂纪律"的行为，如果说他是"破坏教学秩序"就不恰当了。

对一个外延较小的概念，也可以连续进行概括。如"中国维和警察"到"中国警察"，再到"警察"。

如同对概念的限制一样，在实际运用中，概念的概括也有一个适度的问题，这也要以准确反映思维对象的实际情况为限度。因为概括是在种概念和属概念之间进行的，所以，当一个概念概括到最大的类概念（哲学范畴，如物质、意识、运动、静止、原因、结果等）的时候，就不能再进行概括了，因为再也没有比类概念外延更大的概念了，即再也找不到相关的属概念了。

2. 概括的方法

（1）去掉起限制作用的修饰词。例如：从"联想计算机"到"计算机"、从"白马"到"马"、从"美国的反恐战争"到"反恐战争"再到"战争"等。

（2）将一个种概念直接过渡到属概念。例如：从"手枪"到"武器"、从"空调"到"电器"、从"法院"到"国家机关"再到"机关"等。

3. 对概念的概括应注意的问题

（1）应当概括而不概括和不应概括而概括都会造成概念的混乱。例如：在"人民群众是创造中国历史的动力"这句话中，"中国历史"应概括为"世界历史"或"历史"。又如"我们反对侵略战争"这句话中的"侵略战争"就不能概括为"战争"。

（2）对概念的概括也应以事实为依据。如果故意歪曲事实，乱做概括，那就只能是谣言和诡辩。例如，2008年9月以来，漯河市郾城区裴城镇的农民收割玉米必须按每亩玉米缴费500元的标准向镇政府缴费办理"砍伐证"和"准运证"后才能收割玉米。如果办证，村民首先要向所在村的村干部写申请报告，写清申请人的姓名、住址、收割的目的和用途、地块位置、亩数等；然后，村干部要审查后签字盖章同意；接着，要找到包村的镇领导签字批准；最后才能持证收割、拉运。裴城镇约种植了6万亩玉米，其中宋岗村6 000多亩玉米地绝大多数因未办"两证"不得收割。梁庄村15组63岁的高保善砍了几把玉米秆喂牲口，被镇政府拘留，并罚了300元钱。①

（3）《中华人民共和国行政许可法》规定，有关行政许可的规定应当公布，未经公布的，不得作为实施行政许可的依据。实施行政许可，应当遵循便民的原则，提高办事效率，提供优质服务。而裴城镇的做法有悖此法，属于滥用职权的行为。村民可向上级行政机关或者行政监察机关举报反映。从逻辑角度来说，该镇政府有意识地扩大了"行政许可"的外延。

（4）对概念的概括应防止脱离被概括的概念的种属关系。概念的概括，实质上是它由种概念向其属概念的过渡，而属概念内涵方面的构成性质，又是它下属的各个种概念内涵方面都共同具有的性质，因此，通过对概念的层层概括，就可以使我们认识到被概括概念反映的对象与其他对象共有的特征。例如，"公民的基本权利"可以概括为"法律权利"，再概括为"人权"，然后概括为"权利"。不具有种属关系的概念之间不能进行概括。例如：由"四肢"到"人"，或者由"被告人"到"被告人的家庭"等，就不是正确的概括。

综上所述，概括和限制的作用都是为了明确概念，区别在于：限制侧重于明确概念所反映的客观事物的具体范围和特定形状，而概括侧重于明确概念所反映的客观事物的一般意义和关系。我们对某一具体问题的认识提高到一般的原则高度时需要概括，对某一问题扩大议论范围时同样需要概括。因此，概括是由特殊转向一般，由具体转向普遍的思维过程。

  拓展学习

（1）防止我们使用的概念适用范围过窄，不能准确地表达思想，不能准确地反映客观实际。

例如，当侦查员在走访群众了解关于某甲的有关情况时，他选择"我们要询问犯罪嫌疑人某甲的情况"和"我们想了解一点和某甲有关的问题"，一般会收到不同的效果。因为在调查某甲的有关情况时，不使用"犯罪嫌疑人"这个定语更有利于群众畅所欲言，侦查员就能收集到更多、更真实的信息。

（2）当我们要把某个具体问题提高到一般原则的高度，以便通过

---

① 刘文超.收割玉米要办"砍伐证"？[J].人民论坛，2008（19）：6.

特殊到一般，加深对事物的认识时，也使用概括的方法。

例如，原告陈秀琴是天津市已故艺人吉文贞之母。吉文贞以荷花女为艺名在天津演出，红极一时。后吉文贞1944年病故，年仅19岁。

20世纪80年代被告魏锡林以"荷花女"为主人公写小说，曾多次到陈秀琴家了解"荷花女"的生平，随后完成了小说《荷花女》的创作。魏锡林在该小说中使用了吉文贞的真实姓名和艺名，小说虚构了吉文贞在病逝前两年间，先后同许某、小麒麟、于某3人恋爱，并3次接受对方聘礼。小说还虚构吉文贞先后被当时帮会头头、大恶霸袁文会和刘广奸污而忍气吞声，并影射吉文贞是因患性病打错针致死的。小说完稿后，被告魏锡林未征得陈秀琴的许可即向《今晚报》投稿。《今晚报》自1987年4月18日开始在副刊上连载该小说，并附了插图。原告陈秀琴见报后即做出反应，认为小说对她自己和女儿吉文贞均构成名誉侵权，要求报社停载，但是报社未予理睬，原告不得不起诉至天津市中级人民法院寻求法律帮助。

在审理过程中，第一被告即作者魏锡林认为自己不构成侵害原告及吉文贞的名誉权。吉文贞本人已故，原告陈秀琴与本案无直接利害关系，无权起诉。被告《今晚报》也提出："吉文贞早已死亡，保护死人名誉权没有法律根据。"

天津市中级人民法院最后判决被告构成对原告及吉文贞的名誉侵权。公民享有名誉权，公民死亡后名誉权仍应受法律保护。原告陈秀琴系已故吉文贞之母，在其女儿及本人名誉权受到侵害的情况下，有权提起诉讼，请求法律保护。被告魏锡林所著《荷花女》体裁虽为小说，但作者使用了吉文贞和陈秀琴的真实姓名，其中虚构了有损吉文贞和陈秀琴名誉的一些情节，其行为侵害了吉文贞和陈秀琴的名誉权，应承担民事责任。被告《今晚报》报社对使用真实姓名的小说《荷花女》未做认真审查即予登载，致使损害吉文贞和陈秀琴名誉的不良影响扩散，也应承担相应的民事责任。本案因被告不服而上诉，二审法院天津高院维持了原判。[①]

（3）当我们需要扩大讨论问题的范围时，也应使用概念概括的方法。

例如：当案情调查到某一阶段时，调查范围将"凶手应该是被害人的亲戚"扩大为"凶手应该是被害人的亲戚或熟人"，就扩大了罪犯的身份范围。

---

① 陈秀琴诉魏锡林、《今晚报》社侵害名誉权纠纷案[J]. 中华人民共和国最高人民法院公报，1990（02）：30-31.

案例解析

2017年6月13日，在灵宝市阳平镇下庄村路口一条狗被撞死。驾驶员张某驾驶小型客车沿着阳平至张村公路由南向北行驶，下庄村村民赵某的一条宠物犬从横过公路，张某避让不及将狗撞死。交警到达现场后进行调解，双方协商解决。①

那么，这起"车撞狗"事件是不是交通事故？

逻辑辨析：如果该事故属于交通事故，就可以按照交通事故的法律规定进行处理；如果该事故不属于交通事故，这就是一个法律没有明文规定的事故，处理起来就更为复杂。因此本案的关键问题在于"交通事故"这一重要的法律概念的内涵和外延。交通事故是指车辆驾驶人员、行人、乘车人以及其他在道路上进行与交通有关活动的人员，因违反道路交通管理法规、规章的行为，过失造成人身伤亡或者财产损失的事故。

狗是一种物，应当算作受害人的财产。因此本案属于一起交通事故，需要按照交通事故的相关规定处理。

二、定义与划分

定义和划分是明确概念的两种方法。但定义是为了明确概念的内涵，划分是为了明确概念的外延。

（一）定义

1. 定义是揭示概念内涵的逻辑方法

给概念下定义，就是用简明而科学的语言揭示概念所反映的对象的本质属性。例如：

故意犯罪，是指明知自己的行为会发生危害社会的结果，并且希望或者放任这种结果发生，因而构成犯罪的，是故意犯罪。故意犯罪，应当负刑事责任。

过失犯罪，是指应当预见自己的行为可能发生危害社会的结果，因为疏忽大意而没有预见，或者已经预见而轻信能够避免，以致发生这种结果的，是过失犯罪。过失犯罪，法律有规定的才负刑事责任。

通过定义，明确了过失犯罪与故意犯罪的区别在于主观态度上明显不同。又如：

①刑法是关于犯罪和刑罚的法律。

②证据就是证明案件真实情况的一切事实。

---

① "车撞狗"算不算交通事故？https://www.sohu.com/a/190182619_99898228.

上述两例分别揭示了"刑法"和"证据"的本质属性，从而将其与其他事物区别开来。

定义由3部分构成：被定义项、定义项和定义联项。

（1）被定义项，是被揭示内涵的概念，如①中的"刑法"、②中的"证据"。

（2）定义项，是揭示被定义项内涵的概念，如①中的"关于犯罪和刑罚的法律"、②中的"证明案件真实情况的一切事实"。

（3）定义联项，就是联结被定义项与定义项的概念，用"即""是"或"就是"表示。如①中的"是"、②中的"就是"。

2. 定义的方法

（1）属加种差定义法，就是通过揭示邻近的属概念和种差来下定义。"属"是指与被定义项相邻的属概念，它可以是被定义项最邻近的属概念，也可以不是，这要视情况而定；"种差"，是指被定义项和它的属概念中包含的其他种概念间的差别。例如，在"刑法"的定义中，"法律"是"刑法"邻近的属概念；"关于犯罪和刑罚的"是种差。可以用公式表示为

$$被定义项＝种差＋邻近的属概念$$

例如，"抢夺罪就是乘人不备，公开夺取公私财物据为己有的行为"。我们还可以试着给盗窃罪、诈骗罪和抢劫罪等下定义，盗窃罪是秘密窃取，诈骗罪则是制造虚假事实或隐瞒事实真相骗取，抢劫罪则是采取暴力或胁迫等方式强取。

在属加种差定义时，如果被定义项是显而易见的，属概念可以不体现出来。例如，《中华人民共和国刑法》（以下简称《刑法》）规定："为了犯罪，准备工具、制造条件的，是犯罪预备。"在这个定义中，省略了属概念"行为"。又如，《刑法》规定："组织、领导犯罪集团进行犯罪活动的或者在共同犯罪中起重要作用的，是主犯。"这个定义中省略了属概念"人"。

（2）语词定义法。不是所有概念都可以用属加种差定义法下定义。当给没有属概念的概念（如物质、意识、内容、形式等哲学范畴）下定义时，就不能采用属加种差法。如："存在是不以人的意识转移的客观实在。"

语词定义法是用规定或说明语词意义的方法来给概念下定义。例如：

①大辟就是我国隋朝以前对死刑的通称。

②根据《刑法》规定：重伤是指有下列情形之一的伤害：使人肢体残废或者毁人容貌的；使人丧失听觉、视觉或者其他器官机能的；其他对人身健康有重大伤害的。

③犯罪嫌疑人张×，男，35岁，身高1.68米，湖北口音，平头，

体胖、圆脸、钩鼻、细长眼，左脸颊有明显刀痕，缺一颗门牙，逃跑时上身着铁灰色衬衣、下身着蓝色长裤，脚穿 38 码黑皮鞋。

3. 定义的规则

为了使定义能够准确地揭示出概念的内涵，以达到明确概念内涵的目的，定义必须遵守以下规则：

（1）定义项的外延必须等于被定义项的外延。否则，定义项就不能准确揭示被定义项的内涵。例如：

①从犯是指在共同犯罪中起次要或辅助作用的罪犯。

②《中华人民共和国刑事诉讼法》是规定办理刑事案件程序的法律。

违反这条规则就会犯"定义过宽"或"定义过窄"的逻辑错误。"定义过宽"是指定义项的外延大于被定义项的外延，它把本来不属于被定义项所指的对象也包括在定义项之中；"定义过窄"则是指定义的外延小于被定义项，它把被定义项所指的部分对象排斥在定义项之外。例如：

①刑法是国家强制制定的法律。

②企业就是直接从事工业生产活动并独立核算的经济单位。

例①犯了"定义过宽"的逻辑错误。因为，"国家强制制定的法律"既包括刑法，还包括民法等其他法律，这使得定义项大于被定义项的外延。例②犯了"定义过窄"的逻辑错误。因为，只有一部分企业是"从事工业生产活动"，还有企业从事交通运输、商品流通等活动，这使得定义项的外延小于被定义项的外延。

（2）定义项不能直接或间接地包含被定义项。这条规则要求：既不能在定义项中直接引用被定义项，又不能用被定义项来解释定义项。如果被定义项直接出现在定义项中，或者用它说明定义项，这都会造成定义项本身不明确，从而也无法通过定义项明确被定义项的内涵。违反这条规则，就会导致"同语反复"或"循环定义"的逻辑错误。

1）"同语反复"，是指定义项中直接引用被定义项。例如：

①罪犯就是犯了罪的人。

②刑事侦查学就是研究刑事侦查的科学。

③代理是代理人在代理权限内以被代理人的名义实施民事法律行为。

上述例子中定义项都直接引用被定义项，因而都犯了"同语反复"的逻辑错误。

2）"循环定义"，是指定义项间接引用被定义项。例如：

①什么叫诉讼？诉讼就是打官司。什么叫打官司？打官司就是诉讼。

②近亲属就是比远亲属要近的亲属，而远亲属是比近亲属要远的亲属。

上述两例中的定义项都要依赖于被定义项来解释，所以犯了"循环定义"的错误。

（3）定义项一般不能使用否定句形式或否定概念。这条规则要求：不能使用否定语句或否定概念来给肯定概念下定义。因为定义应当直接揭示被定义项的内涵，否定语句和否定概念只是说明了被定义项指称的对象不具有某种属性，而不能从正面揭示被定义项所反映的对象具有何种本质属性，这样的定义一般不能达到明确被定义项的目的。例如：

①互易合同是指双方当事人以非货币的财物相互交换的协议。

②工业不是农业。

但如果被定义项本身就是否定概念，那么其定义项中就可以使用否定概念。例如：

①无罪证据就是能证明刑事被告人犯罪事实不存在的证据。

②非婚生子女，是指没有婚姻关系的男女所生的子女。

由于否定概念所反映的是不具有某种属性的对象，所以，给否定概念下定义时，在定义项中包含有否定概念，并不违反定义的规则。

（4）定义项必须是清楚确切的科学概念。这条规则要求：定义项必须用明确的科学术语表达，在定义项中不能包含模糊不清的概念，定义项也不应采用比喻形式。否则，会造成定义项本身不明确，因而达不到定义的目的。例如：

①生命就是内在关系对外在关系的不断适应。

②犯罪是寄生在阶级社会身上的毒瘤。

综上所述，定义的规则要求：在外延方面，定义项必须与被定义项构成全同关系；在内涵方面，定义项必须明确直接地揭示被定义项的内涵。定义的规则既是给概念下定义时所必须遵守的准则，也是检验一个定义是否正确的标准。

 拓展学习

1. 法律定义的意义

国家在制定法律定义和条文时，要求每个概念都要有明确的含义，这就必须给有关的概念下定义，特别是带有罚则的法律条文，不能有不同的理解和解释。此外，有一些看来通俗易懂，但是关系到政策和法律界限，执行起来又容易发生偏差的概念，也要做出明确的定义。

2. 法律定义的特点

（1）法律定义只有恰当不恰当之分，谈不到真假的问题。法律是按照统治阶级的意志和利益，由国家制定和认可的，是人们的行为准则，只要国家按法定程序规定出来，就要求全社会遵照执行，即使不恰当，只要国家没有修改，就合法、有意义。

（2）在定义结构上主要表现在种差方面。如果概念所反映的对象范围包括两种以上不同情况，种差不能只概括一种，用"或者"语词加以联结，分别列出。例如："在犯罪过程中自动中止或者自动有效地防止犯罪结果的发生是犯罪中止。"如果被定义概念反映的对象必须具备必要的条件，缺一个条件便不能构成定义。例如："贪污犯是指国家工作人员利用职务之便贪污公共财产的人。"显然贪污犯必须具有3个条件，即国家工作人员、利用职务之便、贪污公共财产，3个条件缺一不可。

（二）划分

1. 划分的定义

划分是把一个概念所反映的对象分为若干小类，来揭示这个概念的外延的逻辑方法。例如：

①公民按照有无民事行为能力可分为有民事行为能力人和无民事行为能力人。

②有民事行为能力人按照能否独立进行民事活动，分为完全民事行为能力人和限制民事行为能力人。

划分是由3部分组成的：母项、子项和标准。母项即被划分的概念，如例中"公民""有民事行为能力人"。子项即从母项中划分出来的概念，如例中的"有民事行为能力人和无民事行为能力人""完全民事行为能力人和限制民事行为能力人"等。划分的标准即把母项分为若干子项的根据，如例中的"有无民事行为能力"和"能否独立进行民事活动"。

单独概念的外延只包含一个对象，不能划分。

普遍概念的外延如果是有限的，则可用列举的方法来明确概念。例如，"太阳系的行星"就可以把八大行星一一列举出来。

普遍概念的外延如果是无限的，或者难于计量的，那么就需要用划分的方法来明确它的外延。

划分与分解不同。分解是把一个整体（具体事物）分成若干个组成部分，部分和整体不是同一类概念，如把一棵树分解为树根、树干、树枝、树叶等。划分不是分解事物，而是根据某一标准把母项分为若干个子项，划分后的子项仍具有母项的属性。如由"人"划分出的子项"黑人"和"白人"等仍然具有"人"的属性，它们都是"人"。

2. 划分的方法

（1）常用的划分方法有两种：一次划分和连续划分。

一次划分就是根据划分标准对母项一次划分完毕，这种划分只有母项和子项两层。例如转移财物所有权类合同分为买卖合同、互易合同和

私分国有资产罪
（概念的划分）

赠与合同。

连续划分就是把母项划分为若干子项后,再将子项作为母项继续进行划分,这样连续划分下去,直到满足需要为止。

例如:刑罚可分为主刑和附加刑,主刑可分为管制、拘役、有期徒刑、无期徒刑、死刑。附加刑可分为罚金、剥夺政治权利、没收财产。

(2)二分法。二分法是以对象有无某种属性作为划分标准,将一个属概念划分为一个肯定概念和一个否定概念。例如:

①考试成绩分为及格和不及格。

②人们的行为分为合法和不合法。

需要注意的是,用二分法进行划分后的两个子项必须是具有矛盾关系的一组肯定概念和否定概念。

例如:"颜色分为红色和白色。"这个划分的子项之间不是矛盾关系,而是反对关系,因而它不是二分法。正确的二分法应该是:"颜色分为红色和非红色。"

3. 划分的规则

(1)划分后的各子项外延之和必须与母项的外延相等。违反这条规则,就会犯"划分不全"或"多出子项"的逻辑错误。例如:

①重工业有冶金工业、机器制造工业、造纸工业、采掘工业。

②颜色分为红色、黄色、蓝色、白色、黑色。

③文学作品包括小说、诗歌、戏剧、音乐、舞蹈、绘画、雕塑。

例①中把不属于重工业的造纸工业归入"重工业"范围,犯了"多出子项"的错误。例②中对颜色的划分,遗漏了橙色、绿色等,子项外延之和小于母项外延,犯了"划分不全"的错误。例③中对"文学作品"的划分,一方面是把不属于文学作品的音乐、舞蹈、绘画、雕塑归入"文学作品"的范围,犯了"多出子项"的错误;另一方面,又把属于文学作品中的散文遗漏掉了,犯了"划分不全"的错误。

(2)每次划分必须按照同一标准进行。违反这条规则,就会犯"划分标准不统一"的逻辑错误。例如:

①人分为工人、农民、青年、妇女。

②高等学校有全日制高等院校、业余高等院校,理科、工科、农科和文科高等院校。

例①中,对"人"的划分有职业、年龄和性别这三个标准;例②中,对"高等学校"的划分,用了学习时间和专业两个标准,都犯了"划分标准不统一"的错误。

(3)划分的各子项应当互不相容。划分后的各子项之间必须是全异关系,不能有重合、交叉等相容关系,否则就会引起混乱,犯"子项相容"的逻辑错误。如:将"会议"划分为"大会""小会"和"重要会议",就犯了"子项相容"的逻辑错误。这种错误常与"划分标准不统一"有关。

（4）划分的层次必须清楚。每次划分所得的子项应当是同一层次的。如果划分所得的子项不是同层次的，就不能清楚地了解母项的外延。违反这条规则的逻辑错误是"层次不清"或"越级划分"。

例如："我国刑罚包括主刑、罚金、剥夺政治权利、没收财产。"这个划分把"主刑"和"附加刑"的种概念并列，属于"层次不清"。

例如："我国刑罚包括管制、拘役、有期徒刑、无期徒刑、死刑、罚金、剥夺政治权利、没收财产。"这个划分少了中间层次"主刑"和"附加刑"，这就是"越级划分"。

以上 4 条规则，是每一概念对象划分时必须同时遵守的。这 4 条规则是互相联系的，如果违反了其中的某一项，也可能违反其他规则。

拓展学习

作为明确概念外延的逻辑手段，划分在法律思维活动中有重要的作用。一方面，通过划分，人们可以明确法律概念的适用对象，从而正确地理解和运用法律概念，使人的思维更加严谨；另一方面，划分还可以使我们通过具体的事物理解更抽象的概念，实现对事物认识的具体化，有助于人们理解和把握事物的本质属性。而依据事物的本质所进行的划分，还能帮助人们掌握事物的规律性。

例如：1994 年 2 月，陈某被皮革总厂（国有企业）任命为该厂所属物资贸易公司（物资公司）的经理，并与皮革总厂签订了承包合同。合同规定，物贸公司完成利润基数的，本公司留利 20%；向皮革总厂上交 80%。在物贸公司所留的 20% 中，60% 用于职工奖励或集体福利事业，40% 用于发展生产，所有权属于国家，严禁私设小金库。陈某在承包期间采用各种手段截留应上交皮革总厂和用于本单位扩大再生产的部分资金，利用其经理职权以奖金形式分发给职工，先后分发截留资金 11 次，金额总计 5 075 811 元，陈某本人分得 82 000 元。

检察院依据《刑法》以私分国有资产罪向人民法院提起公诉。本案发生在新《刑法》（此处指 1997 年修订的《刑法》）施行前。新《刑法》第 12 条规定："中华人民共和国成立以后本法施行以前的行为，如果当时的法律不认为是犯罪的，适用当时的法律；如果当时的法律认为是犯罪的，依照本法总则第四章第八节的规定应当追诉的，按照当时的法律追究刑事责任，但是如果本法不认为是犯罪或者处刑较轻的，适用本法。"陈某的行为按原《刑法》（此处指 1979 年发布的《刑法》）构成贪污罪，比新《刑法》规定的私分国有资产罪的法定刑重，法院经审理判决陈某犯有私分国有资产罪。

新《刑法》第 12 条对发生在新中国成立之后到新《刑法》施行之

前的行为做了划分。该划分属多级划分。第一级划分的划分标准是按原法律是否构成犯罪。对于原法律规定为犯罪的行为，又依新《刑法》的追诉时效分为受追诉的与不受追诉的两种。其中，应当认为是犯罪的，又分为新《刑法》是否规定为犯罪而分为两种。新《刑法》认为是犯罪的，又根据新《刑法》较原法律处刑轻的和新《刑法》不比原法律处刑轻的。

这个划分的最终子项有5个：①原法律认为无罪的；②原法律认为有罪而根据新《刑法》的追诉时效不受追诉的；③原法律认为有罪而新《刑法》认为无罪的；④原法律和新《刑法》均认为有罪而新《刑法》不比原法律处刑轻的；⑤原法律、新《刑法》均认为有罪而新《刑法》比原法律处刑轻的。

根据新《刑法》第12条规定，除不受追诉的情况外，第①④类行为适用原法律，第③⑤类行为适用新《刑法》。本案陈某的行为按原法律构成贪污罪，按新《刑法》构成私分国有资产罪。而新《刑法》规定的私分国有资产罪的法定刑较原法律规定的贪污罪的法定刑要轻，属于上述划分的第⑤类行为，故应适用新《刑法》。

为了明确概念的外延，人们经常运用划分这种逻辑方法，有时会发生划分不相应不相称的现象，这需要引起我们的重视。

例如有的民法学教材在"公民的民事行为能力"这一节中阐述民事行为能力的种类时，把"民事行为能力"分为"完全民事行为能力""限制民事行为能力"和"无民事行为能力"3个子项。但"无民事行为能力"根本不是"民事行为能力"的种概念，而是它的矛盾概念。这就比如将"罪"这个概念分为"故意犯罪""过失犯罪"是准确的划分，如果再分出"无罪"就是多出子项了。

人们在运用划分这种逻辑方法时，有时会发生划分标准不一致、子项相容的逻辑错误现象。

例如："转移财物所有权类合同分为买卖合同、互易合同和赠与合同。买卖合同又分为零售合同、批发合同、购销结合合同、供应合同和房屋买卖合同。"在这个连续划分中，对"买卖合同"的二级划分就出现了划分标准不统一的逻辑错误。包括一次性购买财物数量、买卖是双向的还是单向的、买卖的形式、买卖的标的物等四个划分标准。因而，由"买卖合同"分出各子项是交叉关系，而不是全异关系。这个分类犯了"划分标准不一致""子项相容"的逻辑错误。

训练提升

1. 下列语句作为定义是否正确？如不正确，请说明其犯了什么逻辑错误？

（1）失败是成功之母。

（2）未成年人不是成年人。

（3）抢劫罪就是抢劫他人财产的犯罪。

（4）危害公共安全罪是指故意或者过失地实施危害不特定的多数人的生命、健康和重大公私财产安全及公共生产、生活安全的行为。

2. 下列划分是否正确？为什么？

（1）直系亲属包括父母、子女、祖父母、孙子女。

（2）刑事强制措施分为拘传、取保候审、监视居住、拘留、拘役和逮捕。

（3）违法行为尽管多种多样，但是总的可分为刑事违法行为、民事违法行为、行政违法行为、金融违法行为、经济合同方面的违法行为以及未成年人的违法行为和婚姻家庭方面的违法行为。

启发反思

通过涉法实例导入和逻辑典例分析，学生可以了解各种界定方法及违反时的逻辑错误形式，从各种错误类型中吸取教训，避免因使用概念不恰当、不准确而产生误会、错误。准确、恰当地对概念进行界定是逻辑思维的基础，是清晰、准确、明辨、严谨、求真等科学精神的具体体现，也是识别谬误、驳斥诡辩最好的工具。

第三章
简单判断及其推理

第一节 判断和推理的概述

案例解析

郑州一女子在银行ATM机上取完钱后，银行卡忘取回，紧随其后的一名男子走上前，短短约27秒，取走了女子卡内3 000元钱后溜走。女子发现后迅速报警，民警称3 000元钱构不成信用卡诈骗案的立案标准，不予立案追查。民警的处理是否符合法律规定？

逻辑辨析：此案焦点是能不能以信用卡诈骗案立案。信用卡诈骗案的立案标准在全国各地不统一，河南省的立案标准是5 000元，郑女士被取走3 000元，的确没有达到信用卡诈骗案立案标准的要求，不能立案。民警做出不能以信用卡诈骗案立案的判断是符合法律规定的。

一、判断概述

（一）什么是判断

判断是对思维对象有所断定的思维形式。所谓断定就是对事物有所肯定或否定。例如：

①死者是自杀。
②该案的原告与被告是高中同学。
③该犯罪嫌疑人没有年满18周岁。

这3个例子都是判断。①肯定了"死者"是"自杀"的事实；②肯定了"原告"与"被告"之间是高中同学的关系；③否定了"该犯罪嫌疑人"具有18周岁的属性。

判断有两个主要特征：

第一，判断必须对事物情况有所断定。即对事物情况的存在或肯定或否定。

第二，判断总是有真有假。任何一个判断，总是不真即假、不假即真的。凡是正确反映客观事物的判断，就是真实的判断。

判断的真假涉及判断的具体内容。判定一个判断的真假，必须依靠人们的社会实践和具体科学知识。形式逻辑不研究判断的具体内容，不研究某个判断在事实上为真还是为假。它只是以判断的逻辑形式为研究对象，仅从判断的结构、种类、制约关系等方面来研究判断的真假。

所谓判断的逻辑形式，就是判断的各个组成之间的构造方式，也就是指不同内容的判断共同具有的结构形式。例如：

①有些违法行为不是犯罪行为。
②有些车祸不是由于司机酒后驾车引起的。

这两个不同的判断具有共同的逻辑形式：有些 S 不是 P。

又如：

①所有犯罪行为都是具有社会危害性的。
②一切刑讯逼供都是被禁止的。

这两个不同判断具有共同的逻辑形式：所有的 S 都是 P。

再如：

①如果触犯刑法，那么应当受到刑法的制裁。
②如果他死于生前溺水，那么尸体肺部必定有硅藻反应。

这两个不同判断具有共同的逻辑形式，为：如果 P，那么 Q。

逻辑常项和逻辑变项：任何判断的逻辑形式都包含可变和不可变两个部分，即逻辑常项和逻辑变项。逻辑常项是指在某个逻辑形式中有确定的逻辑含义并保持不变的部分，即在同类判断的逻辑形式中都存在的部分，如上述三组判断中的"有些……不是……""所有……都是……""如果……那么……"等；逻辑变项是指在某一个逻辑形式中可以代入任一具体内容的部分，如上述三组判断中的"S""P""P""Q"等。

（二）判断与语句

判断和语句的关系，判断离不开语句，依靠语句来表达。判断是语句的思想内容，语句是判断的语言形式。判断和语句的关系十分密切，但两者又不完全相同。其区别主要表现在以下几点：

第一，所有的判断都要用语句来表达，但不是所有的语句都表达判断。一般来说，陈述句都表达判断，而疑问句、祈使句、感叹句则不直接表达判断。例如：

①雍琦先生是中国法律逻辑学科的奠基人之一。
②犯罪分子不是图财作案。
③犯罪分子是个什么样的人呢？
④为了您和他人的幸福，请遵守交通规则！
⑤吓死人！

以上的①和②都是陈述句，①肯定了雍琦先生具有"中国法律逻辑学科的奠基人之一"这一属性；②否定了犯罪分子具有"图财作案"这一属性，它们都是判断；③是一个疑问句，它只是提出问题，并没有表示出肯定或否定的内容，所以它不是判断；④是一个祈使句，它表示的内容是期望和号召，没有对事物情况做出直接而明显的断定，因此它不是判断；⑤是一个感叹句，只抒发了一种感情，没有对事物进行断定，因而不表达判断。

有时，某些感叹句、祈使句也可以间接地表达判断。例如：
①群众的眼睛真亮啊！
②你不要自作聪明！

上述①是一个感叹句，②是一个祈使句，它们在口气上虽是表达个人感慨或祈使别人，但在内容上都是有所肯定或否定的。①是以感叹的口吻表达出群众具有"眼睛亮"的特点。②是以祈使的口气揭露对方存在着"自作聪明"的不老实的态度，因此，两例均表达判断。

第二，不同的语句可以表达同一判断。例如：
①所有犯罪分子作案都有作案时间。
②没有什么犯罪分子作案是没有作案时间的。
③没有作案时间的犯罪分子是没有的。

从这些表达同一判断"一切犯罪分子作案都有作案时间"的不同语句来说，它们在内容上是统一的，即对客观事物所做的断定是相同的，只不过在感情色彩和语言风格上不同而已。

第三，同一语句可以表达不同的判断。如判断中语词的多义、语句结构的不严格确定等，同一语句，在不同的上下文里可以表达不同的判断。例如：
①他是老公安。
②一个青年独唱音乐会开始了。
③还欠款3万元。

例①既可表达"他"是长期从事公安工作的同志，又可以表达"他"是年龄最大的公安工作者；例②可以理解为"一个青年"的独唱音乐会开始了，也可以理解为"一个"由多个青年演出的独唱音乐会开始了。

弄清判断与语句的关系有着非常重要的意义：一方面，可以使我们在思维过程中找到更为精确、恰当的表达判断的方式。既然语言形式不同的语句可以表达同一判断，就可以根据表达者的目的、感情和语气等需要而选择最佳表达方式，使判断更加清楚、明白地展现出来。另一方面，可以使表达中心突出、意义明确，尽可能避免"言之无物、言而无意"的表达方式。我们在思维过程中，要注意分析语句，识别哪些语句表达判断，哪些语句不表达判断，以便使表达判断时"一语中的"。

（三）判断的种类

判断可按不同的标准分为不同的种类：

（1）根据判断是否包含"必然""可能""必须""允许"等模态词，将判断分为非模态判断和模态判断。

（2）非模态判断按照判断自身是否包含其他判断成分，可分为简单判断和复合判断。而简单判断又按判断所断定的是对象的性质还是对象之间的关系，可分为性质判断和关系判断；复合判断又按组成复合判断的各个简单判断之间的联系情况，分为联言判断、选言判断、假言判断和负判断。

（3）模态判断按照其模态词的种类可分为真值模态判断和规范模态判断。本书仅论述非模态判断及由其推理。

综上所述，判断分类如图 3-1 所示。

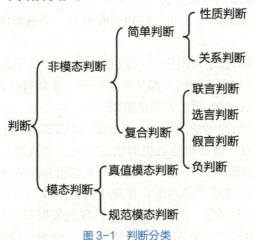

图 3-1　判断分类

案例解析

一家商店经理报案说其保险柜中的大量现金不翼而飞了，而且他认为是被人偷走了，那么侦查人员应考虑以下问题，并不断结合案情加以修正：

（1）有无撬门窗入室的痕迹？

（2）保险柜的锁是否没锁上？

（3）何人知晓或可能知晓保险柜锁的密码，或者何人有权使用保险柜钥匙或借出其备用钥匙？

（4）该经理或财产所有人有无可能自己拿走那笔钱？

（5）有无可能促使该店主报假案的因素，如企图隐瞒营业收入或掩盖经营亏损以获得保险公司的赔偿？

（6）该商店的门窗在夜晚是否上锁？

（7）顾客或外人能否在商店下班后潜藏在店内？

（8）本店雇员伪装外盗现场并与外贼勾结行窃的可能性有多大？

（9）有无本店雇员盗窃的可能？

（10）那笔钱是否偶然地被人放在了保险柜外面？

二、推理概述

在人们的思维过程中，除要用概念反映事物的本质属性、用判断对事物做出某种断定之外，还要借助已有的知识，反映更为复杂的事物之间的联系，从而扩大认识领域，获得新的知识。这个思维过程，就是推理。

（一）什么是推理

1. 推理的基本内容和形式

（1）推理是由一个或几个已知判断推出一个新判断的思维形式。例如：

①凡大学教师都是知识分子，所以，有些知识分子是大学教师。

②所有受到刑罚处罚的人都是犯罪分子，被判刑的人都是受到刑罚处罚的人；所以，被判刑的人都是犯罪分子。

③杀人罪是触犯刑法的行为，抢劫罪是触犯刑法的行为，强奸罪是触犯刑法的行为，盗窃罪是触犯刑法的行为，杀人罪、抢劫罪、强奸罪、盗窃罪都是刑事犯罪；所以，所有的刑事犯罪都是触犯刑法的行为。

（2）按照组成推理的判断在推理中所起的作用不同，推理可以区分为前提和结论两部分。前提，指作为推理的依据和出发点的判断，也就是定义中指出的"一个或几个已知判断"；结论，指由前提推出的新判断。不同的推理中，前提的数目可以有多有少，但结论的数目只有一个。

推理虽然是由判断组合而成，但绝非任意的几个判断的堆砌。前提和结论之间的逻辑联系，不是人们主观臆造的，而是在长期的社会实践活动中，对客观事物之间的联系或关系的合乎规律的反映。

（3）推理包含了内容和形式两个方面。推理的内容就是反映在推理中的客观事实；推理的逻辑形式就是推理的结构，也就是由作为前提的判断形式和作为结论的判断形式构成的连接形式。例如：

①凡犯罪分子都应受到法律制裁，张某是犯罪分子；所以，张某应受到法律制裁。

如果我们用"M""S""P"（逻辑变项）分别代替"犯罪分子""张某""受到法律制裁"等内容，那么上面这个推理的逻辑形式就是：

凡 M 都是 P，S 是 M；所以，S 是 P。

②如果张某是案犯，那么他藏有血衣，张某不藏有血衣；所以，张某不是案犯。

如果用"P""Q"分别代替"张某是案犯"和"他藏有血衣"，那

么这个推理的逻辑形式为

如果P,那么Q,非Q;所以,非P。

(4)推理的内容有真假之分,凡内容符合客观现实的,就是真实的,反之就是虚假的;推理的形式有正误之别,凡形式如实反映客观规律的,就是正确的,反之就是错误的。例如:

①凡是作案分子都有作案时间,张某是作案分子;所以,张某有作案时间。

②凡是作案分子都有作案时间,张某有作案时间;所以,张某是作案分子。

上述两个推理在前提都是真实的情况下,结论却不一样:第一个推理的结论是正确的,第二个推理的结论是错误的。推理的前提与结论之间的联系是否具有必然性,是判定这个推理是否合乎逻辑的标志。也就是说,在一个推理中,只要其结论能由其前提得出,那么这个推理就是合乎逻辑的,就具有逻辑性,它的推理形式就是正确的、有效的。例①的推理形式是正确的,如果前提是真实的,则能得出正确的结论;例②的推理形式是错误的,尽管前提真实,也得不出正确的结论。

2. 推理的注意事项

推理的逻辑性与推理结论的真实性是两个不同的问题。结论是否真实,是就结论判断本身是否符合客观事实来说的;推理是否具有逻辑性,则只取决于推理形式是否正确、有效,取决于结论的真实性能否由前提的真实性给以证明。因此,在运用推理时,我们应当注意:

(1)推理的正确性,不等于推理结论的真实性。也就是说,合乎逻辑的推理,其结论并非一定就是真实的。即使一个推理的前提假,结论也假,只要该结论是由它的前提必然推出的,那么这个推理也是合乎逻辑的。

例如:凡是有翅膀的动物都是会飞行的,鸵鸟是有翅膀的动物;所以,鸵鸟是会飞行的。

例中第一个前提及结论都是虚假的,但这个结论确实是由其前提必然得出的,因此这个推理的形式是正确的,这个推理也是合乎逻辑的。因此,不能简单地以结论判断的真或假,作为判定推理是否合乎逻辑的标准。

(2)一个推理要能必然地得出真实的结论,必须同时具备两个条件:

①前提是真实的。

②推理的形式是正确的。

例如,有一次,苏东坡去拜访王安石,王正睡午觉,苏来到王的书房,看到桌子上有一份王安石未写完的诗句:"昨夜西风过园林,吹落黄花遍地金。"苏东坡认为菊花最能耐寒,秋风不可能吹落它,就提笔加上两句:"秋花不比春花落,说与诗人仔细吟。"后来,苏东坡被贬黄州后,果然见到秋风吹落了菊花,才知道自己当初错了。事实上,苏东坡在开始做了这样一个推理:

凡菊花是不会被秋风吹落的,王安石家的"黄花"就是菊花,所以,他家的"黄花"是不会被秋风吹落的。

这个推理的形式是正确的,即是符合推理规则的,但是其第一个前提不符合事物的真实情况(黄州的菊花就可能会被秋风吹落),因此这个推理得出了错误结论。

(二)推理的种类

(1)根据推理的前提和结论之间是否有蕴涵关系,把推理分为必然性推理和或然性推理。前提与结论之间有蕴涵关系,即前提真则结论一定真的推理叫作必然性推理,即演绎推理;前提与结论之间没有蕴涵关系(前提真而结论未必真)的推理叫作或然性推理。

(2)在必然性推理中,根据推理的前提是复合判断还是简单判断,可以分为简单判断的推理和复合判断的推理,简单判断的推理又可以区分为直言推理和关系推理。复合判断的推理又可以分为联言推理、选言推理、假言推理和负判断的推理。演绎推理是从一般到特殊的推理。

(3)在或然性推理中,依据推理进程的不同可以区分为归纳推理和类比推理。归纳推理是从特殊到一般的推理,类比推理是从特殊到特殊的推理。

综上所述,推理分类如图3-2所示。

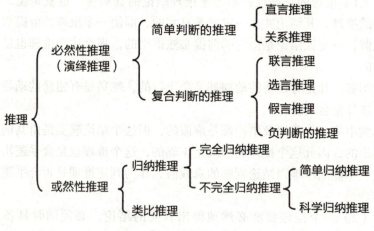

图3-2 推理分类

◆ 拓展学习

一天下午,某医院急诊室里,躺着一位被救护车送来的女青年,抢救无效死亡。

这时，一个瘦高个子的男青年正站在一旁，痛苦地向医生诉说着："她是我的女朋友。最近，她常常感到胸闷、胸痛，昏厥过好几次了。今天下午，我去看望她。天气很热，她准备先在家洗完澡，再和我一起去医院看病。谁知道，进入浴室后，很久没见她出来，也听不到什么动静，我就急了。我赶快想法把门打开，天哪！她竟然昏倒在浴缸里，身子没在满缸的水里。那时，她好像还有极微弱的呼吸，可是等我将她从水中抱出时，已经什么话也不会说了。"说到这里，他禁不住呜咽起来。

医生提起笔在死亡证明书上写道："死者袁某，女，24岁，来院已死。心肌梗死，合并溺水死亡？"之后，王某和死者家属便拿着医生签署的死亡证明书，将死者送往火葬场。在路上，死者家属鉴于对死者身体状况的一贯了解，对死者突然死亡的原因产生了怀疑，便不顾王某"死者入土为安"的劝阻报了案。法医和其他侦查员根据初步的检查情况，发现不少疑点，决定验尸，查清死因。

逻辑分析：死者在生前发生过的一些情况，在尸体上会有所反映，因而对尸体进行科学的体验和分析，不仅可以确定其死亡原因，还可以分析案情性质和犯罪分子的作案过程，同时通过推断行凶工具、判断死亡时间，认定犯罪证据等，还可从各方面为侦查部门提供有科学根据的可靠线索和证据。

（1）确定袁某的死亡时间。经医院急诊室医生回忆，小袁送到医院时，她的背部和臀部等处已出现了尸斑，说明已死了近两个小时。法医在尸检时发现女尸手关节已经僵硬，说明已死了8个多小时。通常，人死了两个小时以后，在尸体的低下部位，都会出现紫红色斑痕，这是正常的尸体现象，在法医学上叫尸斑。人死后三、四个小时，关节开始僵硬，这在法医学上叫尸僵。尸僵一般首先在上颌关节出现，8小时后手关节就僵硬了。这里法医运用了这样一个推理：

尸体在8小时后手关节就会僵硬，小袁的尸体手关节已经僵硬，所以，小袁已经死亡了8个多小时。

（2）急诊室医生的诊断是"心肌梗死，合并溺水死亡"，末了是个问号，说明医生也是持怀疑态度的。

女尸的左心房和心室被切开以后，发现心肌各部分和心脏瓣膜均无明显的异常和病变，冠状动脉根本没有粥样硬化和栓死现象，显然，她不是因心肌梗死而死的。法医在死者的子宫里，发现一个两个月左右的胎儿。但怀孕与突然死亡没有必然联系，法医根据经验就可以判断出来。这里法医运用了一个这样的推理：

假如是心肌梗死死亡，那么心脏会有病变，现在没有发现病变，所以，死者的死因可以排除心肌梗死。

（3）是否在浴缸中淹死的呢？这可以通过硅藻检查来鉴定。硅藻是大量存在于江河湖海中的一种浮游生物。它耐酸，耐100 ℃以上的温度，不易被破坏。当人在水中淹死时，这种生物就同水一起被大量吸入肺中，而人死以后，呼吸停止了，水中的硅藻通常就不会进入肺脏。所以检查肺中的硅藻，对于判断是淹死的还是死后被人移入水中的，将是一个有力的证据。检查结果表明：浴缸残存的水中有一定量的硅藻，死者的肺组织中却未发现硅藻，结合尸体上无明显的淹死征象，足以说明袁某是死后被放入浴缸的。法医的推理过程：

一般来说，如果死者是生前入水而死的，那么死者的尸体会有硅藻反应，小袁的尸体没有硅藻反应，所以，小袁应当不是生前入水而死的。

（4）查找死因。李法医切开女尸的头皮，皮下有一块长、宽分别为4厘米的出血斑。但是进一步的检查表明，相应部位的头骨没有骨折现象，脑组织也未受损伤。法医认为：这出血斑是头部碰撞在钝面物体，如墙壁、地板等造成的，显然，这种轻微碰撞不足以引起死亡，这是法医根据经验做出的结论。

胃内容物的化验结果显示，小袁是在饭后两小时左右死的。法医的推理过程：

当尸体胃中的米饭菜已成糜糊状时，说明死者是在饭后两、三小时死去的，尸检发现，小袁体内的米饭菜已成糜糊状，所以，小袁是在饭后两小时左右后死的。

原因是，人死后消化也就停止了，因而根据胃内容物的消化程度，就可确定死者是在最后一餐进食后多长时间死去的。当胃中的米饭菜已成糜糊状时，表明是在饭后两、三小时死去的；如胃内食物已经排空，则已是4小时以上了。

化验报告还肯定死者胃内容物的成分中有较大量的安眠药成分。会不会是安眠药中毒引起死亡呢？法医又排除了这种可能。他推理道：如果死者是安眠药中毒引起死亡的，那么死亡不会在服用安眠药几个小时之后就发生（服用安眠药致死的时间较长），现已经断定小袁是在最后一餐进食后两小时左右死去的，所以，小袁不是安眠药中毒引起死亡的。

（5）造成死亡的真正原因。法医翻开小袁的眼睛，发现其眼结膜上面有针尖般大小的出血点，在肿胀而呈现青紫色的脸上，也发现密布着微小的点状溢血。法医继续推理：

只有窒息，才会在眼结膜上出现点状溢血，女尸的眼结膜上有点状溢血，因此，可以推出小袁是窒息死亡的。

小袁是窒息死亡的，尸体颈部有因表皮剥脱留下的轻微伤痕和皮下出血斑这一旁证，所以，小袁是被人用手扼压致死的。

后来又查证了下面两个事实：一是3天前王某在3个药店分别买过

剂量为0.03克的30片苯巴比妥；二是小袁死亡前后一段时间，始终只有王某一人在家。由此，确定王某有重大作案嫌疑。

审讯时，王某交代犯罪经过：自从小袁告诉他已怀孕的情况后，为了逃避责任，他就产生了杀人灭口的动机。经过反复考虑以后，他到书店买了一本医学书，熟记了能引起昏厥和急性的心肌梗死的详细症状。为了不使她反抗，他以买来堕胎药为借口，诱骗她服下了事先研磨成粉末的一包安眠药。然而他完全没想到，这似乎是万无一失的计划，这么快就被揭露了。

当然，形式逻辑只研究推理的逻辑形式结构，它本身并不研究也解决不了推理中的前提判断的真实性问题。像本案中尸检的有关情况，以及警方调查发现的有关情况，只能由实践去解决。只有正确的推理形式，是从大量正确的具体推理中抽象出来的，它才属于形式逻辑所研究和解决的问题。

 训练提升

1. 什么是判断？判断的两个特征是什么？
2. 什么是推理？一个前提为真则结论必然为真的推理必须满足什么条件？

通过涉法实例导入和逻辑典例分析，学生可以了解判断和推理的组成、逻辑形式，尤其要注意有效性与真实性的关系。有效性是指思维是否符合客观思维规律，真实性是指是否符合客观事实，两者并不是同一个问题。这就要求我们在做出断定、进行推理时，尊重客观规律，遵循实事求是原则，做到清晰、准确、有效、求真、务实等。

第二节　性质判断

案例解析

广州一名男子与女友在醉酒后用遥控技术当街"遛车"。交警上前阻止并以"酒驾"之名想将两人带回警局处理，两人却叫嚷在车外遥控驾车不算醉驾，并当着交警的面遥控驾车，行为十分嚣张。交警也是第一次遭遇这种酒后"遛车"的行为，面对该男子与醉酒女子的胡搅蛮缠，交警十分无奈，最后只能放行。

这种行为是酒驾吗？只能任其胡为吗？

逻辑分析：该男子的行为不符合酒驾或醉驾的构成要件，但该行为符合以危险方法危害公共安全罪的构成要件，因此，该男子行为是以危险方法危害公共安全的行为，可以按照以危险方法危害公共安全罪对其处罚。

一、什么是性质判断

（1）性质判断就是断定对象具有或不具有某种性质的判断，又称为直言判断。它是一种简单判断（它本身不包含其他判断）。例如：

①所有犯罪都是危害社会的行为。

②有些违法行为不是犯罪行为。

③李×是强奸杀人犯。

这3个判断都是对于对象具有或不具有某种性质的断定，都是性质判断。

（2）性质判断由主项、谓项、联项和量项4部分组成。

主项：是反映被断定对象的概念。如①中的"犯罪"、②中的"违法行为"、③中的"李×"。逻辑学中通常用"S"来表示主项。

谓项：是反映对象性质的概念。如①中的"危害社会的行为"、②中的"犯罪行为"、③中的"强奸杀人犯"。逻辑学中通常用"P"来表示谓项。

性质判断

联项：表示被断定对象与属性之间联系的概念，是主项与谓项的联结词，常用"是"或"不是"表示。在语言表达中，肯定的联项有时可以省略。例如，"死者中毒死亡"，实际上这个语句所表达的判断："死者是中毒死亡的。"

量项：即表示判断中主谓项数量的概念，通常用"所有""一切""有些""有的"等表示。

由此可见，性质判断的构成：量项＋主项＋联项＋谓项。

性质判断的逻辑形式：所有的（或有的）S是（或不是）P。

二、性质判断的种类

在性质判断的4个组成部分中，决定判断分类的是联项和量项。

1. 根据联项分类

根据联项的不同可把性质判断分为肯定判断和否定判断。

（1）肯定判断：断定对象具有某种性质的判断。例如：

①窗台上留有犯罪嫌疑人的血手印。

②犯罪是具有社会危害性的。

其逻辑形式：S是P。

（2）否定判断：断定对象不具有某种性质的判断。例如：

①现场没有发现任何搏斗痕迹。

②这个案子的凶手不是张某。

其逻辑形式：S不是P。

2. 根据量项分类

根据量项的不同可将性质判断分为单称判断、特称判断和全称判断3种。

（1）单称判断：断定某一个别现象具有或不具有某种性质的判断。例如：

①任长霞是全国公安民警的优秀代表。

②这种鞋底花纹不是本地常见的图案。

其逻辑形式：（某个）S是（或不是）P。

（2）特称判断：断定某类中部分对象具有或不具有某种性质的判断。例如：

①有的线索被迫中断了。

②有些作案分子不计后果。

其逻辑形式：有的S是（或不是）P。

（3）全称判断：断定某类中全部对象具有或不具有某种性质的判断。例如：

①所有的群众反映都不可忽视。

②一切事物都是发展变化的。

其逻辑形式：所有的 S 都是（或不是）P。

3. 性质判断的种类

按照性质判断的联项和量项的不同搭配，可得出 6 种组合。

（1）单称肯定判断：断定某一个别事物具有某种性质的判断。例如：

李成是犯罪嫌疑人。

其逻辑形式：（某个）S 是 P。

（2）单称否定判断：断定某一个别事物不具有某种性质的判断。例如：

这种鞋底花纹不是本地常见的图案。

其逻辑形式：（某个）S 不是 P。

（3）特称肯定判断：断定一类事物中的部分对象具有某种性质的判断。例如：

有的现场是第一现场。

其逻辑形式：有些 S 是 P。

（4）特称否定判断：断定一类事物中的部分对象不具有某种性质的判断。例如：

有的案犯不是第一次作案。

其逻辑形式：有些 S 不是 P。

（5）全称肯定判断：断定一类事物的全部对象都具有某种性质的判断。例如：

一切犯罪物证都是侦破案件的根据。

其逻辑形式：所有的 S 都是 P。

（6）全称否定判断：判断一类事物的全部对象都不具有某种性质的判断。例如：

凡凶案都不是一般案件。

其逻辑形式：所有的 S 都不是 P。

由于单称判断所断定的是某一个别现象，实际上也是对这一对象的全部外延进行了断定。因此，单称判断可以看作全称判断。这样，性质判断可以归结为 4 种基本形式（表 3-1）。

表 3-1　性质判断的基本形式

判断名称	逻辑形式	表示符号	简称
全称肯定判断	所有的 S 是 P	SAP	A
全称否定判断	所有的 S 不是 P	SEP	E
特称肯定判断	有的 S 是 P	SIP	I
特称否定判断	有的 S 不是 P	SOP	O

语言表达形式是多变的，在自然语言中，常出现以非标准形式来表达的性质判断。例如：

①没有不运动的事物。
②鱼目岂能混珠。
③任何困难都不是不能克服的。
④我班同学不都是团员。
⑤无一天体是固定不变的。

这些性质判断，有的省略了量项，有的省略了联项，有的两者都省略了，还有的使用了不规范的量项和联项。对这样一些不规范的性质判断，在进行逻辑分析之前首先要根据其原意，整理成为标准形式，予以正确归类。

如：①③⑤都是 A 判断；②是 E 判断；而④不可整理为 I 判断，只可整理为 O 判断。

三、性质判断的真假

（一）性质判断的真假

性质判断分为 A、E、I、O 4 种基本形式，它们的真假如何判断呢？这取决于性质判断主项所反映的 S 类对象和谓项所反映的 P 类对象之间的关系。

概念间的 5 种关系：全同关系、真包含于关系、真包含关系、交叉关系、全异关系，如图 3-3~图 3-7 所示。

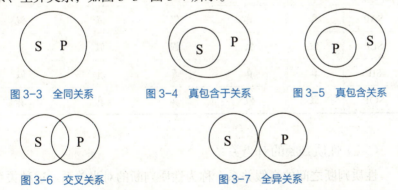

图 3-3 全同关系　　图 3-4 真包含于关系　　图 3-5 真包含关系

图 3-6 交叉关系　　图 3-7 全异关系

当 S 与 P 两个概念为上述哪几种关系时，其组成的各种性质判断 A、E、I、O 会为真或为假呢？

1.SAP 的真假情况

SAP 断定了 S 类的所有分子都是 P 类的分子。当 S 与 P 具有全同关系或真包含于关系时，SAP 就是真的，其余情况均为假。例如：

①刑法（S）是关于犯罪和刑罚的法律（P）。（全同关系）

②所有的犯罪行为（S）都是违法行为（P）。（真包含于关系）

2.SEP 的真假情况

SEP 断定了 S 类的所有分子都不是 P 类的分子。当 S 与 P 具有全异关系时，SEP 是真的，其余情况均为假。例如：

所有的证人（S）都不是有精神缺陷的人（P）。（全异关系）

3.SIP 的真假情况

SIP 断定了 S 类中至少有一个分子是 P 类分子。当 S 类与 P 类具有全异关系时，SIP 为假。其余情况均为真。例如：

①有的犯罪（S）是故意犯罪（P）。（真包含关系）

②有的青年（S）是作家（P）。（交叉关系）

4.SOP 的真假情况

SOP 断定了 S 类中至少有一个分子不是 P 类分子。当 S 与 P 具有真包含关系、交叉关系、全异关系时，SOP 都是真的。例如：

①有的罪犯（S）不是累犯（P）。（真包含关系）

②有的法官（S）不是共产党员（P）。（交叉关系）

将上述四种性质判断的真假情况归纳起来，见表 3-2。

表 3-2　性质判断的真假情况

判断类型 \ S 与 P 的关系	全同关系	真包含于关系	真包含关系	交叉关系	全异关系
SAP	真	真	假	假	假
SEP	假	假	假	假	真
SIP	真	真	真	真	假
SOP	假	假	真	真	真

（二）性质判断的对当关系

性质判断之间的真假关系，称为性质判断的对当关系。这种关系是指有相同主项和谓项的 A、E、I、O 这四种判断形式之间的关系。例如：

①所有罪犯都是年满 18 周岁的。（A）

②所有罪犯都不是年满 18 周岁的。（E）

③有的罪犯是年满 18 周岁的。（I）

④有的罪犯不是年满 18 周岁的。（O）

逻辑学中常用一个正方形表示这种对当关系，这种图形被称为逻辑方阵（图 3-8）。

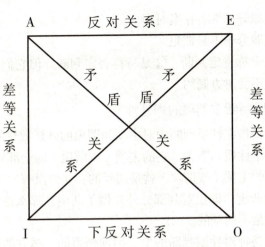

图 3-8　性质判断的对当关系

1. 反对关系

反对关系是指 A、E 判断的真假关系。当其中一个为真时，可判断另一个必定为假，即 A 真 E 必假，E 真 A 必假。当其中一个为假时，却不能推知另一个判断的真假，即 A 假 E 真假不定，E 假 A 真假不定。

2. 下反对关系

下反对关系是指 I、O 判断的真假关系。当其中一个为假时，可判定另一个必定为真，即 I 假 O 必真，O 假 I 必真。当其中一个为真时，则不能推知另一个判断的真假，即 I 真 O 真假不定，O 真 I 真假不定。

3. 差等关系

差等关系是指 A 与 I、E 与 O 判断间的关系。其真假关系共有两种情况：

（1）当全称判断真时，特称判断必定为真；当全称判断假时，特称判断真假不定，即 A 真则 I 真，A 假 I 真假不定；E 真则 O 真，E 假 O 真假不定。

（2）当特称判断为假时，全称判断必为假；当特称判断为真时，全称判断真假不定，即 I 假 A 必假，I 真 A 真假不定；O 假 E 必假，O 真 E 真假不定。

4. 矛盾关系

矛盾关系是指 A 与 O、E 与 I 判断间的关系。简言之，互为矛盾关系的判断真假情况：一真一必假，一假一必真。即 A 真 O 必假；A 假 O 必真；E 真 I 必假；E 假 I 必真。I 真 E 必假；I 假 E 必真；O 真 A 必假；O 假 A 必真。

最后需要说明，上述 4 种关系，只存在于主项、谓项都相同的两个判断之间。如果两个判断的主项或谓项不同，彼此间就不存在这种相互制约的真假关系。例如：

①所有犯罪分子都有作案时间。

②有些犯罪分子不是惯犯。

虽然①是全称肯定判断，②是特称否定判断。但它们之间不是矛盾关系，其真假不受对方制约。

（三）性质判断主谓项的周延性

周延性，是指在性质判断中对主项和谓项的外延数量的断定情况。

如果在一个性质判断中，它的主项（或谓项）的全部外延被断定了，那么这个判断的主项（或谓项）就是周延的；如果没有对主项（或谓项）的全部外延做断定，即仅对其部分外延做了断定，那么这个判断的主项（或谓项）就是不周延的。

周延与否是针对性质判断的主、谓项而言的。孤立的概念不存在周延与不周延的问题。

下面具体分析 A、E、I、O 4 种性质判断主、谓项的周延情况：

1.A 判断主项周延，谓项不周延

A 判断断定了 S 类的所有分子都是 P 类分子，即断定了主项 S 的全部外延，因而其主项 S 是周延的。而并未断定 S 类的所有分子就是 P 类的所有分子，即没有断定谓项 P 的全部外延，因而其谓项 P 是不周延的。

例如：凡是故意杀人者都有杀人动机。

在这个判断中，对它的主项"故意杀人者"的全部外延做了断定，但并未对它的谓项"杀人动机"的全部做出断定，即没有断定凡有杀人动机的都是故意杀人者，因此，这个 A 判断的主项是周延的，谓项是不周延的。

2.E 判断主项周延，谓项也周延

E 判断断定了 S 类的全部分子都不是 P 类的全部分子，即断定了主项 S 和谓项 P 的全部外延，因而其主项和谓项都是周延的。

例如：所有的贪污罪都不是过失犯罪。

这个判断断定了主项"贪污罪"的全部分子都被排斥在谓项"过失犯罪"的全部分子之外，即断定了主项和谓项的全部外延，因而其主项和谓项都是周延的。

3.I 判断主项不周延，谓项也不周延

I 判断断定了 S 类中至少有一个分子是 P 类分子，并没有断定 S 类的全部分子都是 P 类的分子，也没有断定 S 类中的分子是 P 类的所有分子，因而 I 判断主项和谓项都不是周延的。

例如：有些现行犯罪分子是惯犯。

在这个判断中，既没有断定全部"现行犯罪分子"都是"惯犯"，也没有断定全部"惯犯"都是"现行犯罪分子"，因而主、谓项都没有全部断定，即主、谓项都不周延。

4. O 判断主项不周延、谓项周延

O 判断断定了 S 类中至少有一个分子不是 P 类分子，并没有断定 S 类中所有分子都不是 P 类分子，即仅断定了主项 S 的部分外延，因而主项 S 是不周延的。O 判断断定 S 类的分子被 P 类的所有分子所排斥，即断定了谓项 P 的全部外延，因而谓项 P 是周延的。

例如：尸体上有些创伤不是生前伤。

这个判断里的主项"尸体上有些创伤"，所指的是"尸体上所有创伤"的一部分，因而是不周延的；而谓项"生前伤"是有生活反应的生前形成创伤的总称，主项被排斥于它的全部外延之外，因而其谓项是周延的。

至此，可以把 A、E、I、O 4 种判断的周延情况，列于表 3-3。

表 3-3　4 种判断的周延情况

判断类型	主项	谓项
A	周延	不周延
E	周延	周延
I	不周延	不周延
O	不周延	周延

表 3-3 说明，全称判断（A、E）的主项是周延的；特称判断（I、O）的主项是不周延的；肯定判断（A、I）的谓项是不周延的；否定判断（E、O）的谓项是周延的。

拓展学习

人们在司法活动中经常会使用性质判断来理解法律条文，并以此对自己或他人的行为进行断定，这时就要十分注意性质判断的主项和谓项周延的问题。

小王在 20 岁的时候，经人介绍认识了 20 岁的小李。两人在恋爱一年后觉得情投意合于是准备结婚。两人将房子和家具都准备好了之后，才到当地的婚姻登记机关进行登记。但是婚姻登记机关却告知小王，因他的年龄还未达到规定的男子 22 岁的年龄标准，所以不能给他们登记注册。

小王非常不理解，他回到家首先查看了相关资料。公民从出生时始到死亡时止，具有民事权利能力，依法享有民事权利，承担民事义务。他认为他是公民，因此享有民事权利，当然也就享有结婚的权利。法律还对限制民事行为能力人和无民事行为能力人做了详细规定。小王根据

资料认为，既然限制民事行为能力人是指10周岁以上的未成年人和不能完全辨认自己行为的精神病人，无民事行为能力的人是指不满10周岁的未成年人和不能辨认自己行为的精神病人，而他已经年满18周岁且精神正常，他就一定是完全民事行为能力人，他也就能行使结婚的权利。他又查看了其他的资料，结婚年龄男不得早于22周岁，女不得早于20周岁。他认为在结婚年龄限制上查看的资料发生了矛盾。

本案中，有关规定事实上表达了以下性质判断：

（1）10周岁以上的未成年人是限制民事行为能力人。

（2）不满10周岁的未成年人是无民事行为能力人。

（3）不能辨认自己行为的精神病人是无民事行为能力人。

（4）不能完全辨认自己行为的精神病人是限制民事行为能力人。

这4个判断都是全称肯定判断。它们的主项都是周延的，而谓项都是不周延的。因此我们可以说，凡10周岁以上的未成年人都是限制民事行为能力人，或者凡不能完全辨认自己行为的精神病人都是限制民事行为能力人。也可以说，凡不满10周岁的未成年人都是无民事行为能力人，或者凡不能辨认自己行为的精神病人都是无民事行为能力人。但是不能反过来说，凡限制民事行为能力的人都是10周岁以上的未成年人，或者凡无民事行为能力人都是不能辨认自己行为的精神病人。也就是说，这些法律规定并没有对无民事行为能力的人或限制民事行为能力人的全部外延进行陈述，没有排除其他的限制民事行为能力或无民事行为能力的情况。一般说来，限制民事行为能力人指的就是10周岁以上的未成年人和不能完全辨认自己行为能力的精神病人两种情况。但是有例外，对行使婚姻缔结权的年龄进行了限制，就是对当事人在婚姻缔结问题上的行为能力进行了限制。因此在结婚年龄限制上并没有矛盾，这恰恰反映了立法对于逻辑工具的运用，即运用了全称肯定命题的谓项不周延的逻辑性质。但是，小王并没有认识到这一点。

 训练提升

下列语句表达的是何种类型的性质判断？并指出其主项、谓项的周延性。

（1）一切犯罪行为都是违法行为。

（2）不合法行为不都是违法行为。

（3）有些被告是无罪的。

（4）多数人是守法的。

（5）无论什么疑难案件都不是不能侦破的。

通过涉法实例导入和逻辑典例分析，学生可以了解性质判断的组成、逻辑形式；掌握性质判断的真假及其对当关系、周延性等。要求我们在做出断定时，既要尊重客观事实，不以偏概全，又要尊重客观规律，谨慎断言，做到清晰、准确、有效、求真、务实等。

第三节　性质判断的直接推理

直接推理是由一个已知判断推出一个新判断的推理。性质判断的直接推理主要有两大类：对当关系推理、变形推理。

 案例解析

电影《十二怒汉》，讲的是 12 个陪审员审理一件谋杀案的故事。被告是一个 19 岁的青年，他被控告用刺刀捅死了他的父亲。法庭上有人出庭证明被告确系凶手。一个是青年的邻居，他家紧挨着高速铁路线，他说正当一列火车从他窗户前呼啸而过时，他听到住在他楼上的这个青年叫喊："我宰了你！"另一个是戴近视眼镜的妇女，她住在铁路的另一侧，与被告的窗户相对。她说发案这天晚上，她晚上 11 时以后上床睡觉，隔了许久，仍未入睡，朦胧中一列火车高速驶过她的窗户。她睁眼一看，透过火车车厢正好看到了这青年杀了他的父亲。似乎事实俱在，铁证如山，只待 12 个陪审员组成的陪审团做出"有罪"的决定，便可使这个青年受到法律的处罚了。

12 个陪审员表决，11 个都投票赞成"有罪"，只有八号陪审员不赞成。他认为认定该青年杀死其父亲的证据不足,这两个人的证词都是不可靠的。因为列车高速通过时会发出强烈的轰响声,紧挨着铁路的人那时是不能听到楼上青年的叫声的;另外,戴近视镜的人睡觉时都要摘掉眼镜,那么这位近视的妇女,也不可能通过火车车厢,看清对楼房间里的景象的。经八号陪审员这么一分析,其他陪审员觉得有理,纷纷改变原先的态度,一致认为法庭认定该青年有罪的证据不足。

逻辑辨析:八号陪审员认定那两个证人的证词不可信,运用的就是对当关系的直接推理。根据"凡是当火车从窗口呼啸而过时不可能听到楼上的人声(SEP)"的真实前提,推出那青年邻居"当火车从他的窗口呼啸而过时能听到楼上的人声(SAP)"的证词是虚假的。根据"凡眼睛近视的人不戴眼镜不可能通过火车车厢看清对楼房间内的景象(SEP)"的真实前提,推出"那位近视的妇女不戴眼镜能通过火车车厢看清对楼房间内的景象(SAP)"的证词是虚假的。

一、性质判断对当关系推理

性质判断对当关系的直接推理,就是根据"逻辑方阵"所表示的主项、谓项相同的 A、E、I、O 4 种判断间的真假制约关系,由一个判断推出一个新判断的直接推理。

对当关系及推理

1. 反对关系

A 和 E 之间关系为反对关系,它们两者之间不能同真,可以同假。因此,根据反对关系,可以由一个判断的真推出另一个判断的假。即

$SAP \to \overline{SEP}$

$SEP \to \overline{SAP}$

例如:所有犯罪分子都要受到法律的制裁,所以,并非所有的犯罪分子都不要受到法律的制裁。

2. 差等关系

A 和 I、E 和 O 之间为差等关系,它们之间的真假关系:当全称判断真时,特称判断必真;当全称判断假时,特称判断真假不定;特称判断假时,全称判断必假;特称判断真时,全称判断真假不定。因此,根据差等关系,由全称判断的真,可以推出特称判断必真;由特称判断的假,可以推出全称判断必假。即

$SAP \to SIP$

$\overline{SIP} \to \overline{SAP}$

$SEP \to SOP$

$\overline{SOP} \to \overline{SEP}$

例如:

①所有的罪犯行为都是违法行为,所以,有些罪犯行为是违法

行为。

②并非有些罪犯是天生的,所以,并非所有的罪犯都是天生的。

3. 矛盾关系

A 和 O、E 和 I 之间为矛盾关系,它们的真假关系是既不能同真,也不能同假。因此,根据矛盾关系,可以由一个判断的真直接推出另一个判断的假,由一个判断的假直接推出另一个判断的真。即

$SAP \rightarrow \overline{SOP}$

$\overline{SAP} \rightarrow SOP$

$SEP \rightarrow \overline{SIP}$

$\overline{SEP} \rightarrow SIP$

$SOP \rightarrow \overline{SAP}$

$\overline{SOP} \rightarrow SAP$

$SIP \rightarrow \overline{SEP}$

$\overline{SIP} \rightarrow SEP$

例如:

①所有的公民都要遵纪守法,所以,并非有的公民不要遵纪守法。

②并非所有的违法都是犯罪,所以,有些违法不是犯罪。

③所有的犯罪都不是合法的,所以,并非有的犯罪是合法的。

④并非所有的犯罪不是故意的,所以,有的犯罪是故意的。

4. 下反对关系

I 和 O 之间为下反对关系,它们两者之间不能同假,可以同真。因此根据下反对关系,可以由一个判断的假直接推出另一个判断的真。即

$\overline{SIP} \rightarrow SOP$

$\overline{SOP} \rightarrow SIP$

例如:并非有些违法是犯罪,所以,有些违法不是犯罪。

案例解析

1998年6月7日晚,魏某在运沙子途中,发现一辆山西籍货车超车通过,魏某以撞到了他的汽车为借口追逐该车,待山西籍货车停靠在路边后,魏某将车停放在该车前面,故意找茬殴打该货车上的司机,抢走该货车的钥匙和装有营运证、行驶证等物的一个黑色皮包后驾车离去。检察院以魏某犯有抢劫罪提起公诉。法院审理认为本案的发生是因魏某曾在山西跑车时经常挨打受气,现在在本地看到山西车后就想报复出气,其目的并不是非法占有他人财物。而根据《刑法》的有关规定,抢劫罪是以非法占有他人财物为目的,因此,不以非法占有他人财物为目

的的行为不是抢劫罪。法院依据相关法律判决魏某犯有寻衅滋事罪。

逻辑辨析：该法院根据《刑法》的规定：抢劫罪是以非法占有他人财物为目的的行为，得出：不以非法占有他人财物为目的的行为不是抢劫罪。运用的正是性质判断的变形推理，将上述推理的全过程展现开来，就是：

①抢劫罪是以非法占有他人财物为目的的；所以，抢劫罪不是不以非法占有他人财物为目的的。

②抢劫罪不是不以非法占有他人财物为目的的；所以，不以非法占有他人财物为目的的行为不是抢劫罪。

因此该法院的推理是合乎逻辑的。

二、性质判断变形推理

1. 换质法

换质法是通过改变原判断中联项的质（将联项的性质由肯定改为否定，否定改为肯定），从而推出一个与前提等值的新判断的直接推理。例如：

①中国人是聪明的，所以，中国人不是不聪明的。

②任何科学都不是主观臆造的，所以，任何科学都是非主观臆造的。

可见，换质的方法是改变原判断的质，并把原判断的谓项换成与其相矛盾的概念。即把肯定改为否定（是改为不是），或者把否定改为肯定（不是改为是）并将前提中的谓项换成与其相矛盾的概念。通过换质，其结论与前提等值。"等值"在逻辑学中用"↔"来表示。

换质法的规则如下：

（1）只改变前提的联项，而不改变前提的主项和谓项的位置；

（2）换质后的谓项必须与原判断谓项是矛盾关系的概念。

根据上述规则，A、E、I、O 4种判断都可以换质，其推理形式为

① SAP ↔ SE$\overline{P}$

② SEP ↔ SA$\overline{P}$

③ SIP ↔ SO$\overline{P}$

④ SOP ↔ SI$\overline{P}$

例如：

①凡刑事案件都是有犯罪现场的，所以，凡刑事案件都不是没有犯罪现场的。

②凡作案分子都不是没有作案时间的，所以，凡作案分子都是有作

---

① 王洪. 法律逻辑学案例教程 [M]. 北京：知识产权出版社，2003.

案时间的。

③有些非意外事故死亡是他杀，所以，有些非意外事故死亡不是自杀。

④有些现场不是原始现场，所以，有些现场是变动现场（非原始现场）。

需要注意的是：换质法要求前后两个判断的谓项必须是矛盾关系，不能是反对关系，否则就有错误。例如：

甲："你的行为不是合法行为。"

乙："难道我的行为是犯罪行为？"

上述两个谓项"合法行为"和"犯罪行为"是反对关系，而非矛盾关系，因此就出现了错误。

2. 换位法

换位法是通过改变原判断中主项和谓项的位置，从而推出一个新判断的直接推理。例如：

① 自杀不是他杀，所以，他杀不是自杀。

② 所有犯罪行为都是违法行为，所以，有些违法行为是犯罪行为。

上述两例都是换位法。前提判断的主项与谓项分别换成了结论判断中的谓项与主项。前提判断与结论判断只是"推出"关系，用"→"表示。它们不是等值关系。

换位法的规则如下：

（1）只改变前提的主项和谓项的位置，而不改变前提的联项（判断的质）；

（2）在前提判断中不周延的概念在结论中不得周延。

根据换位法的规则，A、E、I 三种判断可以换位，其推理形式：

① SAP → PIS。

例如：金子是闪光的，所以，有些闪光的是金子。

② SEP → PES。

例如：凡没有作案时间的都不是犯罪分子，所以，凡是犯罪分子都不是没有作案时间的。

③ SIP → PIS。

例如：有些历史剧是悲剧，所以，有些悲剧是历史剧。

上面是由 A、E、I 判断所进行的换位。因为 A 的谓项是不周延的，换位后作为新判断的主项也应是不周延的，因此，A 判断只能换位为 I 判断；E 判断的主项与谓项都是周延的，所以 E 判断换位后仍为 E 判断；I 判断的主项与谓项都是不周延的，所以 I 判断换位后仍为 I 判断；因为 O 判断的主项是不周延的，如果换位则成了否定判断的谓项，变得周延了，这样结论就超出了前提判定的范围，因此，O 判断不能换位。

例如："有的罪犯不是杀人犯"就不能换位为"有的杀人犯不是罪犯"。

3. 换质位法

换质位法是对前提判断既换质又换位，从而得出结论判断的直接推理。

例如：人民的公仆是廉洁奉公的。

换质为：人民的公仆不是不廉洁奉公的。

再换位为：不廉洁奉公的不是人民的公仆。

这就是换质位法，经过换质，再进行换位，从而得出了推理的结论，因此它是换质法和换位法的连用或并用。例如：

（1）SAP → $S\overline{E}P$ → $\overline{P}ES$ → $\overline{P}AS$ → $\overline{S}IP$ → $S\overline{O}P$。

（2）SAP → $PI\overline{S}$ → $PO\overline{S}$。

例：凡有关国家机密的案件都不是公开审理的案件。据此，我们可以推出：

①不公开审理的案件都是有关国家机密的案件。

②公开审理的案件都不是有关国家机密的案件。

③有关国家机密的某些案件可以公开审理。

④不涉及国家机密的有些案件可以不公开审理。

解：由题干和供选答案的主项、谓项可知，此推理应为换位推理。前提是全称否定判断（SEP），换位后得到的还是一个全称否定判断（PES），因此，②是正确的。

拓展学习

有这么一个笑话，说的是某人请客，一共请了4位客人，可是时间到了只来了3位，主人便自言自语地说："该来的不来"。这时其中有一位就不痛快了："怎么，该来的不来？那我是不该来的呀。"于是就走了。这位主人一看着急了，就说："唉！不该走的又走了。"余下的一位一听，也生气了："原来我是该走的呀？"于是也走了，主人追着说："我没说是你呀！"剩下的那位一听："原来是说我呀"，于是也走了。

这个主人为什么会把3个客人全气走了呢？我们可以运用换质位法分析客人们是如何分析主人所讲的话的：

"该来的不来"用表层结构可表达："该来的是不来的"。

将其换质："该来的不是来的"；

再换位："来的不是该来的"；

最后换质："来的是不该来的"。

由此可见，从"该来的不来"这一前提出发，通过换质和换位，可以推出"来的是不该来的"这个结论，无怪乎第一个客人被这句话气走了。

再看第二句："不该走的走了"，用表层结构可表达为："不该走的是走了的"。

将其换质:"不该走的不是没有走的";

再换位:"没有走的不是不该走的";

最后换质:"没有走的是该走的"。

这样,从"不该走的走了"这一前提出发,通过换质和换位,就推出了"没有走的是该走的"这个结论,无怪乎剩下的两位客人也被这句话气走了。

通过这种连续交替换质、换位所得的判断,既与原始判断的真假值是一致的,而且又能把原判断中隐含的思想充分展示出来,其推理作用是显而易见的。

 训练提升

1. 已知下列判断为真,根据对当关系,指出与其同一素材其他判断的真假。

(1) 有些律师不是党员。

(2) 精神上有缺陷的人不能做证人。

(3) 任何形式的诈骗都是违法的行为。

(4) 本届人大代表有很多人关注食品安全问题。

2. 已知下列判断为假,根据对当关系,指出与其同一素材其他判断的真假。

(1) 法官都是大学法律专业毕业的。

(2) 商品都不是价廉物美的。

(3) 有的天才是生而知之。

(4) 有些贪污罪不是故意犯罪。

3. 对下列判断进行换质和换位推理,并用公式表示。

(1) 有些罪犯不是成年人。

(2) 凡抢劫都不是秘密的。

(3) 所有刑事案件都是有作案现场的。

(4) 有的违法行为是犯罪行为。

4. 运用判断变形的直接推理,由前提:"所有抢劫罪都是故意犯罪"能否推出:"有些非抢劫罪不是故意犯罪"的结论?为什么?

通过涉法实例导入和逻辑典例分析，学生可以了解性质判断对当关系推理和变形推理。这就要求我们在推理时，要注意把握判断间的关系，尊重客观事实，不以偏概全，做到清晰、准确、有效、求真、务实、诚实、守信等。

第四节 三段论

 案例解析

一个寒冷的夜晚，深夜4时许，某县城关镇信用社会计的快要结婚的女儿，哭哭啼啼地跑到县公安局报案称：其全家睡至半夜，有两个戴大口罩的人，破门入室，将其父母打昏后，抢劫了信用社的现金18 000余元。

案情重大，侦查人员闻讯后，冒着严寒火速赶到现场。信用社位于镇办公房最南端，是一个小独院。院大门一扇向里开着，院内由南向北一排一门套三间的平房。中间套门为营业室，左侧房间为会计夫妇的卧室，右侧房间为厨房（其女居住）。平房进门的一扇门被卸下，横放在门槛上，左右侧房间门均敞开着。侦查人员一进左侧房间现场，发现会计和其妻均被反绑在床栏上，眼被布蒙着，嘴里塞着布，两人均穿睡衣，衣服被撕破，脸、身上均有伤痕、血迹，侦查人员将绳子解开，喊了几声，会计醒来，但其妻仍处于昏迷状态，即送医院抢救。

刑侦队副队长测试了室内温度为9 ℃，房内的现金柜和账目柜被打开了，柜子上放着一串钥匙、两把锁、零乱的账目本和少量现金。据会计称：深夜1点40分起来方便，发现中间套门和窗户大开，走进里屋，就被人掐住脖子，堵住嘴，头被打了一下，便失去了知觉。其女称：熟睡中听到其母的叫声，起来走到中间营业室，看见有两个身材高大、戴口罩的人，其中一个夹着黑包，匆忙向院外跑去。

逻辑分析：刑侦队副队长听完父女俩介绍后，立即得出一个结论，父女二人对发案情况介绍都有不真实之处，发现此案有重大疑点。

刑侦队副队长根据现场情况及被害人对事件的介绍，做出了以下几个推理：

①侦查人员 4 点 45 分赶到现场，会计称发案时间是 1 点 45 分，说明室内几道门和窗户敞开时间应在 3 小时左右。根据经验，窗户、大门敞开 3 小时后，室内温度应在 0 ℃以下，但现场发现室内温度不在 0 ℃以下，所以，此窗户、大门敞开不是在 3 小时以前。

②侦查人员根据其女的陈述，立即在现场做了侦查实验：其女看见两人从院外跑的距离约 20 米远，对当时各种可能出现情况都做了试验，得出不可能看清此二人是否戴口罩，更看不清一人夹了提包，颜色是黑的。因为：

由侦查实验得出背向且视线暗淡时看不见面部，现场发现其女与逃跑者背向且视线暗淡，所以，其女是看不见逃跑者面部的。

本案中由于刑侦队副队长迅速发现疑点，警方随即明确了侦查方向，后查明原来是会计因为其女儿要结婚，而进行的监守自盗闹剧。

一、什么是三段论

三段论是由两个性质判断做前提，并借助于它们中的那个共同概念的联结，从而得出结论的演绎推理。例如：

①凡是犯罪分子都应受到法律制裁，张某是犯罪分子；所以，张某应受到法律制裁。

②所有无效合同都没有法律效力，这个合同是无效合同；所以，这个合同没有法律效力。

上述两例就是三段论推理。可以看出，三段论由 3 个性质判断组成。这 3 个性质判断的主项和谓项包含着 3 个不同的概念。分别把它们称作"小项""大项"和"中项"。

小项，即结论的主项，用"S"表示。如①中的"张某"、②中的"这个合同"。

大项，即结论的谓项，用"P"表示。如①中的"应受到法律制裁"、②中的"没有法律效力"。

中项，在两个前提中都出现而在结论中不出现的词项，用"M"表示。如①中的"犯罪分子"、②中的"无效合同"。

在组成三段论的两个前提中，包含大项"P"的那个前提叫大前提，如①中的"凡是犯罪分子都应受到法律制裁";包含小项"S"的前提叫小前提,如②中的"这个合同是无效合同"。

这样,前两例三段论的逻辑形式均可表示为

所有 M 都是 P(大前提);

所有 S 都是 M(小前提);

所以,所有 S 都是 P(结论)。

三段论中"小项""中项""大项"之间的关系如图3-9所示。

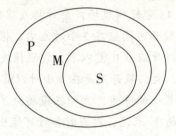

图3-9 三段论中"小项""中项""大项"之间的关系

从上述三段论的逻辑形式可见,三段论的中项在大前提中联结大项,在小前提中联结小项,通过中项的媒介作用,就使前提中的小项和大项联结起来,从而推出结论。

二、三段论的公理与规则

(一)三段论的公理

三段论公理:凡对一类事物有所肯定,则对该类事物中的每一事物都有所肯定;凡对一类事物有所否定,则对该类事物中的每一事物也有所否定。

三段论公理的内容虽然简单,但由于它已经过了人类亿万次实践的重复,并以逻辑的形式被固定下来,从而具有不证自明的性质,由于它反映了客观事物最一般、最普遍的关系,反映了人们思维的一种规律性,因而成为三段论推理的客观基础。

(二)三段论的规则

任何一个三段论,要保证其推理形式的正确性,以便合乎逻辑地由前提推导出结论,就必须遵守三段论的逻辑规则。这些规则是三段论公理的具体化,也是断定一个三段论正确与否的逻辑依据。

三段论共有7条规则,前三条是有关于概念的,后四条是有关于判断的:

(1)在一个三段论中,有且只有3个不同的概念(3个项)。

三段论是通过中项的媒介作用而使得大、小项外延关系得以确定,从而得出必然性结论的。如果两个前提中只有两个不同的概念,它们在前提中就势必重复出现,就不可能组合成为结论判断,因而也就不可能

三段论的规则
(一)

三段论的规则
(二)

构成三段论。如果两个前提中出现了4个不同的概念，那就表明两个前提判断的主项和谓项都是不同的概念，就没有一个共同的概念起媒介作用，也无法构成三段论。违反了这条规则，就会出现"四概念"的逻辑错误。

例如：我院的学生是从全国各地录取来的，李明是我院的学生；所以，李明是从全国各地录取来的。这里起联结作用的"我院的学生"在大、小前提中只是语词相同，而不是同一概念：它在大前提中表达的是一个整体，而在小前提中是一个个体。因此不能起到中项的作用，犯了"四概念"错误。

又如：李某（女），与人通奸，被其公公发觉，为掩盖奸情，奸夫用手掐死了其公公。李某为使奸夫逃脱刑罚，便协助奸夫共同伪造现场，变被害为自杀，制造伪证放走凶犯。有人认为，李某的行为不构成犯罪，原因：凡《刑法》分则上无明文规定的就不能认定为犯罪，伪造现场在《刑法》分则中无明文规定；所以，伪造现场不能认定为犯罪。这种观点犯了"四概念"的错误，因为在这个三段论推理中，大前提中的"刑法分则无明文规定"指的是独立罪名，如杀人罪、贪污罪等；而小前提中的"刑法分则无明文规定"指的是犯罪行为的具体方式，如用手掐死人，推人入水杀人等。另外在《刑法》分则确实是没有规定"伪造现场罪"，李某犯的罪行应根据《刑法》认定为"包庇罪"。

在治安管理和侦察破案中，经常会遇到相同的地名、人名、单位名称等，在推理过程中就要防止犯"四概念"错误。

（2）中项在前提中至少要周延一次。

中项的作用是充当大、小项联结的桥梁和媒介，只有当中项至少周延一次时，中项才能真正把大、小项必然地联结起来，从而推出确定的结论。如果中项一次也不周延，即两个前提都没有断定中项的全部外延，那么就会出现大项与中项的一部分外延发生联系，而小项则与中项的另一部分外延发生联系，这样就无法必然地推出结论。违反这一规则，就会出现"中项不周延"的逻辑错误。

例如：服食砒霜有剧烈腹痛现象，王某有剧烈腹痛现象，所以，王某服食了砒霜。

在此例中，"有剧烈腹痛现象"在大小前提中都是肯定判断的谓项，都不周延。它犯了"中项不周延"的逻辑错误。

（3）前提中不周延的词项在结论中不得周延。

这条规则要求结论中大、小项的外延等于或小于前提中大、小项的外延。因为，如果在前提中只断定了大、小项的部分外延，而在结论中断定了大、小项的全部外延，那么，结论中对大、小项的外延断定就超出了前提中对大、小项外延的断定，推断就不具有逻辑的必然性了。违反了这条规则就会出现"大项扩大"或"小项扩大"的逻辑错误。

"大项扩大",即大项在大前提中不周延,而在结论中变周延了。

例如:人民警察应有为人民服务的精神,我不是人民警察,所以,我不应有为人民服务的精神。在这个三段论中,大项"应有为人民服务的精神"在大前提中是肯定判断的谓项,是不周延的;而在结论中是否定判断的谓项,是周延的,因而出现了"大项扩大"的错误。

"小项扩大",即小项在小前提中是不周延的,而在结论中变成周延的了。

例如:所有审判员都是23岁以上的公民,所有审判员都是在法院工作的,所以,所有在法院工作的都是23岁以上的公民。在这个三段论中,小项"在法院工作的"在小前提中是肯定判断的谓项,是不周延的;而在结论中是全称判断的主项,是周延的,因而出现了"小项扩大"的错误。

(4)两个否定前提不能推出任何确定的结论。

否定前提所确立的是主、谓项之间相互排斥的关系。如果两个前提都是否定的,那么在大前提中,大项与中项相互排斥;在小前提中,小项与中项也相互排斥。由于大、小项都与中项相互排斥,那么中项就无法起到联结大、小项的媒介作用,大、小项之间的关系也就无法得到确定,前提就不能必然地推出结论。

例如:凡偷盗都不是高尚的行为,小张的行为不是偷盗;所以,由于两个前提都是否定判断,无法确定"小张的行为"与"高尚的行为"之间的关系,也就得不出确定的结论。

(5)如果有一个前提是否定的,那么结论必然是否定的。

如果前提中一个是否定的,而另一个是肯定的,那么不管中项是与大项联系而与小项排斥,还是中项与小项联系而与大项排斥,无论哪种情况,小项与大项通过中项之间的媒介作用只能是排斥的,所以结论必定是否定的。

例如:凡是作案分子都有作案时间,张某没有作案时间;所以,张某不是作案分子。

(6)两个特称前提得不出任何结论。

两个前提都是特称判断,它们的组成情况有3种:

①两个特称否定判断做前提。根据规则(4),两个否定判断前提不能推出任何确定的结论。

②两个特称肯定判断做前提。根据规则(2),中项在两个前提中至少要周延一次,而I判断的主、谓项都不周延,故中项在前提中必然两次不周延,所以,两个特称肯定判断做前提推不出结论。

③一个特称肯定判断和一个特称否定判断做前提。在I判断与O判断两个判断中,只有一个周延的项,即O判断的谓项。它有两种组合形式IO、OI。

小错惹大祸

当 I 判断为大前提，O 判断为小前提时，O 判断的谓项就成了中项，这个推理就犯了"大项扩大"的错误。

例如：有的第一现场是伪造的，有的现场不是第一现场；所以，有的现场不是伪造的。这个三段论的大项"伪造的"在前提中不周延，在结论中周延，因此，这个推理犯了"大项扩大"的错误，结论不是由前提必然推出的。

当 O 判断为大前提，I 判断为小前提时，O 判断的谓项就成了大项，这个推理就犯了"中项不周延"的错误。

例如：有的法官不是妇女，有的青年是法官，所以，有的青年不是妇女。

这个三段论的中项"法官"两次不周延，所以，这个推理犯了"中项不周延"的错误，结论也不是由前提必然推出来的。

（7）如果前提中有一个特称判断，那么结论必然是特称判断。

前提中有一个特称判断，另一个前提只能是全称判断。这样，就会有 4 种不同的情况：

① AI 组合。在这两个前提中，只有一个周延的项（A 判断的主项），根据规则（2），这个周延的项只能做中项。其他三个不周延的项中有一个是小项，小项在小前提中不周延，在结论中也不得周延。因小项在结论中又是主项，根据规则（3），主项在这里是不能周延的，故结论只能是特称的。

② EI 组合。大小前提中有两个周延的项，即 E 判断的主项和谓项。根据规则（2），其中一个周延的项必须做中项，否则就犯"中项不周延"的错误；根据规则（3），另一个必须做大项，否则就会犯"大项扩大"的错误。小项在前提中不周延，根据规则（3），它在结论中也不得周延，故结论只能是特称的。

③ AO 组合。大、小前提中有两个周延的项，即 A 判断的主项和 O 判断的谓项。这两个周延的项，一个必须做中项，否则就犯"中项不周延"的错误；另一个必须是大项，否则就犯"大项扩大"的错误。小项在前提中不周延，故结论必为特称。

④ EO 组合。根据规则（4），两个否定判断不能推出任何确定的结论。

总之，如果三段论中有一个前提是特称的，并且能够推出结论的话，这个结论只能是特称的。

三、三段论的格与式

（一）三段论的格

三段论的格，就是指中项在大、小前提中所处的位置不同而形成的三段论的结构形式。

因为在一个三段论的两个前提中,中项的位置只有 4 种不同的排列方法,因而三段论有 4 个格。不同的格,要符合前面所讲的规则就有其不同的逻辑要求,并且也有它们各自不同的应用特点。

(1) 第一格:中项 M 在大前提中做主项,在小前提中做谓项。它的形式:

M——P
S——M
S——P

例如:凡被勒死的人都有颜面青紫肿胀、口唇发绀、眼睑结膜有出血斑或水肿的现象,王某是被勒死的;所以,王某有颜面青紫肿胀、口唇发绀、眼睑结膜有出血斑或水肿的征象。

第一格的特殊规则:

①小前提是肯定的;

②大前提是全称的。

第一格体现了演绎推理由一般到特殊的思维进程,故被称为三段论的典型格或标准格。第一格的主要作用,是根据一般原理或已有经验来认识特殊事物。

(2) 第二格:中项在大、小前提中都是谓项。其形式:

P——M
S——M
S——P

例如:被害者的血型是 O 型的,凶器上的血指纹不是 O 型的;所以,凶器上的血指纹不是被害者的血型。

第二格的特殊规则:

①前提中必须有一个否定判断;

②大前提是全称的。

第二格常用来指出事物之间的区别,说明某个事物不属于某一类事物。由于第二格的结论是否定的,故常用来反驳肯定判断,又称为区别格。

(3) 第三格:中项在大、小前提中都是主项。其形式:

M——P
M——S
S——P

例如:氰化钾是能致人死命的毒物;氰化钾是化学药品;所以,有些化学药品是能致人死命的毒物。

第三格的特殊规则:

①小前提是肯定的;

②结论是特称的。

第三格的结论总是特称的,当人们举出特殊事例来反驳与之相矛盾的全称判断时,就常常使用第三格,又称为例证格。

（4）第四格:中项在大前提中是谓项,在小前提中是主项。其形式:

P——M
M——S
S——P

第四格的特殊规则:
①如果前提中有一个否定判断,那么大前提必须是全称判断;
②如果大前提是肯定判断,那么小前提必须是全称判断;
③如果小前提是肯定判断,那么结论必须是特称判断。

第四格虽有某些作用,但由于此格在运用时不大自然,因此不经常使用,也称无名格。

拓展学习

由于三段论各格的逻辑形式不同,在思维过程中也就具有不同的意义和作用。

（1）第一格典型地体现了演绎推理由一般到特殊的思维进程,主要作用是根据一般原理和已有经验来认识特殊事物。

例如,我们根据尸斑出现的一般规律,可知人死后血液循环停止,血液在血管中由于重力的作用,沉积于人体的低下部位。这样,我们在尸体检验中,便比较容易发现尸斑。如果是一个俯卧的尸体,我们可以从尸体的前胸和两腿的前部来寻找尸斑;如果是一个仰卧的尸体,尸斑不在后背,而在前胸,那么,可以断定这个尸体经过翻动。

在审判工作中,总是根据法律条文所规定的一般原则,肯定特殊的犯罪性质,并做出判决,经常运用的也是第一格,因此,第一格在审判工作中也叫审判格。

（2）第二格的结论总是否定的,因它常用来指出事物之间的区别,说明某一类事物不属于某一类事物,故常用来反驳肯定判断。

例如:某县转业军人何某突然"上吊自杀",其妻急急忙忙准备安葬。有群众向公安局反映,认为死因不明。县公安局立即赶赴现场,开展调查。

经现场勘查和尸体检验发现:①死者悬挂在其家灶房里的横梁上,用一条旧棕绳折回双股,不像是自己吊死的;②死者颈部有一弧形索沟,经反复检验,虽有轻度充血反应,但生活反应不明显,而从眼睑、手指情况来看,又属窒息死亡;③在颈部发现表皮剥落伤和皮下淤血计

12处,不是绳索伤痕,而是掐压痕迹;④死者背肩胛部、大小腿部、两外踝均有损伤,左掌小鱼际肌肉外侧有牙咬伤,挣扎征象比较明显。据此认定,何某并非上吊自杀,而是他人掐颈致死,是一起凶杀案件。被害人是被犯罪分子扼昏后,悬吊高处伪装自杀。

(二)三段论的式

三段论的式,是指由 A、E、I、O 4 种判断在大、小前提和结论中的不同组合而组成的三段论形式。例如:

①凡自然状态下呈仰卧状态的浮尸都是女尸,这具浮尸是自然状态下呈仰卧状态浮尸;所以,这具浮尸是女尸。

②过失犯罪都不是故意犯罪;盗窃罪是故意犯罪;所以,盗窃罪不是过失犯罪。

例①的大小前提和结论都是 A 判断,即 AAA 式。例②的大前提是 E 判断,小前提是 A 判断,结论是 E 判断,就是 EAE 式。

由于在每个格中,组成三段论的 3 个性质判断都可以分别由 A、E、I、O 4 种判断担任,所以每个格有 4×4×4=64(式)。再把 64 式与 4 个格加以组合,就有了 64×4=256(式)。这些式中,符合规则要求的式叫有效式;不符合规则要求的叫无效式。根据各格规则可知各格的有效式如下:

第一格:AAA,EAE,AII,EIO;

第二格:EAE,AEE,EIO,AOO;

第三格:AAI,IAI,AII,EAO,OAO,EIO;

第四格:AAI,AEE,EAO,EIO,IAI。

另外,根据判断间关系的知识,凡结论是 A 的有效式,以 I 为其结论的式也是正确式;凡结论是 E 的有效式,以 O 为其结论的式也是正确的。在以上 19 个有效式中,有一个式以 A 为结论,有 4 个式以 E 为结论,这样又能得出 5 个正确式,即第一格 AAI、EAO,第二格 EAO、AEO,第四格 AEO,通常称为"弱式"。这样三段论的 4 个格共有 24 个正确式。

四、三段论的法律运用

推理在法律领域中的运用被称为法律推理。换言之,法律推理就是判案说理的逻辑思维方法和形式。在我国,法律条文是唯一的判案准则,通用的法律推理形式是三段论推理,即以法律规则为大前提,以案件事实为小前提,推导出裁判结果。即大前提:法律规定;小前提:确认的案件事实;结论:裁决、判处结论。

（一）法律推理的种类

1. 定罪三段论

定罪三段论，就是根据刑法所规定的犯罪构成的一般原理和被告人的犯罪事实，对被告人做出犯某罪的结论的三段论。

检察官要起诉某人犯有某罪，首先是要用相应的罪名定义作为大前提，接着用指出某人的行为特征符合该罪名定义中定义所指的行为特征作为小前提，于是得出某人犯了某罪的结论。

律师在辩护时是针对起诉书的指控进行的，为了驳倒起诉书中的控诉，就必然用与起诉中相同的罪名定义作为定罪三段论的大前提，然后用指出某人的行为特征不符合该罪名定义中定义所指的行为特征作为小前提，结论就可以推出某人没有犯有某罪。

法官根据法庭辩论和法院对某件事实的掌握，可能做出某人犯有某罪或某人没犯有某罪的判决。这两种判决同样要用到定罪三段论。由此可见，定罪三段论在审判工作中有着重要的作用。

例如，凡以暴力、胁迫或者其他方法抢劫公私财物的都是犯了抢劫罪（大前提），李某以暴力、胁迫的方法抢劫了公款（小前提），所以，李某犯了抢劫罪（结论）。

这个定罪三段论的大前提是以"抢劫罪"的罪名定义，小前提是李某的犯罪行为特征，结论是李某的犯罪性质。该三段论推理既符合法律规定，又遵守了三段论的推理规则，因此，只要李某的犯罪行为事实真实清楚，其结论就是必然可靠的。

而"贪污罪"这一罪名概念的定义：国家工作人员利用职务上的便利，侵吞、窃取、骗取或者以其他手段非法占有公共财物的行为。这个罪名概念定义就是以联言判断的形式出现的，它具有3个并存的特征：国家工作人员、利用职务上的便利、非法占有公共财物。因此，在定贪污罪时，必须同时具备这3个条件，缺一不可。如被告人庞某，是某地工商银行的出纳员，在任出纳员期间，庞某利用职务上的便利，先后采取伪造、涂改单据等手段，将35万余元公款占为己有，人民法院依法做出了庞某犯有贪污罪的结论。人民法院对庞某的定罪是完全正确的，因为庞某的行为完全符合贪污罪的条件，同时具备了贪污罪的4个要件，因而庞某构成贪污罪无疑。其推理形式为：凡是国家工作人员利用职务上的便利，侵吞、窃取、骗取或者以其他手段非法占有公共财物的都是犯了贪污罪。庞某是国家工作人员，并利用职务上的便利，非法占有公款，所以庞某犯了贪污罪。

由于定罪三段论是以法律规定的犯罪构成和被告人的犯罪事实为依据进行推理的，因此，其大前提必须准确无误、合乎逻辑地揭示出罪名概念的本质属性及其特征，其小前提也必须真实可靠，即必须事实清楚，准确把握被告人的行为特征。如果定罪三段论的前提真实且合乎推理规则，那么其结论就是真实可靠的，就能真正维护社会主义法制和司法机关的权威和尊严，为正确量刑打下坚实的基础。

2. 量刑三段论

量刑三段论，是指根据法律规定的一般原理和被告人的犯罪性质，推出被告人应当受到何种刑罚处罚的三段论。量刑三段论的大前提是刑法规定的具体条款，小前提是被告人的犯罪性质，结论是应当判处的刑罚。例如：

被告人：蒋国辉，又名王国辉，男，36岁，汉族，湖南省醴陵市人，是株洲三汽运公司机械厂下岗工人，住醴陵市新阳乡清泥村公屋组。2001年3月14日因本案被逮捕。

1998年1月，受害人匡伟红在湘潭卫校毕业后被分配到醴陵市新阳乡卫生院清泥村诊所工作。同年4月，被告人蒋国辉与匡伟红恋爱后同居生活，因蒋国辉比匡伟红大11岁，且是下岗工人，婚姻之事曾遭到匡家亲属的反对。蒋国辉认为匡是在顶着家庭的压力与他恋爱，所以在生活、工作等方面对匡做到了百依百顺、关心备至，两人关系也较密切。2000年6月26日，匡伟红开设的诊所由清泥村搬至该乡的石羊村，租住村民文勇的房间开设诊所，蒋国辉随同匡居住在该诊所内。蒋国辉因下岗无事可做，经常打麻将，连匡伟红要他进货的1 500元钱也输光了。匡伟红因蒋国辉不务正业，加上家里反对这门亲事，便慢慢地疏远蒋国辉。在此期间，匡又与当地青年文胜石关系密切，蒋国辉知情以后非常伤心，认为没脸见人。2000年9月10日，被告人蒋国辉邀匡回家过中秋节，在遭到拒绝后，蒋国辉认为他与匡的关系彻底破裂，遂决定先杀死匡伟红，自己再自杀。2000年9月11日晚，蒋国辉等匡入睡以后，在客厅里写好遗书，然后准备一把菜刀插入背后，一个刀片放在床头。次日凌晨3时许，当匡伟红醒后，蒋国辉对匡说："你还有什么事要做吗"？匡听后，知道蒋要对她下毒手，连忙爬起床。被告人蒋国辉上前将她按倒在床上，并用皮带捆住匡的双脚。匡借口要写遗书和换衣服后再死，想寻找机会逃跑。蒋国辉满足匡的上述要求后，匡又提出到屋外去死。蒋国辉认为匡不想死，左手抱住匡的身体，右手从背部抽出菜刀，朝匡伟红的头部、面部一顿乱砍，匡被砍得大声呼叫，并用双手抱住头部。蒋国辉连续砍了10多刀后，见匡伟红的右拇指、食指已被砍断，满脸是血，才丢下菜刀。匡伟红见蒋停止了砍杀，连忙爬起来，打开门跑出门外。被告人蒋国辉待匡走后用事先准备好的刀片将自己的左腕部血脉割破自杀。此时，房主文勇听到呼救后迅速起床赶到现场，对蒋、匡进行抢救，并打"120"急救电话。醴陵市中医院急救中心驱车赶到出事地点后，将蒋、匡二人送往市中医院住院治疗。匡伟红于2000年9月28日出院。在住院治疗期间，被告人蒋国辉为匡支付了

5 600元的治疗费用。事后，经醴陵法医检验鉴定中心法医学鉴定：匡伟红头部、面部、手上共计13处刀伤，右手拇指、食指缺失，为重伤，七级伤残。被告人蒋国辉于2001年2月27日到公安机关投案自首。①

湖南省醴陵市人民检察院以被告人蒋国辉犯故意杀人罪（未遂）向醴陵市人民法院提起公诉。被告人蒋国辉辩称其行为只构成故意伤害罪，请求从轻判处。

湖南省醴陵市人民法院经过公开开庭审理后认为：被告人蒋国辉不能正确处理婚姻问题，在认为他与匡伟红的爱情关系将要彻底破裂后，为发泄对匡的不满，持菜刀朝匡伟红的头部、面部等处猛砍10多刀，企图剥夺匡的生命，造成了匡伟红伤残的严重后果，其行为已构成故意杀人罪。被告人蒋国辉辩称其行为只构成故意伤害罪的理由与查明的事实不符，本院不予采纳。在犯罪过程中，被告人蒋国辉自动放弃了进一步对匡伟红的加害，防止了匡伟红死亡结果的发生，是犯罪中止，依法应当减轻处罚。案发后，被告人蒋国辉能主动到公安机关投案，如实供述了自己的犯罪事实，具有自首情节，依法可以减轻处罚。该院依照《刑法》第232条、第24条、第67条第一款和第63条的规定，于2001年4月24日判决如下：被告人蒋国辉犯故意杀人罪（中止），判处有期徒刑6年。

宣判后，被告人蒋国辉不服，向湖南省株洲市中级人民法院提出上诉。其上诉理由是：原判定性不当，本人的行为不构成故意杀人罪而是故意伤害罪，且原判量刑太重。

湖南省株洲市中级人民法院经过二审审理认为：一审判决认定事实清楚，定性准确，适用法律正确，量刑适当，审判程序合法，应予维持。据此，该院依照《中华人民共和国刑事诉讼法》（1996年版）第189条第（一）项的规定，于2001年6月1日做出裁定：驳回上诉，维持原判。

本案争议的焦点在于：一是被告人蒋国辉的行为是构成故意杀人罪，还是构成故意伤害罪；二是被告人的犯罪行为是犯罪未遂还是犯罪中止。

故意杀人罪，是指故意非法剥夺他人生命的行为。就本案而言，从被告人蒋国辉的供述来看，他是要砍死被害人匡伟红，然后自己割脉自杀，并留有遗书，其主观上具有明显的非法剥夺他人生命的故意。且被告人蒋国辉在作案时持菜刀猛砍被害人匡伟红的头部、面部等要害部位，其客观方面具有非法剥夺他人生命的行为。被告人蒋国辉的犯罪行为符合故意杀人罪的主客观构成要件，构成故意杀人罪。

---

① 祝铭山.故意杀人罪——典型案例与法律适用（刑事类）[M].北京：中国法制出版社，2004.

犯罪未遂，是指已着手实行犯罪，由于犯罪分子意志以外的原因而没有得逞的行为状态。犯罪中止，是指在犯罪过程中，犯罪分子自动放弃犯罪或者自动有效地防止犯罪结果发生的行为状态。在本案中，被告人蒋国辉将匡伟红连砍十几刀后，听到匡大喊"我的手指断了"，便丢下了凶器，被告人蒋国辉是出于自己的意志而放弃了当时可以进行下去的犯罪行为，属于自动放弃犯罪，是犯罪中止。我们分析一下醴陵市人民法院的两个法律推理：

①定罪三段论：故意非法剥夺他人生命，但在犯罪过程中自动放弃了犯罪的是故意杀人罪（中止），被告人蒋国辉是故意非法剥夺他人生命，但在犯罪过程中自动放弃了犯罪的是故意杀人罪；所以，被告人蒋国辉犯故意杀人罪（中止）。

②量刑三段论：故意杀人罪（中止）并自首的，可以从轻或者减轻处罚（处3年以上10年以下有期徒刑），被告人蒋国辉是故意杀人罪（中止）并自首的；所以，被告人蒋国辉应处以6年有期徒刑（处3年以上10年以下有期徒刑）。

因此，一、二审法院以故意杀人罪（中止）对被告人蒋国辉定罪判刑是完全正确的。

（二）法律推理中小前提的构建

在法律推理中，小前提所断定的案件事实应该是符合大前提中法律条文规定，否则，推理就缺乏获得有效结论的逻辑基础，如果强行推演将会导致"四概念"的错误。由此可见，在法律推理中，小前提的构建是十分重要的。

1. 从案件事实中确认法律事实，是构建法律推理小前提的关键

在我国，法律规范是相对固定的，而案件是繁纷复杂的，其进行法律推理的思维起点，就是确认法律事实，构建小前提。

例如：某案起诉书指控某甲犯有强奸罪，所使用的三段论的小前提是"某甲用暴力手段对某女实施奸淫"。辩护律师在反驳某甲犯有强奸罪的指控时，用下面的3个推理证明了起诉书中的小前提是假的，从而驳倒了起诉书对某甲犯有强奸罪的指控：

①如果某甲强行剥脱某女的衣裤，那么，某女的衣裤就一定有所损坏；某女的衣裤没有丝毫损坏；所以，某甲不是强行剥脱某女的衣裤。

②如果某甲是用暴力的手段实施奸淫，那么某女就应当众交出某甲；而某女在某甲被众人围困时，却把某甲藏在自己的床后；所以，某甲不是用暴力手段实施奸淫。

如果某甲是用暴力的手段实施奸淫，那么某女就不会帮助他逃跑；某女为某甲观察逃路，助他从后窗坠楼逃跑；所以，某甲不是用暴力手段实施奸淫。

在确认法律事实时，我们应注意两个问题：

第一，成为法律推理小前提的案件事实，应该是在诉讼过程中呈现出来的全部案件事实中具有法律意义的、需要法官做出价值评判的部分案件事实。

第二，案件事实只有被转化为法律事实，才能构建为小前提进行法律推理。

定罪时，主要困难不在于从两个现成的前提得出结论，而在于解决为了建立推理恰恰是应该掌握什么样的前提。只有依据证据法、程序法用证据加以证明了的案件事实，才能成为法律事实。

例如：在陈良宇社保案的起诉与审判中，检察机关并非对纪检部门指控的罪名简单地予以确认，法院也没有对检察机关起诉的罪名进行简单地认定。检察机关认为，2007年7月中纪委《关于陈良宇严重违纪问题的审查报告》中总结陈词的6个问题中的"道德败坏，利用职权玩弄女性，搞权色交易"缺乏法理依据，且与社保案无直接关联，因此在起诉时未将其列入起诉的罪名；而检察机关对陈良宇起诉的受贿罪、滥用职权罪和玩忽职守罪3个罪名中，天津市二中院也只认定了前两项罪名，因为指控陈良宇玩忽职守罪的主要证据是其弟陈良军倒卖土地，非法获利1.18亿元，法院依据庭审的事实——2002年至2003年，陈良军找宝山区区委领导"帮忙拿一块好地"，后者请示陈良宇，陈良宇同意并表示"按规定办，把好关"后，有关部门和领导将宝山区高镜镇的600亩土地使用权非法出让给了陈良军，致使陈良军非法获利1.18亿元，因此不认定陈良宇构成玩忽职守罪。在这一案例中，检察院和法院均能按照自己对法律的理解，从案件事实中确认法律事实作为前提进行法律推理，走出"线性的诉讼结构"的困扰。①

2. 从案件事实中确认法律事实，往往会受多种因素的影响

前文已述，法律事实是从案件事实中确认来的，但这个过程是十分复杂的，主要是因为有以下4个方面对其产生着影响：

（1）当事人的陈述。由于案件如何处理与当事人有直接的利害关系，当事人的陈述就不可避免地带有严重的两面性和趋利避害的色彩。一方面他们亲身经历了案件的发生过程，对案件事实了解得最为清楚和全面；另一方面，他们又不可能不考虑自己的陈述对判决结论的影响，从自己的利害得失出发，对自己有利的就陈述，对自己不利的就不陈述；对于有理的事实就强调，对于无理的事实就加以掩饰。这样当事人的陈述就会形成真中有假、假中有真、虚实难辨的复杂局面。

（2）证人的证言。由于证人是凭借自己的听觉、视觉等个人体验

---

① 陈良宇被判有期徒刑18年 没收个人财产30万，https://news.sina.com.cn/o/2008-04-12/074513725412s.shtml。

感知案件情况的,他要经过信息的接受和记忆,然后以言辞表达的方式向司法机关完成提供证据,这样证人就具有身份的不可替代性和言辞表达的主观性。证人在提供证言的时候,就不能排除有作伪证的证人、有偏见的证人、发生误解的证人等。由于受证人的客观和主观因素的影响,对证人证言的采信往往也会使法官陷入"不可不信、也不可全信"的尴尬境地。

(3)视听资料、书证、物证、鉴定结论、勘验笔录。它们似乎具有较强的客观性和较高的可靠性,但也并非没有缺陷,视听资料比较容易伪造、模仿、涂改和剪辑,同时因为雷电、浓雾等天气的变化或因为树木、农作物、或其他物体遮蔽而造成视听资料判断上的错误或误差也在所难免。此外,书证可能会随着自然的变化而毁灭、腐烂、灭失;鉴定人可能会缺少必需的专门性知识;勘验现场可能因为自然力量(如暴雨或日晒等)或人为因素(如伪造现场)而遭到破坏等。

(4)法官的价值判断。在法官对案件事实进行选择和价值判断时,其同情心、性格、脾气、情绪、偏见,以及在生活中的某种痛苦或幸福的经历、在潜意识中对当事人的反感或喜爱,他的宗教信仰、种族观念、权利意识等,都可能增加或减少法官做出某一价值判断的决心和对证据的取舍,从而使犹豫不定的法官做出坚定的抉择并附上充分的理由,其实,在理性的逻辑推理后面,已经潜移默化地融入法官个人的主观因素和个性色彩。

3. 构建法律推理小前提时应注意的两个问题

(1)司法人员的素质。法律事实并非对过去所发生的事情进行了全部的客观如实的精确反映,其形成和表述必然包含着司法人员的主观解释和评价。不同的司法人员具有不同的个性和经验,有着对规范不同的选择和理解程度,因此对案件事实的判断和选择也有所不同,就可能会出现以之构建小前提而进行法律推理推出不同的裁决结论的情形。

例如,2006年11月,沈阳市民李华在为自己家的窗户安装保暖塑料时,被邻居张某家的狗追撵,情急之下自己爬上窗户跳进屋内,由于恐慌摔倒在地,经法医鉴定,构成十级伤残。事后,狗的主人张某付给李华1 000元治疗费。李华认为,自己被狗追撵造成伤残的后果,狗的主人应承担全部责任,于是他向法院起诉,索赔3万元。法官认为,此案发生时,虽狗的主人不在场,也无其他目击证人,但根据"日常生活经验"和逻辑推理,可以证明原告李华不是为了图方便才跳的窗;另外张某在派出所调解后支付1 000元治疗费时没有对事实表示异议,也说明其对自己养的狗致人受伤这一事实表示承认。沈阳市中级人民法院做出终审判决:狗的主人张某赔偿李华经济损失3万元。

本案例中的法官提出的"日常生活经验"就是法官的"经验法则",是指法官在日常生活中认识和领悟的客观事物之必然联系或一般规律,具有普遍公认或不证自明的性质，裁决体现了司法公正的价值目标。但是，法官对法律和案件情况的实质内容的分析不仅没有明确的、具体的法律规定，而且多数不是法律规定，甚至会违背"以事实为依据，以法律为准绳"的办案原则。在这种情况下，如果司法人员尤其是法官本人不具备较高水准的政治、业务素质，那么做出的裁决就有可能违背司法公正的目标，造成判决公正的错位。

（2）事实证据的可靠性和充分性。案件总是由已发生的事实组成的，将作为小前提的案件事实归属于作为大前提的法律规范所划分的类别时，要确定好法律事实，除法官个人的主观因素外，还由于对案件事实的认定还要依赖于证据证明，特别是有时还要运用间接证据证明案件事实，而这些证据是否可靠、充分就显得更为重要。

例如，2003年9月5日邯郸中院以事实不清、证据不足驳回邯郸市检察院对张东身强奸并故意杀害张丽娟的指控就说明了确认案件事实的证据必须具有可靠性和充分性的重要性：邯郸市中院认为，公诉机关指控张东身犯故意杀人罪"从提供的证据看：①尸检虽记载张丽娟是处女膜陈旧性破裂，不能确认是……张东身和张丽娟发生的性关系所为……没有其他证据证明；②物证检验报告记载灯泡上有张东身左手中指指印，但不能说明是何时所留，不能说明该指印在灯泡的位置及指印纹线的流向，同时也未能当庭出示当时提取的灯泡佐证；③对张丽娟尸体检验记载张是被他人用锐器所致伤……失血性休克死亡，……3处伤是否同一类凶器形成……2000年、2001年二次尸体检验报告未提到……作案凶器是未找到，不能证明张东身作案与尸体检验报告有什么内在的直接的联系。④从现场勘查看，没有发现与被告人张东身有直接关系的痕迹物证；从张丽娟被害现场西南30米与西围墙之间的泥泞地上提取了足迹，但经公安部二次鉴定，未能确认是张东身所留……⑤证人杨晓敏是现场目击证人之一，并未能准确指认凶手，且前后证言不相吻合，矛盾点较多……同时张东身妻子姚海娥举证那晚10时左右其出去（20分钟）回屋睡觉的证言与公诉机关出具的作案时间及其证人证言相矛盾……⑥被告人张东身曾做过有罪供述，但供述藏刀或扔刀地点不一，作案后回家的路线不一，所穿鞋的颜色不一，作案时间不一。该案疑点、矛盾点和不清楚之处，公诉机关不能做出合理、合情、合法的解释"，故判决张东身无罪。①

由上可知，案件事实的确认法律事实，必须符合充足理由律：如果以虚假的所谓"证据"来证明案件事实，就要犯"理由虚假"的逻辑错误；如果以真实性尚未确定或无法确定的所谓"证据"来证明案件事实，

---

① "疑罪从无"彰显尊重和保障人权，http://www.110.com/ziliao/article-136367.html。

就要犯"预期理由"的错误。正因为如此，在审判活动中，构建法律推理的思维起点，就是从案件事实确认法律事实，这也正是需要通过法律推理确认其法律后果的目的所在。

（三）法律推理中大前提的构建

1. 法律推理中大前提存在的具体类型

在确认了案件事实的基础上，如何寻找和援用可适用具体案件的法律理由是比较复杂的。

（1）在简单案件中，可以直接援用已有的法律规范作为法律推理的大前提。在那些事实清楚、法律规定明确的简单案件中，当案件事实确认后，如果能在现行有效的法律中寻找出确定的法律规则、法律原则或法律目的作为大前提，就可以运用三段论的审判格进行判决。

（2）在复杂案件中，可能需要在法律规范之外寻找其他理由作为法律推理的大前提。这里说的"复杂案件"，指的是因法律规范存有缺陷而对处理有争议的案件，即缺失一个明确的、适当的法律大前提的案件。这类情形主要有 5 种：

第一，对案件的事实及其法律后果法律没有明文规定，立法时事先没有预见或不可能预见到的情况出现在法官面前，出现了"法律空隙"或"法律漏洞"。

第二，法律虽然有规定，但它的规定是原则性的、模糊的，以致可以根据同一规定提出两种或多种对立的处理理由。在现行法律条文中，大量存在的概括性、模糊性语言，例如"情节特别严重""正当""合理竞争"等概念，都涉及实质内容或价值观的解释，包含这一类概念的法律规范，在具体适用时会有一定程度的不确定性，需要司法者仔细判断。

第三，一个问题的解决有两个或两个以上法律规范供适用者选择，不同的选择将导致不同的适用结果。此时，司法者面临着在不同法律规定之间进行选择适用的问题。

第四，存在两种相互抵触或矛盾的法律规定，即出现了法律规范的冲突。司法者同样需要从中加以选择。

第五，法律虽然有规定，但由于新的情况的出现，某些法律规定明显落后于社会发展形势，或者个别法律条文不能适应社会发展的需要且已违背了法律本应体现的公平正义。适用这种法律规范将违背立法目的或法的价值，会造成显失公平、不合理甚至不人道，即出现"合法"与"合理"的冲突。这种情况下，司法者应依据法律的基本原则做出判断。

2. 法律推理大前提的构建，体现了价值和利益的衡量与判断

法律大前提作为裁决案件的法律理由，不管是在简单案件还是复杂案件中，都体现了立法者与司法者面对各种价值和利益发生冲突时对其

进行比较、评价和筛选的取向。

（1）在简单案件中，构建法律大前提集中地体现了立法者的价值判断。

（2）在复杂案件中，构建法律大前提更多地体现了司法者的价值判断。

在复杂案件中，由于"在不受现以存在的规范和原则指导的相互冲突的利益间进行选择，就需要进行价值判断。"在这里，进行价值判断的主体是司法者。

第一，针对法律空白或法律漏洞构建法律大前提。

例如，南京人李宁自2003年1月以来，先后伙同刘某、冷某等人经过预谋，采取张贴广告、登报招聘"男公关"等手段，招募和组织多名男青年在其经营的"金麒麟""廊桥"及"正麟"酒吧，与男性消费者从事同性卖淫活动，从中牟取暴利12.47万元。2003年8月18日，警方根据李宁等人的口供，以及先期掌握的其他证据，以涉嫌犯有组织卖淫罪将李宁等人刑事拘留、逮捕，并向南京市秦淮区法院提起公诉。法院经审理认定被告人组织卖淫罪成立，判决李宁有期徒刑8年，罚金人民币6万元。判决后，李宁不服，提出上诉。南京市中级人民法院经审理后裁定：驳回上诉，维持原判。①

法官在审理案件时，如果简单地遵循三段论审判格去适用法律，由于现行法律中没有对组织同性卖淫进行规定，按"罪刑法定"的原则，李宁就会逃脱法律的制裁，但法官最后对组织者做出了有罪判决。这体现了司法者维护社会公序良俗的价值判断。

第二，针对"合理"与"合法"冲突时构建法律推理大前提。

例如，1960年，美国新泽西州高等法院有一件汽车合同纠纷案。原告是一对夫妇，丈夫叫亨宁森；被告是一家汽车公司。亨宁森夫妇购买了这家公司的汽车。一个周末，亨宁森夫妇驾驶汽车去朋友家做客，就在快要到达朋友家的时候，汽车因为汽车零件的毛病突然失控，撞向路边的一个广告标志，亨宁森受伤，光是疗伤就花了他近一年的工资。出院后亨宁森向法院上诉，要求该汽车公司赔偿医疗费和其他损失。谁知汽车公司坦然就诉，而且在法庭颇为沉着地把购买汽车合同拿出来，上面写道：汽车公司的责任仅限于更换有瑕疵的汽车零件，其他一切问题概不负责。汽车公司称：可以向亨宁森夫妇表示道义上的歉意和慰问，但是赔偿问题只能依据合同办。尽管根据当时法律的具体规定，亨宁森夫妇是无法打赢官司的，但法院照判他们胜诉。其理由：一是契约自由并不是不受限制的一成不变的原则；二是在美国这样的社会里，生产人

---

① 李宁组织卖淫案 – 判裁案例 – 110 网，http://www.110.com/panli/panli_19677.html。

们广泛使用的、必需的、复杂的、有潜在危险的产品（如汽车）的商号对其产品构造、宣传和销售都负有特殊的责任；三是法院不能允许别人利用法律把自己当作不公平和不公正的工具使用。显然，法院没有拘泥于法律的具体规定，而是从法律的目的在于公正而不在于法律本身出发，将公正作为超越法律的判决依据，作出了维护社会公平、公正的价值判断。①

第三，针对法律冲突时构建法律大前提。

例如，海因斯诉纽约中央铁路公司一案中，一个16岁的男孩游过哈勒姆河之后，爬上一块从该河布朗克斯一段的堤岸处伸出的跳板。该跳板是设置在铁路地段上的。正当他站在跳板的顶端准备跳水时，他被该铁路公司所有的电线杆上掉下的高压电线电死并被击入河中。该孩子的母亲提出损害赔偿诉讼。被告方律师将事故发生时该男孩比为非法入侵私有土地者，因而该土地所有人对他不承担应有注意的责任。原告方律师认为，该跳板以上或以下的空间是属于国家的，因而该男孩应被视为类似公路上的行人。下级法院采纳了被告方的主张并驳回了原告的诉讼请求。而上诉法院接受了原告方的观点，撤销了原判。

上诉法院的卡多佐法官在做出判决时认为：正义与理性要求被告承担这种法律责任。在本案中，"土地所有"的法律保护与"个人生命健康"的法律保护发生了冲突。卡多佐法官以"个人生命健康优先保护"这个正义与理性要求为由选择了应该使用的法律。这体现了司法者在准确理解法律的目的后，平衡互相冲突的利益从而对法律适用做出了正确的价值判断。

当然，通过价值判断和利益衡量构建法律大前提，一般只在民事、经济案件中进行，这是因为我国在这些方面的立法没能赶上日益发展的经济活动，无法可依的局面依然存在。此外，宜粗不宜细的立法指导思想也为审判工作留下了过大的斟酌空间，立法技术粗糙（如法律用语含糊不清等）也使审判歧义丛生等。在刑事审判中绝大多数犯罪已为我国的刑法或刑法分则所涵盖，运用价值判断和利益衡量构建法律推理大前提一般用于对刑法用语进行文义解释。

3. 构建复杂案件法律大前提应注意的问题

（1）构建复杂案件法律大前提是司法者行使自由裁量权的具体表现，一定要慎重。自由裁量权是指在诉讼过程中，在法律没有规定或规定有缺陷时，法官根据法律授予的职权，在有限范围内按照公正原则处理案件的权力。法律相对于现实永远是不周延和滞后的，并且普遍的法律规范和个案处理之间又总会有一定的距离，司法者在复杂案件的审判中面对法律的缺失，构建法律大前提的过程，就是其行使自由裁量权的

---

① 罗旭. 论法律推理中大前提的构建 [J]. 前沿，2008（06）：125-127.

过程。这种权力是相对的，应该慎重使用。首先，它必须受合法性原则的限制，否则就会成为司法专横的借口；其次，要求司法者必须具有良好的政治素质和业务素质，否则做出的判决就有可能违背司法公正的价值目标，造成判决公正的错位。

（2）复杂案件法律推理中的大前提必须是"法律上的理由"。法律推理要具有合法性，就必须以法律上的理由作为判决依据，排除对不服从法律的理由的考虑，法律推理并不以法律规则作为唯一大前提依据，还包括制度化的法律价值和法律目标。所以，由法律条文中推断出来的法律规范同样是有效的法律规范，而且是与案件事实相符的法律规范，它也能成为法律推理的大前提，能作为导出具体判决结论的法律理由。

（3）将形式合法与实质合理结合起来，建立理想的法律大前提构建模式。复杂案件中法律大前提的构建固然为司法者进行价值判断提供了思路，但它也有可能由于失去确定的法律规则以及形式逻辑的规则作为依托，而导致判决很大程度的不确定性、不可预见性。事实上，法律推理虽然会一次次求助"经验"，但也并不能摆脱形式逻辑的推导，也只有在形式逻辑的推导中，它才能符合逻辑，最终回归人类理性的需要。我国是成文法制国家，在现阶段应把形式论证和实质论证有机结合起来，增强司法审判的客观性、透明性、说理性，抑制法官判决的主观随意性、武断性和神秘性，从而加快司法公正的法治化进程步伐。

训练提升

1. 请写出下列三段论的推理形式，并指出其是否正确？如不正确，指出其犯了什么逻辑错误？

（1）犯罪以后自首的可以从轻处罚，本案被告不是犯罪以后自首的，因而不可以从轻处罚。

（2）本案作案人是外科医生；李某是外科医生；所以，李某是本案作案人。

（3）凡抢劫罪都是故意犯罪；凡抢劫罪都是侵犯财产罪；所以，侵犯财产罪都是故意犯罪。

（4）优秀律师都精通法律；张律师精通法律；所以，张律师是优秀律师。

（5）警察要与违法行为做斗争；我不是警察；所以，我不要与违法行为做斗争。

（6）所有法官都不是律师；老王不是法官；所以，老王是律师。

（7）正当防卫都是合法行为；王某的行为是正当防卫；所以，王某的行为是合法行为。

（8）物质是不灭的；恐龙是物质；所以，恐龙是不灭的。

2. 案例分析

某日，通化开往青岛的列车驶入沈阳南站。列车员告诉乘警王警官，说有一个穿白色衬衣并且腿上有血的男青年上了车。王警官在一节车厢里找到了一个左腿裤管上有新鲜血迹的男青年，遂要求查看伤。该青年只得将裤管撩起，露出伤口。王警官发现这是一个贯通伤，小腿的外侧伤口有一个圆圆的小洞，而里面的伤口则有拳头大小。王警官知道凡是伤口一端小而另一端大的贯通伤是枪伤，于是断定这是枪伤。进一步盘查，发现该青年左臂内侧有擦伤，右手中指有划伤，便问他"这些伤是怎么弄的？""划的。""什么东西划的？"该青年无言以对。王警官断定他说谎。根据经验，凡是说谎的人一定有隐情，王警官遂断定该青年有隐情。后确定该青年是一名网上逃犯。

请问：王警官运用了什么推理？推理公式是怎样的？

通过涉法实例导入和逻辑典例分析，学生可了解、掌握三段论推理的结构形式、推理规则等。在三段论推理时尤其要注意把握概念间、判断间的关系，既要尊重客观事实，构建真实、客观的大、小前提，又要遵守思维规律、规则，使推理合理、有效。做到清晰、准确、有效、求真、务实、诚实、守信等。

第五节　关系判断及其推理

有一个青年去日本留学，在一次车祸中不幸丧生。事后，他的妻子王某把丈夫在国内留下的房产、储蓄存款等统统归入自己名下，根本不考虑她丈夫年迈的父母对儿子遗产的合法权利。在她的公公、婆婆对儿子的遗产提出要求时,她断然地拒绝了,认为只有她做妻子的才有权继承丈夫的遗产,由此引发了一场官司。

逻辑分析:本案中的王某未能正确理解遗产继承关系的法律规定和逻辑特性,因为配偶、子女、父母等都可以继承遗产,即子女有继承父母遗产的权利,父母也有继承子女遗产的权利。王某没有弄清遗产继承的关系,因此也输了这场官司。

一、关系判断

(一)关系判断

关系判断是断定对象之间是否具有某种关系的判断,它也是一种简单判断。例如:

①张某和王某是同学。
②作案现场在大树和草堆之间。
③所有会员都反对那个建议。

这3个例子都是关系判断。①断定了张某和王某有同学关系;②断定了作案现场与大树、草堆具有"在……之间"的关系;③断定了"所有会员"与"那个建议"之间有"反对"的关系。

关系判断由3部分构成:

关系主项:又称关系者项,即反映具有某种关系的对象的概念,一般用小写的a、b、c等表达。如①中的"张某""王某";②中的"作案现场""大树"和"草堆";③中的"会员""建议"。

关系项:它指表示关系主项之间存在的关系的概念,在逻辑学中用大写的R来表示。如①中的"同学";②中的"在……之间";③中的"反对"。

量项:它指表示主项数量的概念。如例③中的"所有""那个"。

关系判断的逻辑形式表达:aRb 或 R(a,b),读作"a与b具有R关系"。

值得注意的是,有些非关系判断在语言形式上与关系判断非常相似,但不是关系判断。例如:

①李白和杜甫是诗人。
②李白和杜甫是朋友。

上述两例,②是关系判断,①不是关系判断。其区别的方法:①可分析的"李白是诗人,并且杜甫是诗人",它是由两个性质判断组成的复合判断;②却不能分析为"李白是朋友,并且杜甫是朋友"。两个判断之所以有这种区别,关键在于"诗人"是表示性质的概念,而"朋友"

是表示关系的概念。

（二）关系的逻辑性质

关系判断的 aRb 中的关系 R，在不同的判断中可以具有不同的逻辑性质。不同的逻辑性质决定关系判断的不同类型。所以，关系判断的分类是以关系的逻辑性质作为标准的。常见的关系有两种。

1. 关系的对称性

关系的对称性是指当 aRb 真时，bRa 是否也是真的。

（1）对称关系。即当 aRb 真时，bRa 也真，在这种情形下，关系 R 是对称的。例如，"张某和李某同谋作案""小王和小陈是邻居"等。"同谋""邻居"表达的就是对称关系。其他如"相等""相似""同学""矛盾""同时"等关系，都是对称关系。

（2）反对称关系。即当 aRb 真时，bRa 一定为假，在这种情形下，关系 R 是反对称的。例如，"死者生前受丈夫虐待""长沙在广州之北"等。"虐待""在……之北"表达的就是反对称关系。其他如"小于""剥削""侵略""在……之下"等都是反对称关系。

（3）非对称关系。即当 aRb 为真时，bRa 可能为真，也可能为假，在这种情况下，关系 R 是非对称关系。例如，"团长在会议上批评了政委""我认识这名被告"等。"批评""认识"表达的就是非对称关系。其他如"信任""尊敬""喜欢"等都是非对称关系。

2. 关系的传递性

关系的传递性，是指当 aRb 真，并且 bRc 也真，aRc 是否也是真的。

（1）传递关系。即当 aRb 真，并且 bRc 也真时，aRc 必真，在这种情形下，关系 R 是传递的。例如，"10 大于 8，8 大于 5，那么 10 大于 5""宋朝在唐朝之后，明朝在宋朝之后，所以明朝在唐朝之后"等。"大于""在……之后"表达的是传递关系。其他如"在……之前""等于""先于""包含于"等都是传递关系。

（2）反传递关系。即当 aRb 真，并且 bRc 也真时，aRc 必假，在这种情况下，关系 R 是反传递的。例如，"甲是乙的父亲，乙是丙的父亲，则甲一定不是丙的父亲""张某比李某大一岁，李某比王某大一岁"表达的是反传递关系。其他如"晚一个世纪""多花 100 元"等都是反传递的关系。

（3）非传递关系。即当 aRb 真，并且 bRc 也真时，aRc 可能为真，也可能为假，在这种情况下，关系 R 是非传递关系。例如，"甲讨厌乙，乙讨厌丙，那么甲可能讨厌丙，也可能不讨厌丙""张某是李某的朋友，李某是王某的朋友，那么张某可能是王某的朋友，也可能不是王某的朋友"等。"讨厌""是……的朋友"表达的是非传递关系。其他如"佩服""认识""帮助""教唆"等都是非传递关系。

弄清楚一种关系是传递的，还是非传递的，或是反传递的，在思维中是非常重要的。从某种角度来看，三段论就是根据类与类之间包含关系的传递性。在工作和生活中，如果把非传递关系或反传递关系当作传递关系来推论，那样就必然导致判断的错误。

二、关系推理

关系推理就是前提中至少有一个是关系判断的推理，它是根据前提中关系的逻辑性质进行推演的。

1. 对称关系推理

对称关系推理是根据关系的对称性进行推演的关系推理，即在两个事物之间，如果甲事物与乙事物具有某种关系，那么乙事物与甲事物也具有某种关系。例如：

①张犯与李犯同谋作案，所以，李犯与张犯同谋作案。

②样本指纹与现场指纹完全相符，所以，现场指纹与样本指纹完全相符。

上例中，"同谋""完全相符"关系是对称关系，这是上面的推理成立的依据。

对称关系推理的一般形式是 $aRb \rightarrow bRa$。

2. 反对称关系推理

反对称关系推理是根据关系的反对称性进行推演的关系推理，即在两个事物之间，如果甲事物与乙事物具有某种关系，那么乙事物与甲事物之间就决不具有这种关系。例如：

①埋尸现场位于村庄东侧；所以，村庄位于埋尸现场的西侧。

②小王比小张大；所以，小张不比小王大。

上例中，"在……东侧""大于"关系是反对称关系，这是上面的推理成立的依据。

反对称关系推理的一般形式是 $aRb \rightarrow \overline{bRa}$。

3. 传递关系推理

传递关系推理是依据关系的传递性进行推演的关系推理。即如果甲事物与乙事物有某种关系，而乙事物与丙事物也有这种关系，因而，甲事物与丙事物也有这种关系。例如：

①大要案的发案率，去年比前年有所下降，今年比去年又有所下降，所以大要案的发案率今年比前年有所下降。

②凶杀案的第一现场在死者办公室之北，第二现场在第一现场之北，所以第二现场在死者办公室之北。

上例中的"比……下降""在……之北"关系是传递关系，这是上面的推理成立的依据。

传递关系推理的一般形式是：aRb ∧ bRc → aRc。

4. 反传递关系推理

反传递关系推理是依据关系的反传递性进行推演的关系推理。即如果甲事物与乙事物有某种关系，乙事物与丙事物有某种关系，那么甲事物与丙事物一定没有这种关系。例如：

①甲比乙大5岁，乙比丙大5岁，所以，甲比丙不是大5岁。

②张某是王某的舅舅，王某是孙某的舅舅，所以，张某不是孙某的舅舅。

上例中，"比……大5岁""是……的舅舅"是反传递关系，这是上面推理成立的依据。

反传递关系推理的一般形式是：aRb ∧ bRc → $\overline{aRc}$。

例如：一次聚会上，麦吉遇到了汤姆、卡尔和乔治3个人，他想知道他们3人分别是干什么的，但3人只提供了以下信息：3人中一位是律师、一位是推销员、一位是医生；乔治比医生年龄大，汤姆和推销员不同岁，推销员比卡尔年龄小。根据上述信息麦吉可以推出的结论是（　　）。

A. 汤姆是律师，卡尔是推销员，乔治是医生

B. 汤姆是推销员，卡尔是医生，乔治是律师

C. 汤姆是医生，卡尔是律师，乔治是推销员

D. 汤姆是医生，卡尔是推销员，乔治是律师

本题为关系推理题，应从题干出发运用排除法。乔治比医生年龄大（乔治不是医生），排除A。汤姆和推销员不同岁（汤姆不是推销员）排除B。推销员比卡尔年龄小（卡尔不是推销员），排除D。所以C为正确答案。

拓展学习

关系推理在司法实践中有着不可忽视的作用。在司法工作中，无论是侦查起诉还是审判监管等工作，都要考虑事物之间的各种关系。弄清楚各种关系之间的逻辑特性对于正确的分析案情，确定侦破方向，迅速破案，以及认定犯罪事实，正确地定罪量刑都具有非常重要的意义。

例如，一个精神病医生在寓所被杀，他的4个病人受到警方传讯。警方根据目击者的证词得知：（1）在医生死亡那天，这4个病人都单独去过一次医生的寓所。（2）在传讯前这4个病人商定，每人向警方做的供词都是谎言。每个病人所做的两条供词分别如下：

埃弗里：①我们4个人谁也没有杀害精神病医生。

②我离开精神病医生寓所的时候，他还活着。

布莱克：③我是第二个去精神病医生寓所的。

④我到达寓所的时候,他已经死了。
克朗: ⑤我是第三个去精神病医生寓所的。
⑥我离开他寓所的时候,他还活着。
戴维斯:⑦凶手不是在我去精神病医生寓所之后去的。
⑧我到达精神病医生寓所的时候,他已经死了。

警方根据这4个病人中所说的8句假话和两个已知条件,运用关系判断的思维方式,查出了杀害精神病医生的凶手。

警方首先根据已知条件(2),从8条虚假供词的反面可得出以下8条真实情况:

①这四人中的一人杀害了精神病医生。
②埃弗里离开精神病医生寓所的时候,精神病医生已经死了。
③布莱克不是第二个去精神病医生寓所的。
④布莱克到达精神病医生寓所的时候,精神病医生仍然活着。
⑤克朗不是第三个到达精神病医生寓所的。
⑥克朗离开精神病医生寓所的时候,精神病医生已经死了。
⑦凶手是在戴维斯之后去精神病医生寓所的。
⑧戴维斯到达精神病医生寓所的时候,精神病医生仍然活着。

然后,根据这8条真实情况,结合"迟于"或"早于"的关系,推出如下判断:

(1)④和⑧早于②和⑥去医生寓所,即布莱克和戴维斯是在埃弗里和克朗之前去精神病医生寓所的。

(2)根据真实情况③与④和⑧,推出戴维斯迟于布莱克去医生寓所,即布莱克是第一个去的;戴维斯必定是第二个去的。

(3)根据真实情况⑤与②和⑥,推出克朗迟于埃弗里去医生寓所,即埃弗里必定是第三个去的;克朗是第四个去的。

而精神病医生在第二个去他那儿的戴维斯到达的时候还活着,但在第三个去他那儿的埃弗里离开的时候已经死了。因此,根据真实情况①,杀害精神病医生的是埃弗里或者戴维斯。根据真实情况⑦,埃弗里就是凶手。

这个案例中,警方就是运用"迟于"或"早于"这种关系,结合实际情况来进行推理侦破的。

训练提升

1985年,张某与丈夫离婚,女儿由丈夫抚养,儿子由张某抚养。不久张某患了精神病,儿子自行到其父亲那里生活,再也没有与张某联系。1999年2月,张某不慎被烧伤,张某的妹妹为其交纳了医疗费用3万元,并把张某送至敬老院。张某的妹妹认为,子女对父母有赡养扶助的义务。因此，儿子、女儿应履行赡养义务，故诉至法院要求儿女赡养。但张某的儿子、女儿以母亲没有履行对子女的抚养义务为由认为自己不应赡养母亲。

张某的子女的做法是否正确？为什么？

通过涉法实例导入和逻辑典例分析，学生可以了解、掌握关系判断的性质，关系推理的规则等。正确把握事物间的关系，尤其是诚实、守信等人际关系，对于人们人生观、价值观等形成有重要作用。

第四章

复合判断及其推理

复合判断是本身包含有其他判断的判断,它可分为联言判断、选言判断、假言判断等。例如:

①本案被告人陈某不仅构成抢劫罪,而且构成强奸罪。
②如果找不到作案工具,那么本案就无法结案。

这两个判断就是由简单判断构成的复合判断。复合判断一般由两个或两个以上的简单判断联结而成。构成复合判断的简单判断被称为支判断(常用 p、q、r 等表示),用来联结支判断以构成复合判断的逻辑词项被称为联结词。例①用联结词"不仅……而且……"将这两个支判断组合成了一个复合判断;例②用联结词"如果……那么……"将这两个支判断组合成了一个复合判断。

最常用的复合判断的联结词:

"并非 p",用符号"¬p"或"p̄"表示;
"p 并且 q",用符号"p ∧ q"表示;
"p 或者 q",用符号"p ∨ q"表示;
"如果 p 则 q",用符号"p → q"表示;
"只有 p 才 q",用符号"p ← q"表示;
"p 当且仅当 q",用符号"p ↔ q"表示等。

复合推理是指推理中包含了复合判断,它可分为联言推理、选言推理、假言推理、假言选言推理(二难推理)等。

第一节 联言判断及其推理

案例分析

英国戏剧家萧伯纳有一次收到英国舞蹈家伊丽莎白·邓肯的来信,信中建议他们结合在一起。邓肯说:"咱们生的孩子会有你那样聪明的脑子和我这样漂亮的容貌。"萧伯纳复信表示他不能接受这个建议:"那个孩子的运气也许不会那么好,如果有我这样难看的容貌和你那样蠢笨的脑子，可就糟了。"两人使用了联言推理的组合式：
　　你聪明，我漂亮，所以，我们的孩子既聪明又漂亮。
　　我难看，你蠢笨，所以，那个孩子既难看又蠢笨。
　　联言推理就是前提或结论为联言判断的推理。

一、联言判断

（一）什么是联言判断

断定几种事物情况同时存在的判断，就是联言判断。例如：
①王某是作案团伙的成员，其妻李某也是作案团伙的成员。
②被告刘某不仅故意杀害他人，而且手段极其残忍。
③他既是法学专业教授，又是律师，还是几个跨国公司的法律顾问。

联言判断

我们将构成联言判断的支判断称为"联言支"。如例①就是由"王某是作案团伙的成员"和"王某之妻李某是作案团伙的成员"这两个联言支构成。

在自然语言中，构成联言判断的联结词有很多，如例中的"并且""不仅……而且""虽然……但是""既是……又是……还是"等。尽管联言判断的联结词多种多样，但从逻辑上看，都属于对几种事物情况的同时断定，或者说，都断定了它的各个支判断同时是真的，因而都具有"并且"一词所表达的意义，所以，在逻辑学中"并且"就被作为联言判断的典型的联结词。如果我们以 p、q、r 等表示联言支，那么一个联言判断（以两个联言支为例）的逻辑形式：

p 并且 q。

即"$p \wedge q$"（"$\wedge$"读作"合取"）。

（二）联言判断的真假

由于联言判断是断定几个支判断同时为真的判断，所以对一个联言判断而言，只有它的联言支都真时，它才是真的，在其他情况下都是假的。可用真值表来说明（表4-1）。

表4-1　联言判断的真值表

p	q	$p \wedge q$
真	真	真
真	假	假
假	真	假
假	假	假

一个联言判断的真假值,唯一取决于组成它的各个联言支是否都真,而不考虑这些联言支之间在内容方面有无联系。即使各个联言支在内容上毫不相干,只要它们都真,就得承认该联言判断为真。

二、联言推理

(一)联言推理的形式

1. 分解式

分解式是前提为联言判断的联言推理。例如:

①刑警不但要求有好身手,而且要思维敏捷;所以,刑警要思维敏捷。

②小李是品学兼优的学生;所以,小李的学习成绩很优秀。

根据联言判断的逻辑性质,一个联言判断为真,其全部支判断必然真。分解式联言推理,就是由前提中联言判断的真,推出其任一支判断真的联言推理。其一般逻辑形式:

p 并且 q;所以,p(或 q)。

即 $(p \land q) \to p$(或 q)。

2. 组合式

组合式是结论为联言判断的联言推理。例如:

①老李是大学教授,老李是著名律师,所以,老李既是大学教授,又是著名律师。

②监控中清晰记录了张某持枪抢劫和杀人的整个过程,所以,张某既犯了抢劫罪,又犯了杀人罪。

根据联言判断的逻辑性质,组合式联言推理,就是由前提中全部支判断真,推出联言判断真的联言推理。其逻辑形式:

p,q;所以,p 并且 q。

即 $(p, q) \to (p \land q)$。

(二)联言推理的应用

联言推理虽然较为简单,但它是人们思维活动中经常运用的一种推理形式,在法律工作中也毫不例外。

(1)在刑事侦查工作中应用联言推理,可以帮助司法人员分析案情,掌握证据,勾勒犯罪嫌疑人的轮廓,获得对案件情况的正确认识。

例如,在某杀人劫财现场,侦察员发现有多处43码鞋的鞋印,客厅的茶几上有小半杯一次性纸杯泡的茶,客厅地面上有3个"白沙"牌烟蒂,房屋的所有门窗均完好。

侦察员从"43码的鞋印",而死者家里没有这样大码的鞋子,由此判断应是凶手留下的,凶手应为男性,身高为1.75米以上;从"3枚白沙牌烟蒂",而死者家没人吸烟,判断凶手经济状况不是很好;从"房屋的所有门窗均完好"和"一次性纸杯泡的茶"判断凶手与死者应相识；这样，侦察员就大致描绘了凶手的基本轮廓：男性，身高为1.75米以上，经济状况不太好，与死者应相识（甚至是亲戚）。后侦查结果证明了这一分析的正确性。在这个案件中，警方就是运用了联言推理的组合式。

（2）在审判工作中应用联言推理，可以帮助司法人员分析法律条文，法律条文中的罪名通常是以联言判断来描述的。抢劫罪是指以非法占有为目的，使用暴力、胁迫或者其他方法，强行劫取公私财物的行为。当需要将某犯罪嫌疑人定为抢劫罪时，就要运用联言推理。

例如，张某持刀威胁李女士交出财物，李女士只好交出仅有的几十元现金。后张某在辩护中声称李女士是自愿拿出的钱，且钱数少，只是暂时借用等，要求判他无罪。法官反驳：张某与李女士并不相识，并持刀威胁，虽然抢得钱财数目较少，但满足抢劫罪的构成要件"以非法占有为目的、并采取暴力相威胁手段，获取他人财物"，因此，张某的行为构成了抢劫罪。

由上可见，联言推理虽然看似简单，却是人们工作中常用的一种推理形式。

训练提升

以下判断哪些是联言判断？如何区分？
1. 张某和李某是邻居。
2. 张某和李某都是工人。
3. 刘某和王某是共犯。
4. 刘某和王某都是盗窃犯。

通过涉法实例导入和逻辑典例分析，学生可以了解联言判断和推理的组成、逻辑形式、常用联结词。在做出联言断定或推理时，要以客观事实为依据，做到清晰、准确、有效、真实等。

第二节 选言判断及其推理

案例分析

某超市采购员李某出差时遇上了某化工厂业务员张某,李某表示可以考虑从该化工厂买入一批洗涤用品。双方相互看过证件后,张某拿出已盖好化工厂合同专用章的合同文本并填好有关事项、签名,李某也在合同上签了名,因当时是出差,李某没带合同专用章,约好等李某回到公司再盖章,然后传真给郭某。因合同约定化工厂在6月1日之前送货上门,化工厂于5月27日将备好的洗涤用品送到了超市,超市却已经从别的渠道购进了相同的洗涤用品,因而拒绝收货。

化工厂到法院起诉,要求认定双方合同关系成立,判决对方履行合同。超市认为,合同上没有盖章,合同还没有成立。

法院审理后,当事人采用合同书形式订立合同的,自双方当事人签字或者盖章时合同成立,合同成立的条件是"签字或者盖章"有其中之一即可,因此,认定双方合同关系成立。

一、选言判断

选言判断是断定事物若干个可能情况的判断,是由两个或两个以上的支判断(选言支)和联结词"或者"或"要么"组成的。根据选言支之间是否排斥,可将其分为相容选言判断和不相容选言判断。

(一)相容的选言判断

判定几个选言支中至少有一个为真并且可以同真的选言判断,就是相容的选言判断。例如:

①发生案件的当晚,案犯有条件进入或滞留现场。

②实施犯罪或者有作案动机,或者有作案时间。

③他在司法考试中失利或者因为掌握的知识不够全面,或者因为临场发挥不好。

选言判断

读书笔记

第四章　复合判断及其推理

以上几个判断的选言支之间的关系是彼此相容的，可以同真，不相互排斥。其逻辑形式：

p 或者 q；

即 p∨q（"∨"读作"析取"）。

相容选言判断的联结词还有"也许……也许……""可能……可能……"等。

"今天刮风或下雨"这个选言判断要为真，"今天刮风"和"今天下雨"这两个选言支应至少有一个为真。如果两个都假，那么"今天刮风或下雨"就是假的。

所以，一个相容选言判断，只有选言支都假时，它才是假的，在其他情况下，它都是真的。可用真值表来说明（表4-2）。

表4-2　相容选言判断的真值表

p	q	p∨q
真	真	真
真	假	真
假	真	真
假	假	假

（二）不相容的选言判断

不相容的选言判断就是断定几个选言支有并且只有一个为真的选言判断。例如：

①不是老虎吃掉武松，就是武松打死老虎。

②要么被敌人打倒，要么将敌人消灭。

③这个死者非正常死亡的原因，要么是自杀，要么是他杀，要么是意外致死。

这几个判断都是断定几个选言支中有并且只有一个为真的选言判断，就是不相容的选言判断。选言支之间的关系相互排斥，彼此不相容，不可同真。其逻辑形式是：

要么 p，要么 q；

即 p∨̇q（"∨̇"读作"不相容析取"）。

不相容选言判断的联结词还有"不是……就是……""或者……或者……两者必居其一""或……或……两者不可兼得"等。

一个不相容选言判断，只有一个选言支真时，它才是真的，在其他情况下，它都是假的。可用真值表来说明（表4-3）。

表 4-3　不相容选言判断的真值表

p	q	p∨q
真	真	假
真	假	真
假	真	真
假	假	假

拓展学习

　　法律条文大量使用选言判断。这些选言命题有相容的，也有不相容的。它们多半用在对某一问题有若干可能的解决办法的场合。遇有这种情况，办案人员只要选择其中一种，使其符合法律规定。如《刑法》第53条规定："罚金在判决指定的期限内一次或者分期缴纳。"它对罚金的缴纳规定了两种可能的办法：一是一次缴纳；二是分期缴纳。办案人员在处理具体案件时，只要选择其中一种便符合法律规定。

　　当然，以上是我们以两个选言支为代表构成不相容选言判断来研究其真假值的。在现实生活中，当我们做出一个不相容选言判断时，应在选言支上多加考虑，一定不能遗漏选言支。

　　例如，2007年3月中旬，湖南某高校教学楼前，一名男生挣脱老师，将一名女生刺倒在地，女生在送往医院途中死亡。事情的经过是这样的：该男生与女生半年前建立了恋爱关系。2007年2月，女生因各种原因提出分手，男生一直不同意，随后矛盾激化，男生开始威胁女生。3月上旬，学校发现男生对女生的人身安全构成威胁，就通知双方父母来校协商解决，并要求女生家长将女生暂时带回家隔离一个月。一个星期后，女生家长将女生送回学校，说问题已经解决，为了不耽误学业，要求返校学习。没想到，男生见到女生后，情难自禁，仍多次要求恢复关系，遭到女生拒绝。案发当天，在教学楼下，男生约见女生，情绪激动，辅导员和其他同学发现后，赶过来劝说。辅导员站在男生的右边，拉住他的右手臂，试图将他带离。男生突然用左手从左裤袋中掏出一把尖刀，挣脱老师，刺倒女生。男生在回答警察讯问时，说出了自己的作案动机："我们之间，不是情人，就是仇人。"

　　"不是情人，就是仇人"在逻辑上是一个不相容选言判断。但从本案来说，之所以出现这样的悲剧，除该男生的人格缺陷外，他在女生与他的关系处理上，遗漏了还有朋友、陌路人等情况（除情人、仇人之外）。由于他的选择只有两种，因此选择了杀人。

案例分析

一次重要的音乐会开幕之前,提琴家带着甲和乙两名学生来了,但是提琴家还没决定到底让哪个学生先上场,因为先上场的学生必然会引起更多观众的注意,因而更容易成名,开演前15分钟,提琴家决定让甲先上场。甲当然很高兴,而乙也只能表示遗憾并祝甲好运,然而开演前5分钟,提琴家去叫甲准备上场时,却发现甲头部中弹死在化妆间,而周围没有一个人。提琴家忙找到他的老朋友——一个著名的侦探,告诉他出了人命案。侦探劝提琴家不要声张,让乙去演出。当提琴家通知在另一间化妆室里的乙马上出场时,乙二话不说,拿着提琴就随老师上了台。演出结束后,警察马上逮捕了乙。

逻辑分析:侦探根据观察和了解到的情况,进行了这样的推理:

乙可能知道甲死了,也可能不知道甲死了,现在证明乙知道甲死了(因为他二话不说不调琴弦就随老师上场),所以,乙不可能不知道甲已经死了。

产生一个事物的原因可能有多个。这些原因可能是相容的,也可能是不相容的。而从上面的分析我们知道,由于不管是相容选言推理还是不相容选言推理,否定肯定式总是正确的,所以通过否定其中若干个原因来肯定剩下的若干个原因,比通过肯定其中若干个原因来否定剩下若干个原因要可靠得多。

二、选言推理

选言推理是以选言判断作为大前提,并且根据选言判断的逻辑性质而得出结论的推理。从组成情况看,它的大前提是一个选言判断,小前提和结论则是对大前提中选言支进行的肯定或否定。

例如,有一个母亲让孩子去买一斤葡萄干。回来复秤,只有6两,就去找售货员。售货员说:"我的秤很准,我也不会少称。你不妨称称孩子的体重。"这位售货员运用的就是选言推理:或者我的秤不准,或者我少称,或者孩子吃掉了一部分,我的秤准,也没少给;所以,是孩子吃掉了部分。

选言推理是根据选言判断的逻辑性质进行推理的。由于选言判断有相容选言判断和不相容选言判断,因此,选言推理也就相应地分为相容选言推理和不相容选言推理。

(一)相容选言推理

前提中有一个是相容选言判断的推理,就是相容选言推理。其特点在于:选言支之间的关系是并存的,可以同真的,不相互排斥的,由此，相容选言推理就有两条规则：

第一，否定一部分选言支，就要肯定另一部分选言支。

第二，肯定一部分选言支，不能否定另一部分选言支。

如果我们以在一个相容选言判断中只有两个选言支为代表，就可看出，相容选言推理只有一种正确的形式：以一个相容选言判断为大前提，当小前提否定其中一个选言支时，结论就得肯定另外一个选言支。这种形式我们称为相容选言推理的否定肯定式。

例如，这份表格的失误，或者是由于材料的不可靠，或者是由于计算有错误。因为材料是可靠的，所以一定是计算出了问题。

上述推理就是一个相容选言推理的否定肯定式。相容选言推理的否定肯定式用公式表示：

p 或者 q，非 p，所以 q。

$[(p \vee q) \wedge \bar{p}] \to q$。

（二）不相容选言推理

前提中有一个是不相容选言判断的推理，就是不相容选言推理。其特点在于：其支判断之间的关系不是并存的，而是相互排斥的、不可同真的。由此，不相容选言推理就有两条规则：

第一，否定一个选言支以外的选言支，就要肯定余下的那个选言支。

第二，肯定一个选言支，就要否定其他选言支。

如果我们以在一个不相容选言判断中只有两个选言支为代表，就可看出，不相容选言推理有两种正确的形式：即以一个不相容选言判断为大前提，当小前提否定其中一个选言支时，结论就得肯定另外一个选言支（称为不相容选言推理的否定肯定式）；而以一个不相容选言判断为大前提，当小前提肯定其中一个选言支时，结论就得否定另外一个选言支（我们称为不相容选言推理的肯定否定式）。例如：

①要么是张某作的案，要么是陈某作的案，经查实并不是张某作的案，所以，是陈某作的案。

②案发时，王某不是在长沙，就是在广州，经查实，案发时王某在长沙，所以，案发时王某不在广州。

例①就是一个不相容选言推理的否定肯定式。用公式表示：

要么 p，要么 q，非 p，所以 q。

即 $[(p \dot{\vee} q) \wedge \bar{p}] \to q$。

例②是一个不相容选言推理的肯定否定式。用公式表示：

要么 p，要么 q，p，所以非 q。

即 $[(p \dot{\vee} q) \wedge p] \to \bar{q}$。

例如：一桩投毒谋杀案，作案者要么是甲，要么是乙，两者必有其一;所用毒药或者是毒鼠强,或者是乐果,两者至少其一。如果上述断定为真,则以下推断一定成立的是( )。

①该投毒案不是甲投毒鼠强所为。因此,一定是乙投乐果所为。

②在该案侦破中,发现甲投了毒鼠强。因此,案中的毒药不可能是乐果。

③该投毒案的作案者不是甲并且所投的毒药不是毒鼠强。因此,一定是乙投乐果所为。

A. 只有① B. 只有② C. 只有③ D. 只有①和②

解析:答案C。由题干可知作案者要么甲,要么乙,两者必有其一,为不可兼容选言命题;所用毒药或者毒鼠强或者乐果,两者至少其一,为可兼容选言命题。该投毒案如果不是甲投毒鼠强所为,那么可以是甲投乐果或者乙投乐果或者是乙投毒鼠强所为。所以①错误。②也错误,因为甲也可以同时投毒鼠强和乐果两种毒药。根据否定式推理有效,该投毒案作案者不是甲,一定是乙,所用毒药不是毒鼠强,一定是乐果,因此③正确。

拓展学习

在法律工作中,特别是在侦查工作中,无论是分析案情、认定案件性质,还是确定作案嫌疑人、明确侦查方向,都要运用选言推理,特别是要运用选言推理的否定肯定式。因为,在侦查破案的初始阶段,如果要用足够多的证据直接证明或确认某个猜测的正确性,往往比较困难,甚至是不可能的。而通过某些证据去证明某些猜测不可能,则相对比较容易。同时,不断地否定一些选言支,也就不断地缩小了侦查范围,使得侦查工作能够有目的、有计划地进行。因此,选言推理否定肯定式是侦查人员破案过程中不可或缺的一种认知手段。

例如,某军区大院,某参谋夫妇俩甜睡在这间12平方米的房间里,凌晨4点半,某参谋感到室内闷热,爬起来准备下床开窗,哪知拉开电灯,出现在眼前的却是一片令人惊诧的景象,三斗桌上的挂锁被撬掉,抽屉翻得很乱,中间抽屉里一支五四式手枪也不见了,一只棕色人造革皮箱也没有了。

现场:大门装有弹子暗锁,无撬砸痕迹。室内靠西北墙角放着一张双人床,当晚,夫妇在此床睡觉。靠东墙由南至北依次摆有书架、衣柜、床头柜,靠西墙顺床头放有一张三斗办公桌,三把明锁、一把暗锁均被撬掉。西南角放有两个木箱和一个皮箱。经清点:丢失五四式手枪一支。丢失的皮箱内有工作证两个,现金5 000元,皮鞋一双,军帽两顶,军装三套,军用皮带一条,女式服装六套。其他未发现明显痕迹。

根据现场情况,侦查人员是怎样分析的呢?

（1）此案是自盗还是被盗？如果是自盗，要么夫妇合谋自盗，要么是其中一人预谋自盗；要么是夫妇合谋勾结他人自盗，要么其中一人勾结他人自盗。经查明，失主某参谋一贯表现较好，多次受到表扬奖励。其妻在部队医院工作，思想作风正派。夫妇关系很好，结交人员不复杂，这说明自盗的可能性不大。

（2）不是自盗，罪犯在房间睡有两个人情况下行窃，除在以下几种情况下才可能得逞：要么是夫妇俩确实睡得太死；要么是盗窃后罪犯用武力威胁，强行行盗（由盗变抢）；要么是用麻醉药物致失主夫妇昏睡。经查明，后两种情况可以排除，因为现场物品没有任何麻醉药物反应，如果用武力威胁，该参谋也没有谎报的必要。进一步查明夫妇俩平常确实睡觉比较死。经反复试验，胆大有经验的罪犯可以不惊动熟睡的主人完成上述作案活动。

（3）根据失物为财物以及五四式手枪等，罪犯的盗窃动机，要么是为了盗窃财物，要么是为了盗枪，要么是兼而有之。根据部队规定，枪不准带入宿舍，某参谋平时不带枪回家，出事当晚因执行任务直接回家，经首长批准后还特意将枪锁在中间抽屉，说明专为盗枪的可能性不大。因此很大可能为案犯入室后，在寻找贵重物品中，意外发现手枪，顺手盗走。

（4）是内盗还是外盗呢？如果是军区内部人员行窃：一是赃物不好处理；二是完全可以选择更有利的作案时机，不必冒如此大的风险，因此，认为外盗的可能性大。

（5）如果是外盗，是当地人作案呢，还是流窜犯作案？如果是流窜犯作案，地形不熟，不可能连翻两道围墙，又盗窃不易隐蔽的大皮箱。只有当地人熟悉军区内部情况，匿赃又方便，所以认定当地人作案可能性大。

（6）案犯是偶犯还是惯犯？根据案犯能在现场大胆沉着活动，并随身携带作案工具等情况判断，极有可能是一个惯犯。

（7）是单个作案还是团伙作案？现场里外未发现两个以上的足迹，所以一人作案可能性大。

（8）从现场鞋印判断，案犯为身高1.6米左右、体型不胖的男青年；从既盗枪又贪财等情况看，应是一个胆大、狡猾，但不老练的惯犯；从盗窃大量的女式衣物判断，可能正在谈恋爱或有不正当两性关系。

对这样一个蹊跷的现场，侦查人员通过运用选言的否定肯定式推理，经过反复认真筛选，基本上完成了对案情的初步认识，从原则上确定了案件性质，为进一步开展侦查活动指明了方向。以上思维过程，较为典型地反映了选言推理的思维过程。

在日常工作和生活中，我们会面对各种各样的选择，无论如何选择都离不开运用选言判断和选言推理，选择的正确与否需要经过实践去检验，在法律工作中尤其如此。

三、选言推理在侦查工作中的运用

1. 判定案件的性质

在侦查工作中，办案人员通过现场勘查、调查访问收集了基本证据之后，其中一项重要任务，就是根据证据对案件的性质做出判定。而在具体的侦查思维活动中，人们对案件性质的认识，通常不是一步到位的。最初，人们总是根据现场勘查和调查访问掌握为数不多的情况，对案件的性质提出若干种可能，然后，针对这些可能进行调查、取证，再根据调查取证的事实否定一些可能，得出肯定性的结论，从而获得对案件性质的确定性认识。这样一个对案件性质的认识过程，实际上就是运用选言推理进行推论的过程。

其基本做法：首先，根据现场勘查、调查访问所掌握的一些为数不多的材料，对案件的性质提出若干种可能，用判断的形式表述出来就是一个选言判断，并把它作为推理的大前提；其次，针对上述若干种可能进行调查取证，根据调查取证的事实（证据），形成排除其中某些可能性的判断，并把它作为推理的小前提；最后，运用选言推理的否定肯定式，按照"否定一些选言支，就要必然地肯定剩下那个选言支"的推理规则，推出其结论。这个结论，就是案件的性质。

例如，2002 年 5 月 24 日，某镇居民吴某一人在家时被害身亡。案发后，现场勘查发现：死者倒在血泊之中，尸检表明是钝器击碎头颅所亡。初步调查获知：死者是一包工头，其生前作风不好，与 10 余名妇女有两性关系。曾多次利用包工队长职务之便，以各种名义巧取豪夺，克扣临时工的奖金和补贴，有几次和当事人发生口角并动手厮打。近年来，因多次承包工程，成了远近闻名的暴发户。

据此，侦查人员根据现场勘查和初步的调查情况，首先对案件的性质提出了以下几种可能：此案或者是奸情杀人，或者是报复杀人，或者是谋财害命。这是一个选言判断，并把它作为推理的大前提。其次围绕着上述三种可能进行了调查、取证，且掌握了以下两个重要的情况：①死者虽与多人有奸情，但都是在极隐蔽的情况下进行的，女方的家人及其亲朋好友无人所知，并且每次都给许多金钱了事；②被害人的财物除贵重物品遭到破坏外，其他均无丢失。据此，侦查人员便做出了"此案不可能是奸情杀人、不可能是图财害命"这一否定性的判断，并把它作为其推理的小前提。最后运用选言推理的否定肯定式，按照其"否定一些选言支，就要肯定剩下那个选言支"的推理规则，推出"此案是报复杀人"的结论。案件的性质确定之后，于是将侦查重点放在与死者有仇的社会关系范围内查找，并很快就破了案。

2. 缩小侦查的范围

选言推理的否定肯定式之所以能用于缩小侦查的范围，是因为在具体的侦查思维活动中，运用选言推理的否定肯定式可以在若干可能的前提下，根据所掌握的某些证据否定一些可能，从而肯定某些可能。而事实上否定了一些可能，就意味着其范围缩小、突出了某种可能。一般说来，否定的可能越多，侦查范围就变得越小。

其基本做法：首先，根据现场勘查和调查访问所掌握的情况，对案件的某一方面或作案人等提出若干种可能性的猜测，形成一个选言判断，并把它作为推理的大前提；其次，针对上述若干种可能做进一步的调查取证，根据调查取证的情况，形成否定其中某些可能性的判断，并把它作为推理的小前提；最后，根据否定一些选言支，就要必然地肯定剩下的那个选言支的推理规则，运用选言推理的否定肯定式推出结论，使范围缩小。

从前面的枪支被盗案的侦破可以发现，在具体侦查范围的缩小过程中，选言推理通常是被连续使用。连续使用这种推理，不仅可以逐步地否定一些可能，缩小其侦查范围，得出切实可靠的结论，而且还能突出主攻的方向，缩短侦破期限，提高破案效率。

例如，2014年1月12日20时30分许，京口区桃花坞某区某室爆炸失火，消防员到达现场灭火后在现场东卧室发现一具烧焦的女性尸体。接警后，市、区两级公安机关迅速成立专案组，并组织刑侦、消防、网安等部门警力处置，围绕现场起火爆炸原因、死者死因展开调查。

死者是自杀还是他杀？现场是失火还是纵火？

专案组通过现场勘查、尸体检验、死者生前调查等大量工作，发现案件疑点众多。死者解某，生前性格开朗，待人接物和善，与同事、朋友间未发现矛盾，从未表露过厌世情绪，自杀的可能性不大；虽然离异已久，但与前夫关系也比较融洽，作风正派，情杀的可能性也不大；平时喜欢打小麻将，无赌债，经济往来上也无大债务，因财杀人的可能性也不大。一时难以定性。

侦查人员通过反复勘验现场，最终在现场检测出汽油成分，爆炸起火的原因是故意纵火。同时，法医尸检发现死者死亡时间为1月9日凌晨1时左右，致死原因为机械性窒息死亡。最终认定这是一起恶性杀人焚尸案件。

专案组通过对被害人的通信记录、QQ、微信、好友以及生前活动轨迹等进行广泛走访、调查，发现案发前，被害人解某在打麻将的过程中，与一个叫薛某的男子产生了矛盾，且薛某的行为有些反常，薛某具有重大作案嫌疑。2月26日，传讯薛某，薛某很快交代了杀人焚尸的犯罪事实。据薛某交代，1月8日下午，因解某为打牌上的事无意骂了他，薛某感觉丢了面子，产生报复解某的想法。当晚，薛某先行打车赶至解某住处附近守候，待解某回家开门时，采用毛巾蒙面捂嘴的手段劫持其进入家中，后怕事情败露，又卡捂解某脖子致使其窒息死亡。作案后薛某将尸体藏放在衣橱内，并将现场打扫清洗完毕后携带解的手机逃离。为毁灭证据，阻碍警方侦查，1月12日19时许，薛携带汽油、火柴再次潜入现场，精心制造了一起爆炸失火现场。

这起案件的迅速侦破，主要源于侦查人员能连续地运用选言推理，予以合理排除，不断地缩小侦查范围。

3. 证明侦查假设

侦查假设提出之后，其能否成立，必须进行证明。证明的方法虽然很多，但有时离不开选言推理的运用。

其基本做法：首先，将所要证明的假设看成诸多可能成立的假设中的一个，并将诸多可能成立的假设——列出，组成一个选言判断；其次，根据已有的证据证明除要确证的这个假设外，其他假设都假（不能成立），也就是对与之相关的其他假设做出否定；最后，根据"否定除一个以外的选言支，就要必然地肯定剩下的那个选言支"的推理规则，运用选言推理的否定肯定式推出结论，从而使所要证明的某一假设得到确证。

例如，1998年3月28日的夜间，村民王某家中突然起火且被烧身亡。案发后，现场勘查和调查访问掌握了以下几个情况：①尸体已被烧焦；②床上有一根电线的线路被烧毁，火苗显然是从死者床上燃起的；③死者因久病不愈，夫妻关系不好，曾有过自杀的念头。

根据上述情况，侦查人员运用选言推理对起火的原因是"杀人后纵火毁尸灭迹"这一假设进行了证明。首先，依据他们的办案经验，对起火的原因提出了以下3种可能，即假设：①可能是因电路发生故障而起火；②可能是死者自焚；③可能是杀人后纵火毁尸灭迹。这3个假设在当时穷尽了"火从床上燃起的全部原因"。其次，根据供电技术人员的检查，发现电线没有断路，据此证明"断路起火"这一假设不能成立；根据法医验尸报告，尸体上半身虽被烧焦，但盖着被子的下半身没有被烧挣扎而形成的卷曲状态，据此证明"死者自焚"这一假设不能成立。最后，根据"否定除一个以外的选言支，就要必然地肯定剩下的那个选言支"的推理规则，运用选言推理的否定肯定式推出结论，使"杀人后纵火毁尸灭迹"这一假设得到了确证。

破案后，证实了这一假设的正确性。

四、运用选言推理时应注意的问题

为了提高其结论的可靠性，运用选言推理时须注意以下几个方面的问题。

1. 选言判断应力争穷尽一切可能

因为选言推理的大前提是一个选言判断，即断定若干种可能情况中至少有一种情况存在的判断。而在具体的侦查工作中，案情已是既成的事实，只是要求侦查人员从现场的蛛丝马迹中去推断案件产生的各种可能的原因。而这些可能性的原因在案件还没真相大白之前还都是不确定的，每一种可能都可以作为其中的一个选言支。这就要求我们在进行侦查推论时必须全面考虑，把各种可能情况都应考虑到，不能有遗漏。只有这样，才能确保其选言前提为真，也只有在选言前提为真的情况下，才能进行正确的推论。如果推论时考虑得不全面，有的可能情况没有考虑到，哪怕只是漏掉了一种可能，也会影响推理结论的可靠性。因为漏掉的这种可能有时恰恰是真的，在这种情况下，其选言判断就是假的。以虚假的选言判断为大前提进行推理，肯定得不出可靠性的结论。

例如，某四合院内住张、李两户人家。一天，张师傅、李师傅上班去了。张妻将孩子一个人放在床上玩，自己到院门外生炉子。忽听李妻在院内叫："张嫂，你孩子在哭呢。"张嫂进屋哄孩子，发现孩子脖子上那个用线拴着的黄豆大小的小金佛不见了，线却断在床上。张嫂找遍了屋子，都不见小金佛，就想：①小金佛要么丢在屋子里，要么被人偷走了，小金佛不在屋子里，所以，小金佛被人偷走了。②小金佛要么被院子外的人偷走了，要么被院子里的人偷走了，院子没有别人进来，所以，小金佛被院内的人（李嫂）偷走了。

报案后，警察发现这两个选言推理在形式上都是准确的，但在第一个推理的大前提中，张嫂漏掉了"小金佛被孩子吞进肚子里"这个选言支。检查后得到了确认。

这个案例启示我们，在侦查推论时其选言判断应穷尽一切可能。在具体的侦查工作中，特别是侦查工作的开始阶段，一次性地穷尽各种可能是很困难的。因为案件是比较复杂的，调查研究需要一个过程，对一个案件的认识也需要一个过程。这就要求侦查人员要随着侦查工作的开展，根据对案件情况的认识不断深入，及时地扩充选言支，力争穷尽各种可能性。只有这样，才能避免推论中逻辑错误的产生。

2. 小前提必须真实

所谓小前提必须真实，是指它对选言判断选言支所进行的否定或肯定，必须符合客观事实。因为它是推理的事实根据，选言推理正是通过小前提对大前提可能情况的否定或肯定而推出结论的。如果小前提不真实，即违背了案件的真实情况，则结论就难免出问题。在侦查工作中，由于各种原因，小前提不真实的情况时有发生。

例如，夫妻二人，家中经济困难，某天丈夫因事外出，其妻被杀死在家中。丈夫回家后，发现妻子被杀，于是马上报案。经现场勘查和调查访问证实：他们家的经济并不富裕，又无仇人，死者作风正派，人际关系很好。于是侦查人员认为"既非情杀，又非谋财害命，所以，凶手来自外部的可能性很小"。因而推定其丈夫杀妻，并将其逮捕，结果造成了错捕，原因就在于其推理的小前提不真实。事实上，"来自外部可能性很小"并不等于没有一点可能性，并没有予以彻底的否定。侦破以后的事实证明，凶手不是死者的丈夫，而是一伙误认为他家富有而抢劫杀人的歹徒。

3. 大前提为相容选言判断时，不能用肯定否定式进行推论

因为相容选言判断的各个选言支可以同时为真，当肯定某一个选言支时，并不能必然地否定其他的选言支，余下的选言支也有为真的可能性。推论时如果不注意这一点，则势必推不出可靠性的结论。

例如，某盗窃案本是张某、王某、李某3人合伙作案，但由于侦查人员没有认真地分析研究，只把3人列为嫌疑对象，经调查核实，张某是作案人，于是就否定了李某和王某作案，结果使两个盗窃分子漏网。显然，这是由于选言判断的3个选言支（对象）是相容的，即大前提是一个相容选言判断，推论时却用了"肯定否定式"进行推导所致。

4. 选言推理的结论只能作为侦查办案的线索，不能作为定案的依据

因为社会现象纷繁复杂，犯罪分子的作案动机和手段更是无奇不有，这就使得侦查人员分析案情时，很难把一般情况之外的、通常想象不到的各种可能都考虑到，也即难以做到选言支穷尽。因此，在侦查工作中运用这种推理进行推论时，尽管是一种必然性的推理，但也不要轻易地将其结论看成是绝对可靠的，应正确地评估其结论的性质，其究竟是真是假，它必须接受侦查实践的检验。因此，我们只能把它作为侦查办案的线索，绝不将它作为定案的依据。

总之，在具体的侦查工作中，只有做到以上几点，选言推理才能发挥出它应有的功能、作用。

训练提升

1. 指出下列语句各表达何种类型的复合判断？并写出其逻辑形式。

（1）现场提取的指纹，也许是死者的，也许是凶手的，也有可能是其他人的。

（2）这起车祸要么是司机过失造成的，要么是司机故意制造的。

（3）本案的凶手可能是翻窗入室，也可能是撬门入室，还可能是叫门入室。

（4）本案的被害人不是自杀，而是他杀。

2. 分析下列推理是否正确，并简要说明理由。

（1）某一犯罪要么是故意的，要么是过失的，这起伤害案不是故意的，所以，这起伤害案是过失的。

（2）一个青年失足或有社会原因或有家庭原因或有自身原因；青年张某的失足是有社会原因的，所以，青年张某的失足不是有家庭原因和自身原因的。

启发反思

  通过涉法实例导入和逻辑典例分析，学生可以了解、掌握选言判断及推理的组成、逻辑形式。在做出选言断定或推理时，要以客观事实为依据，尤其要注意穷尽一切可能情况，做到选优、清晰、准确、公正、客观、有效、求真等，并能在实际生活中运用选言判断及推理识别谬误、驳斥诡辩。

第三节　假言判断及其推理

  案例解析

  2012年6月29日，一架由新疆和田飞往乌鲁木齐的GS7554航班于12：25分起飞，12：35分飞机上有6名歹徒试图暴力劫持飞机。飞机上，暴徒持有折卸后的金属拐杖、火柴、打火机和一些爆燃物。机组人员、机上乘客与暴徒英勇搏斗，最终将这些暴徒制服，飞机随即返航和田机场并安全着陆，6名歹徒被公安机关抓获。
  获悉这一消息后，有些网友开始怀疑地面的机场安检人员有失职行为。在广大网友的质疑声中，2012年7月7日，新浪网、凤凰网等网站出现标题为"民航局：新疆劫机事件机上无爆炸物，安检员未失职"的新闻报道。① 我们不禁要问：民航局的断言成立吗？

逻辑辨析："民航局：新疆劫机事件机上无爆炸物，安检员未失职"这一新闻标题的意思：因为新疆劫机事件机上没有发现爆炸物，所以安检员没有失职。其背后假定了"新疆劫机事件机上没有发现爆炸物"是"安检员没有失职"的充分条件这样的逻辑关系。也就是说，"只要新疆劫机事件机上没有发现爆炸物，安检员就没有失职。"而这一判断等价于："只有新疆劫机事件机上发现爆炸物，安检员才失职。"也等价于说："如果安检员失职了，那么就会在新疆劫机事件机上发现爆炸物。"显然，这样的条件关系是不成立的。因为安检员失职的表现有多种，比如在飞机上发现除爆炸物之外的其他违禁危险品。事实上，"只要新疆劫机事件机上发现爆炸物，安检员就失职。"而民航局的断言误认为"新疆劫机事件机上发现爆炸物"是"安检员失职"的必要条件。可见，民航局的断言是不成立的。

一、假言判断

假言判断是有条件地断定某事物情况存在的判断。也就是说，它断定某一事物情况的存在是以另一事物情况的存在为条件，因此也叫条件判断。例如：

①如果尸体所在的场所不是第一现场，那么必是移尸至此。
②只有具备作案时间的人，才能是杀人凶手。

假言判断一般是由两个支判断构成的。其中一个支判断是表示条件的，称为假言判断的前件，如例①中的"尸体所在场所不是第一现场"和例②中的"具备作案时间的人"。另一个支判断是表示依条件而产生的结果，称为假言判断的后件，如例①中的"必然是凶手移尸至此"和例②中的"是杀人凶手"。假言判断前件和后件的关系是理由和推断的关系。前件是理由，后件是依据理由而做出的推断。

在假言判断中，连接前件和后件的联结词称为假言判断的联项，如例①中的"如果那么"和例②中的"只有才能"分别为两个假言判断的联项。

假言判断的真假，虽受其支判断真假的制约，但不能由支判断的真假简单地推断假言判断的真假。

例如："如果语言能生产物质财富的话，那么夸夸其谈的人就会成

充分条件假言判断

---
① 民航局称新疆劫机事件中未发现安检失职行为，http://sky.news.sina.com.cn/2012-07-06/225022798.html。

为百万富翁。"

这个假言判断的前件"语言能生产物质财富"与后件"夸夸其谈的人成为百万富翁"分别都是假的，但前后件结合成假言判断是真的了，因为它反映了事物之间的条件关系。为此，正确理解假言判断前件与后件的依赖关系是十分重要的。

（一）充分条件假言判断

所谓充分条件是指：当一个条件存在时，就一定会产生某一结果；而当这个条件不存在时，并不一定不会产生某个结果。即当前件所断定的事物情况存在时，后件断定的事物情况必定存在；而当前件断定的事物情况不存在时，后件断定的事物情况可能存在，也可能不存在。

即如果有 p，则一定有 q；如果无 p，则可能有 q，也可能无 q。

例如，p："天上下雨"与 q："地上湿"。

充分条件假言判断就是断定事物之间存在充分条件关系的判断。例如：

①如果是本案的作案人，那么他一定有作案时间。

②如果口服了氰化物1毫克，那么人会死亡。

充分条件假言判断的逻辑形式是：

如果 p，那么 q。

即 p→q（"→"读作"蕴涵"）。

充分条件假言判断的联结词还有："如果……则……""只要……就……""一旦……就……""有……就……""若……要……""假若……就……""哪里……哪里就……"等。

充分条件假言判断是建立在反映客观事物情况之间具有充分条件关系的基础上的。因此，对于充分条件假言判断来说，其真假就并非简单地取决于其前后件本身的真假，而取决于它的前后件之间是否确实存在充分条件的关系。

例如，在"如果马克思主义害怕批评，那么马克思主义就不是真理了"这个充分条件假言判断中，它的前件"马克思主义害怕批评"和后件"马克思主义就不是真理了"都是假的，但是这个假言判断显然是真的，因为它的前后件之间确实存在着充分条件的关系。

因此，一个充分条件假言判断，只有其前件真而后件假时，它才是假的；在其他情况下，它都是真的。这种关系，可用真值表来说明（表4-4）。

表4-4 充分条件假言判断的真值表

p	q	p→q
真	真	真
真	假	假
假	真	真
假	假	真

（二）必要条件假言判断

必要条件是指：当一个条件不存在时，就一定不会产生某一结果；而当这个条件存在时，却并不一定不会产生某个结果。即当前件所断定事物情况不存在时，后件所断定的事物情况就一定不存在；而当前件所断定的事物情况存在时，后件所断定的事物情况可能存在，也可能不存在。

即如果无p，则一定无q；如果有p，则可以有q，也可能无q。

例如，p："发案时在现场"与q："是案犯"。

必要条件假言判断就是断定事物之间存在必要条件关系的判断。例如：

①只有张某有作案时间，他才会是凶手。

②只有年满18周岁的人，才有选举权。

必要条件假言判断的逻辑形式：

只有p，才q。

即p←q（"←"读作"逆蕴涵"）。

必要条件假言判断的联结词的语言表达方式还有"没有……没有……""不……不……""除非……不……""除非……才……"等。

由于必要条件假言判断反映的是前件对后件所具有的必不可少的作用，也就是说，如果没有前件，就必定没有后件。因此，也可将必要条件假言判断用充分条件假言判断的形式表现为$\bar{p}→\bar{q}$。

一个必要条件假言判断，只要并且只有前件假而后件真时，它才是假的；在其他情况下，它都是真的。这种关系，可用真值表来说明（表4-5）。

我会操作就是我的（必要）

表4-5 必要条件假言判断的真值表

p	q	p←q
真	真	真
真	假	真
假	真	假
假	假	真

例如，某地曾发生一起报复杀人案，全案涉及犯罪嫌疑人 17 名，他们手持长枪、军用刺刀、大砍刀等凶器杀死 4 人，杀伤 6 人。由于该案犯罪嫌疑人较多，加之首犯、主犯均自毙，对弄清楚犯罪嫌疑人各自罪责带来了很大的困难，而且，案犯的态度很不老实，极力诡辩。在这种情况下，讯问人员首先分析研究了每个犯罪分子所持凶器与被害人身上的伤口之间的因果关系。如有几个被害人被砍刀砍伤，而犯罪分子中只有岳某一人手持砍刀。讯问人员即以此对岳某进行如下的审讯：

问：你当时带有什么凶器？
答：就带了一把大砍刀。
问：当时还有谁带这种凶器？
答：没有。
问：你有没有将砍刀交给别人？
答：没有。
问：你砍人了吗？
答：没有。我是带了大砍刀，但我没用它杀人。

精明的讯问人员反问道：被害人的伤口，只有你带的大砍刀才能形成。当时只有你一个人带着大砍刀，你说没有用砍刀杀人，能自圆其说吗？

岳某瞠目结舌，无言以对，只好承认了用大砍刀砍人的犯罪事实。[①]

（三）充分必要条件假言判断

充分必要条件是指：当条件存在时，一定会产生某一结果；而条件不存在时，就一定不会产生某个结果。即当前件所断定的事物情况存在时，后件所断定的事物情况就一定存在；当前件所断定的事物情况不存在时，后件所断定的事物情况就一定不存在。

即如果有 p，则一定有 q；如果无 p，则一定无 q。例如，p："公安人员持有逮捕证"与 q："逮捕公民"。

充分必要条件假言判断就是断定事物之间存在充分必要条件关系的判断。例如：

①当且仅当被告人犯罪的证据充分、确凿，才能认定其有罪。
②当且仅当一个三角形是等角的，它是等边的。

充分必要条件假言判断的逻辑形式是：当且仅当 p，才 q。

即 p ⟷ q（"⟷"读作"等值"）。

充分必要条件假言判断的联结词的语言表达方式还有"只要……并且只有……才……""如果……那么……并且只有……才……""只有并且仅仅如此，才……"等。有时不含"当且仅当"等联结词的语句也

[①] 吴婉霞. 假言推理在侦查讯问工作中的运用 [J]. 甘肃科技 .2006（05）：221–223.

表达充分必要条件假言判断。

例如：能抽象思维者，是人；不能抽象思维者，就不是人。

一个充分必要条件假言判断，当且仅当其前件真而后件假，或者前件假而后件真时，它才是假的，在其他情况下，它都是真的。

充分必要条件假言判断的逻辑值，与其前后件的逻辑值之间的关系，可以用真值表来表示（表4-6）。

表4-6 充分必要条件假言判断的真值表

p	q	p⟷q
真	真	真
真	假	假
假	真	假
假	假	真

例如，《魏书·列传·卷五十四》：北魏宣武帝延昌年间，寿春县（今安徽寿县）有个叫苟泰的人，儿子在3岁时遇到动乱丢失，几年不知下落。后来苟泰发现丢失的儿子在同县人赵奉伯家中，便告到官府。审讯中，苟、赵都坚称孩子是自己的，而且都有邻居作证。扬州刺史李崇就让人叫苟、赵二人与孩子分开居住，不许来往，几天后，派人告知："孩子得急病死了，刺史让你们前去看病，料理埋葬。"听了之后，苟泰号啕大哭，悲痛难忍，而赵奉伯仅仅是唉声叹气。李崇听说后，将孩子还给了苟泰。

李崇根据人之常情，做出了一个充分必要条件假言判断："当且仅是自己的亲生儿子死了，才会号啕大哭，悲痛难忍。"所以他将孩子判给了苟泰。

拓展学习

刑事案件的侦破过程都是在事情已经发生之后，但任一结果的产生都会有其产生的原因和条件，这些条件中有些就是案件发生的充分条件，有些就是案件发生的必要条件。

例如，1996年5月4日，某百货大厦二楼黄金部、钟表部柜台的97条金项链、金手链和两块手表被盗，总价值23万元。侦查员在勘查现场时，没有发现案犯作案时留下的任何痕迹物证，从大厦一楼至五楼也未发现案犯翻越、攀爬、破坏门窗进入现场的痕迹。根据这一情况，侦查员认为：要作案只有3种可能：一是罪犯事先潜入现场，在工作人员离开大厦后作案；二是内部工作人员下班后滞留下大厦或利用某种工作之便夜间潜回大厦作案；三是在大厦内值夜班的保安，利用工作之便作案。①

从被盗的现场看，黄金部37节柜台，钟表部36节柜台，除被盗物品的柜台外，其余柜台未被翻动，被盗柜台门锁也未遭到破坏。从大厦一楼到五楼的32个监控摄像机工作正常。现场调查时，当夜值班的16名保安都反映，没有发现异常情况。只是在二楼值班的保安，凌晨4：00到大厦楼后厕所小便离开过现场，离开时间大约10分钟。

据此，侦查员认为：如果是外部人员，不可能对现场情况，特别是对作案时机的把握和对摄像镜头死角了解得如此清楚。由此可见，作案人是大厦内的工作人员。

大厦有1 500多名职工，侦查员为缩小侦查范围，认为案犯必须具备以下客观条件：

（1）发生案件的当晚有条件滞留或进入现场；
（2）有条件获取或接触被盗柜台的钥匙；
（3）了解大厦夜间值班人员的值班情况；
（4）掌握大厦监控摄像机的具体情况，特别是熟悉其监控"死角"；
（5）现场附近有落脚点，获取赃物后有条件平安离开现场或转移赃物。

根据上述几个条件，构成一个必要条件假言判断：只有同时具备以上5个条件的人，才有可能作案。结果发现，除当值的保安之外，其余任何人不可能同时具备上述5个条件。

事实上根据上述几个条件，还可以构成一个充分案件假言判断：如果作案，那么要同时具备这5个条件。

还如："只有了解大厦内部安全设施的人才可能作案成功"，这个必要条件假言判断还可以用充分条件假言判断表示为："如果作案成功，那么他必须了解大厦的安全设施"。

缩小侦查范围，集中侦查目标后，侦查员紧紧围绕当值的16名保安开展调查。案犯正是二楼的保安。

二、假言推理

（一）充分条件假言推理

充分条件的假言推理的大前提是充分条件假言判断，小前提和结论是性质判断的假言推理。例如：

①如果现场有赵某的脚印，那么赵某到过现场，勘查发现，现场有赵某的脚印；所以，赵某到过现场。

---

① 谭晖晖.浅谈学习《法律逻辑学》的意义和方法［J］.法制与社会，2006（20）：186.

②如果死者生前入水而死的，那么他的肺部一定有硅藻反应，尸检发现，死者的肺部没有硅藻反应；所以，死者不是生前入水而死的。

根据充分条件假言判断前后件的关系：p 是 q 的充分条件，有 p 必有 q；无 q 必无 p。可知，充分条件假言推理有两条规则：

第一，肯定前件就要肯定后件，否定后件就要否定前件。

第二，否定前件不能否定后件，肯定后件不能肯定前件。

据此，充分条件假言推理只有两个正确的形式，即肯定前件式和否定后件式。

1. 肯定前件式

如果某人是犯罪分子，那么他就应受到法律制裁；某甲是犯罪分子；所以，某甲就应受到法律制裁。

肯定前件式的推理过程：根据充分条件假言判断前件和后件的关系，即有前件就一定有后件，前件真，后件一定真。例中的"某甲是犯罪分子"对充分条件假言判断的前件予以肯定，因而，就要肯定假言判断的后件"某甲就应受到法律制裁"。所以，这个充分条件假言推理的形式是正确的，得出的结论是必然的。

充分条件假言推理肯定前件式的逻辑公式：

如果 p，那么 q，并且 p，所以 q。

即 $[(p \rightarrow q) \wedge p] \rightarrow q$。

2. 否定后件式

如果某人犯了贪污罪，那么某人一定是国家工作人员，某人不是国家工作人员；所以，某人不是犯贪污罪。

否定后件式的推理过程：根据充分条件假言判断前件与后件的关系，即没有后件，就没有前件，后件假，前件一定假，"某人不是国家工作人员"是对充分条件假言判断的后件加以否定，因而，就要对充分条件假言判断的前件"某人犯了贪污罪"予以否定。因此，这个充分条件假言推理的形式是正确的，得出结论是必然的。

充分条件假言推理的否定后件式的逻辑公式：

如果 p，那么 q，并且非 q，所以非 p。

即 $[(p \rightarrow q) \wedge \bar{q}] \rightarrow \bar{p}$。

但是，在运用充分条件假言判断进行推理时，如果违反充分条件假言推理的规则，那么就会产生错误，其推理形式也是无效的。其错误形式有两种：肯定后件式和否定前件式。

3. 肯定后件式

如果死者是服砷化物中毒死亡，那么尸体内就有砷的残余物质；经查该死者体内有砷的残余物质；所以，死者是服砷中毒死亡。

这个充分条件假言推理是错误的，犯了"由肯定后件到肯定前件"的逻辑错误。为什么"肯定后件不能肯定前件"？因为，充分条件假言判断的前件是后件的充分条件，而不是必要条件，即有后件，不必然有前件。因此，充分条件假言推理肯定后件到肯定前件的形式是错误的。在逻辑上叫作"肯定后件"的错误。

事实也是这样，体内砷的来源很多，查出了砷的残余物质，不一定就是服用了砷。

例如，1980年《民主与法制》第7期刊登的关于许某某用砒霜（砷化物）毒死其丈夫的冤案。原来死者已埋了两年多，挖坟尸检时，由于棺盖已被破坏，取得检样是一些肉泥，检验结果在肉泥内发现了微量砒霜，于是侦查人就断言死者是生前服用砒霜中毒身死无疑。这个推论就是运用充分条件假言推理肯定后件到肯定前件的错误形式，造成冤案。在推理活动中，一定要防止充分条件假言推理由肯定后件而肯定前件的逻辑错误。

4. 否定前件式

如果犯罪者年龄不满18周岁，那么就应从宽处罚；本案被告已年满18周岁；所以，本案被告不应从宽处罚。

这是一个错误的充分条件假言推理。它犯了"由否定前件到否定后件"的逻辑错误。因为前件是后件的充分条件，而不是必要条件，即有前件就有后件，而没有前件，不一定没有后件。因此，充分条件假言推理否定前件到否定后件的形式是错误的。在逻辑上叫"否定前件"的错误。

从司法实践来看，前件"年龄不满18周岁"只是导致其后件"从宽处罚"出现的一种情形；还有诸如"投案自首"等条件的也适应"从宽处罚"，因此，否定了本案被告"年龄不满18周岁"（肯定其年龄已满18周岁），并不足以证明本案被告就"不应从宽处罚"。这样的结论是不具有必然性的。

上述两种充分条件假言推理都违反充分条件假言推理规则，推理形式是错误的，不合乎逻辑的。前一个推理犯了"肯定后件"的错误，后一个推理犯了"否定前件"的错误。

例如：水泽信夫有个情妇叫美也子。一天夜里，两人在情人旅馆幽会时，美也子突然问道："去年你妻子自杀未遂，留有遗书吗？"

"有一封潦潦草草的遗书，我还保存着。"

"我们就利用那份遗书，请她真的自杀吧。"她逼着信夫下决心。

一个星期六的深夜，信夫在家里亲自煮了咖啡送到妻子跟前。妻子也高兴地喝了下去。不一会儿，就痛苦地挣扎着死去。原来，信夫在咖啡里放了剧毒的农药。

之后，他把妻子的尸体搬进卧室的床上，盖好被子，然后把装着喝剩下掺有毒药的咖啡的那个白色杯子放到妻子的枕边上。接着，他又在妻子脸上抹上白粉，再擦上口红。因为他想起上次妻子自杀时曾化过妆。

第二天早晨，他又装作刚刚发现妻子自杀的样子报了警。

警察很快就来了，查看尸体后，问道："有遗书吗？"

"有，在枕头下面"。信夫把妻子的遗书拿出来。

警察读了遗书后，突然又拿起咖啡杯和死者的脸对比，看了好半天之后说："死者不是自杀，是他杀，"

那么，一个小小的咖啡杯怎么会露了马脚呢？警察运用了一个充分条件假言推理的否定后件式进行了推理：

如果水泽信夫的妻子自己化妆后喝下放有毒药的咖啡自杀的话，那么杯口上一定会留下口红的痕迹，现场杯口没有口红；所以妻子的妆是信夫毒死她以后才化的。

（二）必要条件假言推理

必要条件的假言推理是以必要条件假言判断为大前提，小前提和结论是性质判断的假言推理。

例如：只有证明犯罪的证据确凿而充分，才能提起公诉；经查证明某甲犯罪的证据不确凿、充分；所以，对某甲不能提起公诉。

这是一个必要条件的假言推理。在这个推理中，小前提性质判断否定了大前提必要条件假言判断的前件，从而结论否定了它的后件。这是根据必要条件假言判断的前件是后件的必要条件；后件是前件的充分条件的逻辑性质时行推理的。据此，我们要使必要条件的假言推理正确，合乎逻辑性，必须遵守下列规则：

①否定前件就要否定后件；肯定前件不能肯定后件。

②肯定后件就要肯定前件；否定后件不能否定前件。

根据必要条件假言推理的规则，必要条件假言推理的正确形式有两种。

1. 否定前件式

例如：只有作案时间，才可能是罪犯；经查张某没有作案时间；所以，张某不是罪犯。

这就是一个必要条件假言推理的否定前件式。根据必要条件假言判断前件与后件的关系，即没有前件就一定没有后件，前件假后件就一定假（前件是后件的必要条件），因此，否定必要条件假言判断的前件，就能否定必要条件的假言判断的后件。这个必要条件假言推理对必要条件假言判断的前件"有作案时间"进行了否定，因而，就要否定其后件"张某是罪犯"。所以，这个必要条件的假言推理形式是正确的，得出结论是必然性的。

必要条件假言推理否定前件式的逻辑公式：

只有 p，才 q；非 p；所以，非 q。

也可以用下列符号表示这个公式：

$[(p \leftarrow q) \wedge \bar{p}] \rightarrow \bar{q}$。

例如，1993年10月，某地发生了一起杀人案：被告人刘某与被害人李某发生口角，刘某手持双筒猎枪打死李某。对该案的定性问题，公安机关和检察机关发生了意见分歧。公安机关根据被告人刘某的供述，认定被害人李某在与刘某抢枪时将枪拽响，击中自己的右下腹而死亡，刘某应认作为"过失杀人"；检察机关则根据3个证人的口供认为李某没有抢枪，应该认定刘某"故意杀人"。

审判人员仔细分析：被害人李某是被双筒猎枪击中腹部后死亡的；经尸体检验，已知伤口为3厘米×4厘米。而伤口长度是与射击距离成正比关系的，如果找出李某伤口长度与射击距离的比值，那么就可以用有关的数学公式计算出枪响与被害人之间的距离。如果距离较近，被害人伸手能抓住枪筒，才有夺枪的可能；否则没有夺枪的可能。于是，审判人员进行了一次侦查试验：他们用同一双筒猎枪和相同的子弹进行了试射。第一枪枪口距目标600厘米，扣的是前扳机，子弹从外侧枪筒射出，命中目标的长度为15厘米。那么，设枪口与被害人的距离为 x 厘米，则可以列出算式：$15/600 = 4/x$。

经过运算，可以得出 $x = 160$ 厘米。这就是说，枪口与被害人的距离为160厘米。再加上射击时持枪人与枪口的距离为105厘米，可以得出射击距被害人265厘米。经测验，被害人手臂长仅60厘米。因此，试验结果表明：无论怎样，被害人都够不着枪筒，这就排除了被害人抢枪而拽响枪的可能性。最后，认定被告人刘某故意杀人罪成立。

案例中的审判人员进行了如下必要条件假言推理的否定前件式：

只有被害人距枪较近，才可能夺枪而拽响枪；被害人不是距枪较近；所以，被害人不可能夺枪而拽响枪。

2. 肯定后件式

例如：只有行为具有社会危害性，才是犯罪行为；李某的行为是犯罪的行为；所以，李某的行为具有社会危害性。

这个假言推理是必要条件的肯定后件式。"李某的行为是犯罪的行为"是对必要条件假言判断的后件进行肯定，从而就要肯定必要条件假言判断的前件"李某的行为具有社会危害性"。这个必要条件的假言推理是正确的，因为，根据必要条件假言判断前件与后件的关系，即有后件，就一定有前件，后件真，前件必真（后件是前件的充分条件）。所以，必要条件的假言推理，肯定后件就能肯定前件。

必要条件假言推理肯定后件式的逻辑公式：

只有p，才q；q真；所以，p真。

即 $[(p \leftarrow q) \wedge q] \rightarrow p$。

例如，明朝的"梅花案"：明朝时揭阳县城住着这样两户生意人家，一户户主叫张潮，他是一位船老板，专门用自家的一条客船接送客人；另一户户主姓孙，孙老板是一位在外跑买卖的生意人。一次，孙老板约定第二天凌晨四更天搭乘张潮的船外出做生意。三更天过了一阵子，孙老板草草吃了一些早点就告别妻儿出了门。

大约五更天时，孙氏娘子被一阵伴随敲门的喊叫声惊醒。她侧耳细听，听见有人在喊："孙氏娘子开门！孙氏娘子开门！"她连忙穿好衣服起床开门。开门后，孙氏娘子才看清来人是张潮。张潮见到她后就迫不及待地问道："你家孙老板约好四更天搭乘我的船外出生意，怎么快五更天了还不见他的人影呢？""我夫君三更天过一阵子就往你那里去了，你没有看见他？"孙氏娘子焦急地问。"你家孙老板根本没有来我那儿！"张潮十分肯定地回答。这下可急坏了孙氏娘子，她赶紧请亲邻去寻找孙老板，但找了几天，方圆几十里的地方都找遍了，就不见踪影。无奈之下，她只得将丈夫失踪一事报告到了揭阳县官府。

揭阳县知县听完孙氏娘子关于孙老板失踪一案的前因后果后，思虑再三，觉得张潮跟此案有关。于是，张潮作为嫌疑犯被带上县衙。

"确实没有！"张潮非常肯定地回答。

"那你前去孙家时，为何不叫孙老板开门而叫孙氏娘子开门？快说！"知县重重地敲了几下惊堂木，威严地质问。

"这……"这一下击中了张潮的要害，他全身发抖，头上直冒冷汗，好长一段时间答不上话来。

"你叫孙氏娘子开门，就是说，你已经知道孙老板出门了！既如此，你还假惺惺到孙家找人，这说明你心中有鬼。张潮，你说，孙老板被你弄到哪里去了？"知县的推断和提问如利剑直刺张潮的胸膛。

张潮只得如实招供了自己见财起意，谋害了孙老板的性命。原来孙老板上了张潮的船后，不经意暴露了身上带的很多银子。张潮见到这些银子，眼就红了，一门心思要把银子据为己有，船到江心时，趁孙老板不注意，他用竹篙朝孙老板后脑勺致命一击，孙老板的脑袋被敲了个大洞，顿时血流如注，片刻丧命。张潮将孙老板的尸体装进麻袋、绑上一块石头，沉尸河底；然后清洗了船上的血迹，处理好谋到后的银子，才假装去询问孙老板为什么没有如约前去。

知县能很快地侦破此案，就在于他正确地运用了肯定后件式的必要条件假言推理。他的推理如下：

只有知道男主人出了家门时，五更天去造访时才会叫女主人开门（古时男女授受不亲，当一个妇女的丈夫在家，别的男子即使吃了豹子胆，也不敢叫女主人开门）；张潮五更天去孙家造访时叫孙氏娘子开门，所以，张潮已知男主人即孙老板出了家门。

既然已知孙老板出了家门，张潮还假装不知道，还来孙家找人，显然心中有鬼，即使他不是案犯，也是知情人。因此，知县将他作为嫌疑犯审讯是很有根据的。

必要条件的假言推理，如果违反上述两条规则，则推理形式就有错误的，推理就不合乎逻辑。其错误推理形式有两种：肯定前件式和否定后件式。

3. 肯定前件式

例如：只有到过杀人现场，才是杀人犯；王某到过杀人现场；所以，王某是杀人犯。

这个必要条件假言推理形式是错误的。因为必要条件的假言判断的前件是后件的必要条件，而不是充分条件，即没有前件就一定没有后件，但是有前件，不一定有后件。因此，在这个推理中违反了"肯定前件到肯定后件"的逻辑规则。对必要条件假言推理来说，也叫"肯定前件"的错误。

4. 否定后件式

例如：只有违法行为，才是犯罪行为；王某的行为不是犯罪行为；所以，王某的行为不是违法的行为。

这个必要条件假言推理形式是错误的。因为，必要条件假言判断后件是前件的充分条件，而不是必要条件，即有后件就有前件，但没有后件，不一定没有前件。因此，这个推理犯了由否定后件到否定前件的逻辑错误。对必要条件假言推理来说也叫作"否定后件"的错误。

（三）充分必要条件假言推理

充分必要条件假言推理就是大前提是充分必要条件假言判断，小前提和结论为性质判断的假言推理。由于充分必要条件假言判断的前件是后件既充分又必要的条件；后件也是前件既充分又必要的条件逻辑性质。因此，充分必要条件假言推理的规则：

①肯定前件就能肯定后件，否定前件就能否定后件。
②肯定后件就能肯定前件，否定后件就能否定前件。

根据充分必要条件假言推理的规则，可以得出充分必要条件假言推理有4种正确形式：即"肯定前件到肯定后件的肯定前件式""否定前件到否定后件的否定前件式""肯定后件到肯定前件的肯定后件式""否定后件到否定前件的否定后件式。"

1. 肯定前件式

例如：当且仅当枪弹为近距离（1米以内）发射，弹孔周围才能有烟垢痕迹；经查受害者身上弹孔为近距离发射（1米以内）；所以，枪弹孔周围有烟垢痕迹。

这是一个充分必要条件假言推理的肯定前件式。该推理形式是正确的。因为，根据充分必要条件假言判断的前件与后件的关系，即有前件必有后件，前件真，后件必真，因此，肯定前件就能肯定后件，这个充分必要条件假言推理的程序：当对充分必要条件假言判断的前件"受害者身上弹孔为近距离发射（1米以内）"进行肯定时，就要肯定它的后件"枪弹孔周围有烟垢痕迹"。所以，这个充分必要条件假言推理的形式是正确的，得出的结论是必然性的。

充分必要条件假言推理的肯定前件式可用逻辑公式表示：

当且仅当 p，才 q；p；所以，q。

即 [（p⟷q）∧ p］→q。

2. 否定前件式

例如，三国时吴国的年轻皇帝孙亮，在位时有一天到西苑玩，吃生梅子嫌酸，就派一个宦官拿一个有盖子的碗去仓库取蜂蜜。蜂蜜拿来后，孙亮发现里面有几粒老鼠屎，孙亮很生气，把管仓库的官员叫来，并拿起仓库里用来装蜂蜜的瓶子仔细看，发现瓶子盖得很严，不可能有老鼠屎进去，更谈不上老鼠能进去了。孙亮问："那个宦官平时向你要过什么没有？"官员说："他曾问我要过皇宫里的席子，但我没给。"孙亮心里明白了，让那个宦官将老鼠屎拿出来掰开，一看，老鼠屎里面是干的，孙亮：当且仅当老鼠屎里头是干的，那就是刚刚放进去的，现在老鼠屎里头是干的，可见老鼠屎是刚刚放进去的。宦官终于低头认罪。

例如：当且仅当枪弹为近距离（1米以内）发射，弹孔周围才有烟垢痕迹；经查枪弹不是近距离发射（1米以内）；所以，弹孔周围没有烟垢痕迹。

这是一个充分必要条件假言推理的否定前件式，其推理形式是正确的。因为，根据充分必要条件假言判断的前件与后件的关系，即没有前件必然没有后件，前件假，后件必假（前件是后件的充分又必要条件）。因此，否定前件就能否定后件。即否定了充分必要条件假言判断的前件"枪弹是近距离发射（1米以内）"，就要否定充分必要条件假言判断的后件"枪弹周围有烟垢痕迹"。

充分必要条件假言推理的否定前件式的逻辑公式：

当且仅当 p，才 q；非 p；所以，非 q。

即 [（p⟷q）∧ $\bar{p}$］→$\bar{q}$。

例如，一个下雨天，一个妇女牵着条脚上沾满污泥的大狗上了公共汽车，这名妇女坐下后对售票员说："如果我给这条狗买一张车票的话，它是否也能和其他乘客一样有一个座位？"售票员看了狗一眼，说："当然可以，不过它必须和其他乘客一样不把脚放在座椅上。"售票员事实上构建了一个充分必要条件假言推理的否定前件式：当且仅当这条狗不把脚放在座椅上，它才可以有个座；这条狗会把脚放在座椅上；所以，它不能有个座位。

3. 肯定后件式

例如：当且仅当枪弹为近距离发射（1米以内），弹孔周围就有烟垢痕迹，经查受害者身上弹孔周围有烟垢痕迹；所以，枪弹为近距离发射（1米以内）。

这是充分必要条件假言推理的肯定后件式，该推理形式是正确的。因为，根据充分又必要条件假言判断前件与后件的关系，即有后件就必有前件，后件真，前件必真。所以，肯定后件就能肯定前件。当肯定了充分必要条件的后件"受害者身上弹孔周围有烟垢痕迹"，就要肯定其前件"枪弹为近距离发射（1米以内）"。

充分必要条件假言推理的肯定后件式的形式结构的公式：

当且仅当 p，才 q；q；所以，p。

即 [（p⟷q）∧ q] → p。

4. 否定后件式

例如：当且仅当枪弹为近距离发射（1米以内），弹孔周围就有烟垢痕迹，经查受害者身上弹孔周围没有烟垢痕迹；所以，枪弹不是在近距离发射（1米以内）。

这是一个充分必要条件假言推理的否定后件式，其推理形式是正确的。因为，根据充分必要条件假言判断前件与后件的关系，即没有后件就必无前件，后件假，前件必假。所以，否定后件必能否定前件。当否定了充分必要条件假言判断的后件"弹孔周围有烟垢痕迹"，就否定了它的前件"枪弹为近距离发射（1米以内）。"

因此，这个充分必要条件假言推理的形式后件式结构的公式：

当且仅当 p，才 q；非 q；所以，非 p。

即 [（p⟷q）∧ q̄] → p̄。

三、假言推理的运用

假言推理在法律工作中应用极为广泛，特别是在刑事案件的侦破过程中，假言推理的作用尤为突出。

众所周知，刑事诉讼的任务，就是要查明案件事实，确定某一犯罪事实是否发生，弄清楚究竟谁是作案人。而要获得这样的认识，就不能不首先确定案件的性质，然后在此基础上确认犯罪者必须具备的条件，进而才能确定侦查方向和侦查范围。而每一个环节都只有在收集和占有材料的基础上才能进行恰当的假设，这主要依靠运用假言推理来实现。

例如，1982年7月9日，女青年李某在家突然下肢疼痛无力而摔倒，经医院诊断为横贯性脊髓病。经住院治疗，情况有所好转，病人情绪乐观，神志清楚，心、肝、肺、胃经检查均无异常发现。8月9日23点45分突然死亡。

据医生介绍：死者丈夫张某，现役军人，某部卫生科护士，住院期间一直在医院陪护。9日白天张还给李买了许多水果,22点30分护士查房时,李意识清楚,并说:"不要开灯了,开灯我睡不着。"等语。23点10分,张来办公室拿床单回病房,返回时说李脸色不好,护士赶到病房时,李某已死亡。由于李死得突然,而且临床又找不出死因,所以医生动员做病理解剖。开始李的丈夫张某不同意,经再三说服后同意。医护人员怀疑李是中毒身亡,即与公安局联系,请法医到现场协助查明死因。

尸体检查未发现异常,胸腹解剖各器脏也无病变。胃黏膜完好,无中毒迹象。但是在死者穿着的黄色针织运动衫的左侧翻领上,发现5滴滴状灰色痕迹。滴状处棉纤维有被腐蚀状,质地变脆,经提取化验,证明该处有36%的稀硫酸。这一细微、毫不引人注意的点滴发现,给侦破工作提供了一个线索。硫酸痕迹是怎样形成的?是生前还是死后所留?与死者的死因是否有关呢?于是侦查人员做出了第一步推断:只有推导出此硫酸痕迹在死后所留,才可能与死因无关。

为了证实了这个假设,进一步查实:此运动衫是死者住院以来一直穿着的一件衣服,死后没脱,在外又加穿了一件衬衣,此衬衣无硫酸痕迹,并查明从病房搬到太平间、解剖室以及尸体存放冰箱的全过程中,均无接触硫酸的条件,因此认定此硫酸是死者前不久滴落的。围绕着这一线索,侦查人员做出第二步假言推理:如果此硫酸与死因有关,那么尸体必然有中毒反映。经解剖,在颈后部发现:死者1~3颈椎周围肌组织变成了暗红褐色,并且脊柱管脊膜及周围的小血管变成暗红褐色,管腔中血液是柱状凝固。又发现:延髓皮质、小脑、1~2脊髓神经细胞变色、坏死。经切片提取1~3颈椎周围的变色肌肉组织,通过透析,检验含有硫酸根。在死者大脑的脑脊液中还直接化验含有硫酸根。因而得出:死因为局部硫酸中毒死亡。

但是,硫酸又是怎样进入肌体的呢?经反复试验分析:凶手只能用注射器注入体内,注入位置只能是哑门穴部位。但是经反复查验,尸表未发现注射孔。为了揭开这个哑谜,侦查人员用3只豚鼠做了动物试验,在豚鼠相当人哑门穴部位,注入36%稀硫酸0.5毫升,进针推药后,不待退针,豚鼠即停止挣扎,嘶叫而亡。同样放置冰箱两天,然后解剖,其病理变化的试验结果与死者完全相同,在局部皮肤上也未找到注射孔。这说明只要技术熟练,进针后即可导致死亡。如果趁人熟睡或昏迷时用此方法杀人是完全可能的。为此确认,死者是由硫酸中毒死亡。

从假言推理角度分析,侦破此案大体推理过程:

第一步查清死者衣领上的硫酸是生前形成的,还是死后形成?侦查人员做出了这样一个推导:侦查设想:硫酸痕迹只能在死后形成,才可能与死亡无关。据查实:硫酸痕迹不是死后形成,所以,硫酸可能与死亡有关。

这是一个必要条件的假言推理，即通过否定必要条件假言判断的前件，来否定其后件的推理形式，通过侦查假设把硫酸与死因联系起来，再通过调查确认硫酸痕迹不是死后形成，然后推出"硫酸可能与死因有关"的结论。这个结论不是必然的，可能性到底有多大，还需要进一步通过侦查实践加以证实说明。

第二步，侦查人员进一步假设：侦查假想：如果死者是硫酸中毒，那么尸体必然会出现中毒痕迹反应。经解剖发现：尸体哑门穴附近的肌肉、神经有中毒反应，所以，死因极大可能是硫酸中毒。

这是一个充分条件假言推理，其推理结构形式是错误的，即肯定充分条件假言判断的后件来肯定其前件。这种错误推导形式在侦查阶段作为对案件的初步认识，对扩大线索，缩小侦破范围，开阔思路，推出假设性的结论不是完全没有实际价值的，关键要明确结论是或然性的。侦查人员正是在这个思维指导下，经过反复细致的解剖发现死者1~3颈椎周围组织异常。加上鉴定得出含有大量硫酸根，进一步证实推导出的结论"死因极大可能是硫酸中毒"的正确性。

第三步，检验假设：侦查假设：如硫酸是从死者哑门穴注入，那么一定有注射孔。侦查试验：硫酸是从死者哑门穴部注入，所以，有注射孔（因特定病变不明显）。

这是一个正确形式的充分条件假言推理，由于侦查假设大前提正确，因而在侦查试验中将尸体出现"无注射孔"这一矛盾列为专项试验项目，通过试验证明了无明显针孔的特殊现象。

由于侦查人员对尸检细致，假言推理运用恰当，很快侦破了这起罕见的杀人案，终于解开了这起死因不明案件的哑谜。

原来死者丈夫为了另寻新欢，利用护理其妻之病的机会，从部队带了硫酸、注射器，趁其妻周期性精神病发作，杀害了她。

（一）充分条件假言推理在刑事侦查工作中的运用

1. 推断作案条件

刑事侦查的主要任务就是缉拿作案人归案，而缉拿作案人的关键一步，就是在侦查活动之前找出作案人作案必须具备的条件。因为只有这样，才能找出符合条件的人进行重点审查。在具体的侦查工作中，怎样才能找出作案人作案必须具备的条件呢？许多优秀侦查人员多年来的侦查经验告诉我们：其中一个较好的方法，就是运用充分条件假言推理的肯定前件式进行推断。这种推理之所以能用于推断作案人具备的条件，是因为客观事物与事物之间存在着一定的条件联系，即某现象出现或存在必然引起另一现象出现或存在，而充分条件假言命题正反映的是这种联系。因此，根据这种条件的联系，结合现场勘查和调查访问所掌握的情况，运用充分条件假言推理的肯定前件式，我们就可由某一现象出现必然地推知另一现象出现，从某种情况存在必然地推知另一情况存在，从而借以推断出作案人作案应具备的条件。其具体做法：首先，以现场勘查和调查访问所掌握的情况做充分条件假言命题的前件，根据充分条件假言命题"有前件必有后件"的逻辑性质，把这些情况或事实必然引起的现象或事实作充分条件假言命题的后件，从而构成一个充分条件假言命题，并把它作为推理的大前提；其次，把对现场勘查、调查访问情况的分析认定作为其推理的小前提，即肯定某种情况或事实存在；最后，运用充分条件假言推理的肯定前件式，按照其"肯定前件就要必然地肯定后件"的推理规则，推出结论。这个结论就是作案人作案应具备的一个必要性条件。

如，1998年5月23日夜，县城退休女工许某在家被人用钝器击碎头颅死亡。案发后，现场勘查发现：死者斜躺在客厅的沙发之中，惨不忍睹，沙发前的茶几上放有半杯未喝光的茶水，茶杯上的指纹和地板上的脚印、血迹均被擦去，凶器也不知去向。调查访问获知：许某生前一贯胆小怕事，一人在家时从不让陌生人进门，发案的前一天晚上，其夫病重住院，连续两个晚上子女都在医院陪房，家中别无他人；另外，死者有不喝茶的习惯。据此，侦查人员运用充分条件假言推理肯定前件式对作案人作案应具备的条件做了以下几个推断：

（1）如果一贯胆小怕事、从不让陌生人进门的人却让来人进了门并用茶水招待他，则他与被害人比较熟悉；本案的被害人一贯胆小怕事、从不让陌生人进门却让来人进了门并用茶水招待了他；显然，本案的作案人与被害人之间比较熟悉。

（2）如果财物没有丢失且杀人的手段比较残忍，则作案人与死者或其家人有较深的矛盾；本案的财物没有丢失且杀人的手段比较残忍；可见，本案的作案人与死者有较深的矛盾。

（3）如果能准确地选择被害者的家人不在家之机预谋作案，则作案人十分了解死者家的近况；本案的作案人准确地选择了许某的家人不在家之机预谋作案；所以，本案的作案人十分了解死者家的近况。

（4）如果作案后擦去了作案时留下的痕迹，则作案人具有一定的作案经验或犯罪伎俩。本案的作案人作案后擦去了留在茶杯上的指纹、地板上的脚印和血迹；显然，本案的作案人具有一定的作案经验或犯罪伎俩。

通过以上几个推断，侦查人员大体上推出作案人应具备的几个条件：与死者比较熟悉，十分了解死者家的近况，与死者或其家人有较深的矛盾，具有一定的作案经验或犯罪伎俩。然后，侦查人员在此基础上进行排查，结果较快地破了案，事实证明原先的推断都是正确的。

在具体的侦查工作中，运用充分条件假言推理推断作案人作案的条件，应尽可能地做出多次推演，从中找出多个必要条件。一般说来，对于作案条件推断得越多，则越有利于破案。这是因为推出的作案条件越多，而同时符合条件的人就越少，这样就越便于缩小侦查范围，查找作案人。

2. 排除嫌疑对象

在侦查工作中，排除嫌疑对象的方法很多，其中最常用的一种方法就是，根据所掌握的可靠证据，运用充分条件假言推理的否定后件式进行否定。充分条件假言推理的否定后件式之所以能用于排除嫌疑对象，是因为客观事物中存在着这样一种条件联系：某现象或情况存在必然引起另一现象或情况也存在，而另一现象或情况不存在必然决定着某现象或情况必然不存在，即有 P 就一定有 Q，无 Q 就一定无 P。因此，在具体的侦查工作中，我们就可依据这种条件联系，运用充分条件假言推理的否定后件式进行排疑。

其具体做法：首先，必须把嫌疑对象假设为作案人。因为作案条件是已知的，而作案人是未知的。其次，以假设的作案人为前件，根据充分条件"有前件必有后件"的逻辑性质必然地引出具体的作案条件为后件。即如果是作案人，则它应具备什么条件，从而构成一个充分条件假言命题，并把它作为推理的大前提。再次，根据对证据材料的分析认定，发现其不具备某个或某些作案条件，在此基础上，对大前提的后件做出否定性的判断。最后，运用充分条件假言推理的否定后件式，依据其规则，就可由否定作案条件这个后件进而必然地否定作案人这个前件，从而达到排除嫌疑对象的目的。

例如：前几年山东费县发生的一起妇女主任被奸杀的案件，案发后，侦查人员在发动群众排条件、排表现的过程中，发现村支部书记高某很可疑，于是列为嫌疑对象。后经反复的调查和技术鉴定，发现了以下几个新的情况：①现场的指纹与高某的指纹明显不符；②高某结扎多年根本排不出精子；③高某不具备作案的时间，发案当天晚上 8 时后的活动有人证实。据此，侦查人员运用充分条件假言推理的否定后件式否定了高某的作案嫌疑。其排嫌的思维过程：

第一，如果高某是作案人，则他的指纹一定与现场所留的指纹（已确认是作案人所留）相同；经比对证实，高某的指纹与现场所留的指纹不同；所以，高某不是作案人。

第二，如果高某是作案人，则尸体上的精子一定是高某排泄的；经调查证实，高某结扎多年根本排不出精子；所以高某不是作案人。

第三，如果高某是作案人，则他一定具备作案的时间；经查证实，他根本不具备作案的时间；所以，高某不是作案人。

在这个案件的侦破中，由于侦查人员恰当地运用了充分条件假言推理，及时地排除了高某作案的嫌疑，进而缩小了侦查的范围，结果较快地破了案。

运用充分条件假言推理排除嫌疑对象，排疑时只要能排除作案的一个必要条件就可否定作案嫌疑，不需否定多个必要条件。在具体的侦查工作中，侦查人员通常采用否定作案时间这个必要条件来排除嫌疑对象。因为作案人作案必须具备作案的时间，而不具备作案时间无法作案，当然也就不是作案人。一般说来，只要能证明发案时某人不在现场而在另一个地方，就可必然地否定他是嫌疑对象。

3. 揭露、驳斥犯罪嫌疑人的谎言

在具体的侦查讯问中，常常会遇到这样一些情况：有的犯罪嫌疑人明知自己有罪，但为了减轻其罪责、逃避惩罚，而往往采用虚构情节、编造谎言的方法和手段对抗讯问。有时侦查人员明明知道其中有假，但由于缺少直接的证据而不能马上对其进行揭露、驳斥。在这种情况下，如果能恰当地运用充分条件假言推理，就可有助于我们间接地收集证据，揭露其谎言。这种推理之所以有助于我们收集证据、揭穿谎言，原因在于：其一，是因为运用这种推理，可以使人们暂时把谎言假设成真话，并依据充分条件假言命题"有前件必有后件"的逻辑性质，就可必然地推出一些待检验的结果以备检验，以便人们按照后件所提供的结果，去寻找、发现与之相矛盾的间接证据；其二，是因为运用这种推理，可结合所收集到的真实情况对待检验的结果进行否定，并依据充分条件假言命题"无后件必无前件"逻辑性质，按照其"否定后件就要必然地否定前件"的推理规则，就可巧妙地否定假设，强有力地揭露和驳斥犯罪嫌疑人的谎言。其具体做法：首先，暂时把犯罪嫌疑人的谎言假设成真话，并把它作为充分条件假言命题的前件，根据充分条件的逻辑性质合乎逻辑地推出一些待检验的结果而作为假言命题的后件，构成一个充分条件假言命题并把它作为假言推理的大前提；其次，根据所收集、发现的与待检验结果相矛盾的证据，对大前提的后件做出否定性的判断；最后，运用充分条件假言推理的否定后件式，按照"否定后件就要必然地否定前件"规则，就可达到揭露、驳斥谎言的目的。

4. 侦查工作离不开充分条件假言推理的运用

在具体运用中，一般说来，必须注意以下几个方面的问题：

第一，大前提的前、后件要有必然的逻辑联系。因为这种推理的大前提是个充分条件假言命题，其命题的真假取决于前、后件之间是否存在必然的逻辑联系。如果前、后件之间存在着必然的逻辑联系，那么这个命题便是真的；否则，便是假的。在侦查思维活动中，如果以不真实的充分条件假言命题为大前提进行推理，则很难推出可靠的结论。

例如，有的讯问人员认为，如果是犯罪嫌疑人，那么，在讯问时一定表情紧张，某甲在讯问时表情不紧张，所以，某甲不是犯罪嫌疑人。这个假言推理就其形式来说是正确的，但由于大前提是假的，所以，结

论是不可靠的。前件和后件完全没有联系的错误是很少的，错误大多发生在前件和后件有一定的联系，讯问人员根据自己的经验认为是必然联系的情况。

第二，小前提必须真实。小前提必须真实，是指它对大前提前件进行的肯定或对后件进行的否定，必须符合客观事实。因为它是推理的事实根据。如果事实根据不真实，推理的结论往往就会出问题。因此，在侦查工作中，为了确保其结论的可靠性，小前提必须真实。

第三，必须遵守充分条件假言推理的规则。因为其规则是判定充分条件假言推理形式是否正确、有效的标准，在具体的推理中，只有遵守了这一推理的规则，才能确保其推理的形式正确、有效，才能确保其由真的前提推出可靠的结论。充分条件假言推理的规则：肯定前件就要必然地肯定后件，否定后件就要必然地否定前件；否定前件不能必然地否定后件，肯定后件不能必然地肯定前件。在讯问工作中，只有遵守了这些规则，才能确保其由真的前提必然地推出可靠性的结论。

例如，某讯问人员对犯罪嫌疑人刘某说："现在作案工具上留有你的指纹，你不要再继续抵赖了。"讯问人员如此说（是否处于讯问策略暂且不说），是因为其主观上认为"只有作案工具上有某人的指纹，某人才可能是作案人。"从逻辑学角度看该讯问员的语言，他所运用的推理是假言推理中的必要条件假言推理，但违反了此推理"肯定前件不能肯定后件"的规则，因而视刘某就是作案人的结论是错误的。

在具体的侦查思维活动中，如果不注意上述几个方面的问题，则不仅难以确保其结论的可靠性，更不能正确地指导侦破活动。只有在侦查思维活动中做到了以上几点，充分条件假言推理才能发挥出它应有的作用。

（二）必要条件假言推理在刑事侦查中的运用

1. 推断作案条件

刑事侦查的主要任务就是缉拿作案人归案，而缉拿作案人关键的一步，就是在侦查活动之前找出作案人作案必须具备的条件。因为只有这样，才能"按图索骥"，对符合条件的人进行重点审查。在具体的侦查工作中，怎样才能找出作案人作案必须具备的条件呢？许多优秀侦查人员的实践经验告诉我们，其中一个较好的方法，就是运用必要条件假言推理的肯定后件式进行推断。

其基本做法是：首先，把现场勘查、调查访问所获得的情况作必要条件假言命题的后件，根据必要条件假言命题"无前件必无后件，有后件必有前件"的逻辑性质，对其进行条件分析，即分析只有具备了什么条件，才会出现这种情况，构成一个必要条件假言命题，并把它作为必要条件假言推理的大前提。其次，对现场勘查、调查访问所获得的某个情况做出确认，即肯定某种情况或事实存在，并把它作为其推理的小前提。最后，运用必要条件假言推理的肯定后件式，按照其"肯定后件就要必然地肯定前件"的推理规则，推出结论。这个结论，就是作案人作案应当具备的一个条件。

其推论的具体模式：只有 p，才 q；q，所以，p。

例如，1999 年 7 月 28 日，S 市干休所王某与家人外出期间家中被盗。案发后，调查访问获知以下几个情况：

①王某与家人外出的时间是上午 11 点至下午 2 点半；②失主离家时外门是用一把三星牌保险锁（这种锁的精密度高、保险性能好）锁好后离开的，返家时外门仍然锁着；③进入卧室后，发现组合橱的抽屉被撬，经初步清点：丢失金项链一条、戒指一个、耳环一对及人民币 9 600 元；④经传达室工作人员和门卫证实，在失主离家期间没有陌生人进院、上楼。

现场勘查发现以下几个事实：①该干休所的院墙较高并拉有铁丝网，失主住在该所唯一的一幢宿舍楼的 306 室；②三星牌保险锁的锁芯上有一道像大头针留下的划痕；③卧室内并排有 5 个组合橱、两个床头柜，且组合橱、床头柜的抽屉都上了锁，除放贵重物品的第四个组合橱的抽屉被撬外，其余的都一动未动；④其撬压的痕迹呈逆时针方向。

根据上述情况，侦查人员运用必要条件假言推理的肯定后件式，对作案人作案应具备的条件做了以下几个推断：

（1）只有具有开锁的特种技能，才能在没有钥匙的情况下打开这种精密度高、保险性能好的三星牌保险锁；事实上本案的作案人在没有钥匙的情况下打开了这种精密度高、保险性能好的三星牌保险锁；显然，本案的作案人具有开锁的特种技能。

（2）只有熟悉失主家的情况，才能准确地撬开放贵重物品的抽屉；本案的作案人准确地撬开了放贵重物品的抽屉；所以，本案的作案人熟悉失主家的情况。

（3）只有作案人是个左撇子，被撬的物品上其撬压的痕迹才会呈逆时针方向；本案被撬的物品上其撬压的痕迹呈逆时针方向；所以，本案的作案人是个左撇子。

（4）只有在该楼里居住，才能在失主离家期间而又没有陌生人进院、上楼的情况下作案；经查证实，本案的作案人是在失主离家期间而又没有陌生人进院、上楼的情况下作案；所以，本案的作案人在该楼里居住。

通过以上几个推断，侦查人员大体上推出了作案人作案应具备的几个条件：①具有开锁的特种技能；②熟悉失主家的情况；③是个左撇子；④与失主同在一幢楼里居住。然后，在此基础上进行排查，案件很快告破，事实证明原先对作案条件的推断都是正确的。

在具体的侦查工作中，运用必要条件假言推理推断作案人作案的条件，应尽可能地做出多次推演，从中找出多个必要条件，一般说来，其推演的次数越多，就越能从中找出多个必要条件，则越有利于破案。

2. 否定作案人

在具体的侦查工作中，嫌疑对象初步划定之后，下一步的工作就是调查取证。随着这些工作的不断深入，发现某个或某些有嫌疑的人并不具备某一或某些作案的必备条件，这就必然要涉及嫌疑对象即作案人的否定。否定作案人的方法很多，其中最常用的一种方法，就是根据所掌握的可靠证据，运用必要条件假言推理的否定前件式进行否定。这种方法之所以能用于否定作案人，是因为客观事物中存在着这样一种条件联系：某种现象或情况不存在，而另一种现象或情况就一定不存在，即无 p 就一定无 q。因此，在具体的侦查思维活动中，人们就可依据这种条件联系，运用必要条件假言推理的否定前件式对作案人进行否定。

其基本做法：首先，用已推出的作案条件为前件，以某一嫌疑对象为作案人做后件，构成一个必要条件假言命题，即只有具备了某一或某些什么样的条件，某人才能是本案的作案人，并把它作为必要条件假言推理的大前提。其次，用现场勘查、调查访问或技术鉴定确证为真的情况（证据），证实某一嫌疑对象不具备某个或某些条件，即做出一个或几个否定性的判断，并把它作为必要条件假言推理的小前提。最后，运用必要条件假言推理的否定前件式，依据其"否定前件就要必然地否定后件"的推理规则，就可由否定某一作案条件这个前件，进而必然地否定作案人这个后件，推出其结论，从而达到否定作案人的目的。

其具体否定推论的模式：只有 p，才 q；非 p；所以，非 q。

例如，1997 年 6 月 18 日 9 时许，某地村民王某外出返家，途经二级坝排灌站的树林时被一歹徒强奸。案发后，其马上报案，并提供了一条被奸时沾有精斑的内裤作证。据排灌站工作人员李某反映："6 月 18 日上午 9 时许，我听到了排灌站附近的树林里有女人的叫骂声，随声赶去，看到一个年轻男人往南跑去，转眼不见踪迹。"据受害人描述："案犯身高 1.75 米左右，年龄 25 岁上下、圆脸、较黑，说话为当地口音、有点结巴，脸上有被抓破的伤痕。"通过对受害人内裤上的精斑鉴定，其血型为"AB 型"。根据受害人提供的案犯外貌特征和调查访问的情况以及对精斑血型的鉴定，侦查人员初步推断出作案人作案必须具备的几个条件：①6 月 18 日上午 9 时许具备作案的时间；②符合受害人所提供的外貌特征；③脸上有被抓破的伤痕；④血型为 AB 型；⑤是当地青年，很可能是二级坝附近村的人。

根据推断出的作案条件，侦查人员在周围 5 个村开展了排查，从中排出了 8 个对象，又经过层层筛滤，最后确定了 3 个嫌疑对象：张某、赵某和董某。3 个人除都符合相貌特征外，过去都有劣迹。经进一步调查取证，证实了以下几个情况：

①发案的当天上午 9 时，张某因父亲病重住院，他在身边陪护，这一点已被查房医生、护士所证明，而该院离案发现场 30 多里路，仅有 10 分钟左右的时间是来不及作案的。②张某的脸上没有被抓破的伤痕。③密取了赵某的毛发并通过技术鉴定，发现其血型与作案人的精斑血型不一致。

据此，侦查人员运用必要条件假言推理的否定前件式，先、后否定了张某、赵某的作案嫌疑，从而达到了否定作案人的目的。其具体否定推论的思维过程：

（1）只有 6 月 18 日上午 9 时许具备作案的时间，张某才是拦路强奸犯；经调查证实：他 6 月 18 日上午不具备作案的时间（因 30 多里的路程，仅 10 分钟左右的时间无法作案）；所以，张某不是拦路强奸犯。

（2）只有脸上有被抓破的伤痕，张某才是拦路强奸犯；经细致观察证实：张某脸上没有被抓破的伤痕；因此，张某不是拦路强奸犯。

（3）只有与作案人精斑的血型一致，赵某才是拦路强奸犯；根据技术鉴定：赵某的血型与作案人精斑的血型不一致；显然，赵某不是拦路强奸犯。

在这个案件的侦破中，由于侦查人员恰当地运用了必要条件假言推理，及时地否定了张某、赵某是作案人，进而缩小了侦查范围，结果较快地破了案。

运用必要条件假言推理否定作案人，否定时只要否定作案的一个必要条件，就可否定其作案的嫌疑，不必否定多个必要条件。在具体的侦查工作中，侦查人员通常采用否定作案时间这个必要条件来否定作案人。因为作案人作案必须具备作案的时间，而不具备作案的时间则无法作案，当然也就不是作案人。一般说来，只要能证明发案时不在现场而在另一个地方，就可否定他是作案人。

3. 揭露、驳斥诡辩

在具体的侦查讯问活动中，有些智能较高的犯罪嫌疑人，明知自己有罪，为了蒙混过关，逃避或减轻罪责，往往施展各种伎俩进行诡辩，对抗审讯。在这种情况下，办案人员就要视犯罪嫌疑人具体的诡辩情况，有针对性地予以驳斥。驳斥诡辩的方法很多，其中常用的一种方法，就是必要条件假言推理否定前件式的运用。必要条件假言推理否定前件式之所以能用于驳斥诡辩，是因为客观事物之间存在着这样一种条件联系：某种现象或情况不存在，则另一现象或情况就一定不存在，即无 p 就一定无 q，而必要条件假言命题反映的正是这种联系。因此，在侦查讯问中，人们就可依据这种条件联系，运用必要条件假言推理的否定前件式，揭露其推论错误、驳斥其诡辩。

其具体做法是：首先，以某种情况不存在为前件，根据"无前件必无后件"的逻辑性质,推出另一情况也不存在为后件,构成一个必要条件假言命题,并把它作为推理的大前提;其次,依据对方的诡辩情况,分析、断定对方的诡辩是肯定其大前提的前件,还是否定大前提的后件,并把它视为其推理的小前提;最后,根据必要条件假言推理的规则,指出其对方推论中的逻辑错误,就可有力地驳斥其诡辩。

例如,某地侦查人员审理过的一起外籍案犯盗窃精密仪器案,开始这个案犯的态度很不老实,极力地进行诡辩。在这种情况下,侦查人员根据这台仪器有一个操作暗钮,不熟悉这台仪器就无法操作的情况,便以此作为突破口进行了讯问:"你会操作这台仪器吗?""会操作。如果我会操作,那就证明这台仪器是我的,对吗?"犯罪嫌疑人的这一回答,实际上就是一个诡辩。因为从表面上看,它似乎言之成理,持之有据,无懈可击,但从推理的形式方面看,却不然。因为其推理的结论是否真实、可靠,不仅取决于前提是否真实,而且还取决于推理形式是否正确,即是否遵守了推理的规则。必要条件假言推理的规则是"肯定前件不能必然地肯定后件",而该案犯的回答恰恰违反了这一规则,显然其推理形式是不正确的。在这种情况下,尽管其案犯的回答即推论的前提都是真的,但也不能必然地推出结论,精明的侦查人员及时地识破了对方运用必要条件假言推理所进行的诡辩,并立即驳斥道:"不对。你会操作,并不能证明这台仪器一定是你的;不会操作,那就证明一定不是你的。"这里,侦查人员就较好地运用了必要条件假言推理驳斥了诡辩。首先,讯问人员根据"不熟悉这台仪器无法操作的情况,"构成了一个"只有你会操作,才能证明这台仪器是你的"必要条件假言命题,并把它作为推理的大前提;其次,依据对方的诡辩情况(会操作,所以,证明这台仪器是我的),分析、断定对方肯定了必要条件假言命题的前件,并把它视为其推理的小前提;最后,依据其推理的规则进行了驳斥:"你会操作,并不能证明这台仪器是你的",是根据其"肯定前件不能必然地肯定后件"的推理规则,指出、揭露其推论的错误,强有力地驳斥了诡辩;"不会操作,那就一定证明不是你的",是根据其"否定前件就要必然地否定后件"的规则进行推论的。显然,其逻辑性、驳斥力都非常强。

侦查工作离不开必要条件假言推理的运用,但在具体的运用中,一般说来,必须注意以下几个方面的问题:

(1)大前提的前件必须是后件的必要条件。因为这种推理的大前提是一个必要条件假言命题,其命题的真假取决于其前件是否是后件的必要条件。是,那么这个命题则是真的;否则,便是假的。在侦查思维活动中,如果以不真实的必要条件假言命题为大前提进行推论,则结论往往会出问题。因此,这就要求大前提的前件必须是后件的必要条件。

(2)小前提必须真实。小前提必须真实,是指它对大前提的前件所进行的否定或对大前提的后件所进行的肯定,必须符合客观事实。因为它是推理的事实根据,如果事实根据不真实,则结论就难免出问题。因此,为确保其结论的可靠性,小前提必须真实。

(3)必须遵守必要条件假言推理的规则。因为这些规则是判定必要条件假言推理形式是否正确、有效的标准。在侦查思维活动中,只有遵守了这些规则,才能确保其由真的前提必然地推出可靠性的结论。其必要条件假言推理的规则:否定前件就要必然地否定后件,肯定后件就要必然地肯定前件;肯定前件不能必然地肯定后件,否定后件不能必然地否定前件。

在具体的侦查工作中,如果不注意上述几个方面的问题,则不仅难以确保其推理结论的可靠性,而且更不能正确地指导其具体的侦破活动。只有在侦查思维活动中做到了以上几点,必要条件假言推理才能发挥出它应有的作用。

 训练提升

1. 指出下列语句各表达何种类型的复合判断?并写出其逻辑形式。

(1)只有死者的尸斑呈紫蓝色,死者才可能亚硝酸盐中毒致死。

(2)如果李某是本案的作案人,那么他就一定有时间作案。

(3)如果没有足够的证据,那就不能证明嫌疑人有罪。

(4)只要刑法没有明文规定的,就不能判定有罪。

2. 分析下列推理是否正确,并简要说明理由。

(1)只有去过作案现场的人,才有可能作案;现已核实,某甲去过作案现场;所以,是某甲作的案。

(2)只有去过作案现场的人,才有可能作案;现已核实,谭某没有作案;所以,谭某没有去过作案现场。

(3)只要死者是煤气中毒致死的,尸斑就会呈鲜红色;这个死者的尸斑呈鲜红色;可见,这个死者是煤气中毒致死的。

(4)如果小强作了案,那么大壮也作了案;小强没有作案;所以,大壮也没有作案。

3. 如果甲作案,那么乙、丙、丁都作了案。如果上述断定是真的,则以下哪项也一定是真的?( )

A. 如果甲没有作案,那么乙也没有作案。

B. 如果乙、丙、丁都作了案,那么甲也作了案。

C. 如果甲和乙作了案,那么乙和丁没有作案。

D. 如果丁没有作案,那么甲也没作案。

145

启发反思

通过涉法实例导入和逻辑典例分析，学生可以了解、掌握假言判断及推理的组成、逻辑形式。在做出假言断定或推理时，要以客观事实为依据，做到客观、公正、清晰、准确、有效、选优、求真等。注重逻辑思维意识、逻辑思维习惯、质疑、反思等思维素质的养成，并能在实际生活中运用假言判断及推理识别谬误、驳斥诡辩。

第四节　二难推理

熊掌（二难推理）

 案例解析

元代诗人姚燧的《凭阑人·寄征衣》：欲寄君衣君不还，不寄君衣君又寒，寄与不寄间，妾身千万难。

逻辑辨析：

作者在这里恰到好处地刻画了妻子想给外出的丈夫寄征衣时左右为难的复杂心情：

如果寄征衣，担心丈夫不回家；如果不寄征衣，又担心丈夫受冻。寄或不寄之间两难选择。其结果就是或者丈夫不回家或者丈夫受冻。

作者这里用到的是一个典型的二难推理。之所以称这种推理为二难推理，是因为大多数情况下，这种推理所提供的两种选择都会使做选择的人面临两难境地，无论选择其中的哪一种，所导致的结果都是做选择的人所不愿意接受的。

二难推理是一种假言选言推理。所谓假言选言推理，是以假言判断和选言判断为前提，并根据假言判断和选言判断的逻辑性质进行的推理，其中假言判断的数量等同于选言判断的支判断的数量。常见形式是由两个充分条件假言判断和一个二支的选言判断作为前提而构成的假言选言推理，这就是常说的二难推理。还可以有三难推理、四难推理等，但常见的只有二难推理。

一、二难推理的种类

二难推理根据逻辑结构形式的不同，可分为4种形式，即简单构成式、简单破坏式、复杂构成式、复杂破坏式。

1. 简单构成式

其特点：构成二难推理的两个充分条件假言前提的前件不同，但后件相同；而选言前提的各个支判断分别肯定充分条件假言前提的前件，结论肯定同一个后件。例如：

如果他是故意犯罪，那么他触犯了法律；

如果他是过失犯罪，那么他触犯了法律；

他或者是故意犯罪，或者是过失犯罪，

所以，他触犯了法律。

其逻辑形式：

如果 p，那么 q；　　$p \rightarrow q$；

如果 r，那么 q；　　$r \rightarrow q$；

p 或者 r，　　　　　$p \vee r$，

所以，q。　　　　　所以 q。

亦即 $[(p \rightarrow q) \wedge (r \rightarrow q) \wedge (p \vee r)] \rightarrow q$。

当人们分析问题、必须做出抉择时，如果出现两种相反情况引申出的结果都一样，就表明没有选择的余地。人们对问题进行思考后常说的"反正都一样"，指的就是这种情形。

2. 简单破坏式

其特点：构成二难推理的两个充分条件假言前提的前件相同，而后件不同；而选言前提的两个支判断分别否定充分条件假言前提的两个后件，结论否定其相同的前件。例如：

如果本案是李某所为，那么应证明李某有作案时间；

如果本案是李某所为，那么应认定现场提取的脚印与李某的脚印同一；

现或者不能证明李某有作案时间，或者认定现场提取的脚印与李某的脚印同一，

所以，本案不是李某所为。

其逻辑形式：

如果 p，那么 q；　　　　　$p \rightarrow q$；

如果 p，那么 r；　　　　　$p \rightarrow r$；

非 q 或者非 r，　　　　　$\bar{q} \vee \bar{r}$，

所以，非 p。　　　　　　所以，$\bar{p}$。

亦即 $[(p \rightarrow q) \wedge (p \rightarrow r) \wedge (\bar{q} \vee \bar{r})] \rightarrow \bar{p}$。

3. 复杂构成式

其特点：构成二难推理的两个充分条件假言前提的前件和后件分别都不同，但其前件穷尽了事物情况只可能有的两种情形；而选言前提的两个支判断（正反两种可能性）分别肯定充分条件假言前提的前件，结论分别肯定其后件并形成一个选言判断。例如：

如果死者是高空坠落而死的，那么死者身体会出现广泛性骨折；

如果死者是从别处移尸至此的，那么现场周围应有踩踏足迹；

死者或者是高空坠落而死的，或者是从别处移尸至此的，

所以，或者死者身体会出现广泛性骨折，或者现场周围应有踩踏足迹。

其逻辑形式：

如果 p，那么 q；　　　$p \rightarrow q$；

如果 r，那么 s；　　　$r \rightarrow s$；

p 或者 r，　　　　　　$p \vee r$，

所以，q 或者 s。　　　所以 $q \vee s$。

亦即 $[(p \rightarrow q) \wedge (r \rightarrow s) \wedge (p \vee r)] \rightarrow (q \vee s)$。

4. 复杂破坏式

其特点：构成二难推理的两个充分条件假言前提的前件和后件分别都不同；而选言前提的两个支判断分别否定充分条件假言前提的后件，结论分别否定其前件并形成一个选言判断。

例如：

如果武松没有顺利过岗，那么他没有打死老虎；

如果武松过了岗，那么他没有被老虎吃掉；

他打死了老虎，或者被老虎吃掉；

所以，武松顺利过岗，或者过不了岗。

其逻辑形式：

如果 p，那么 q；　　　　　$p \rightarrow q$；

如果 r，那么 s；　　　　　$r \rightarrow s$；

非 q 或者非 s，　　　　　$\bar{q} \vee \bar{s}$，

所以，非 p 或者非 r。　　所以，$\bar{q} \vee \bar{r}$。

亦即 $[(p \rightarrow q) \wedge (r \rightarrow s) \wedge (\bar{q} \vee \bar{s})] \rightarrow (\bar{p} \vee \bar{r})$。

二、驳斥二难推理的方法

二难推理在法律思维中既有积极价值，又存在消极影响。因此，在法律思维过程中，特别是在法庭辩论中，一方面要正确运用二难推理的各种形式以增强辩论力量；另一方面要善于识别对方设置的二难推理，能揭露对方的逻辑错误，使对方在法律和事实面前心服口服。要正确运用二难推理，首先要掌握二难推理应遵守的3条要求：

第一，前提中的假言判断，其前件须是后件的充分条件；

第二，前提中的选言判断，其选言支应是穷尽的；

第三，推理过程要符合充分条件假言推理和选言推理的规则。

一个二难推理如果违反了上述要求，这就是一个错误的二难推理。破斥错误的二难推理，就是指出它违反上述要求。

根据二难推理的要求，常见的破斥二难推理的方法有两种：一是揭露前提虚假；二是揭露违反推理规则。例如：

①如果我讲的话是别人已经讲过了的，那我就没有必要再讲；

如果我讲的话是别人没有讲过的，那我就不应当讲；

我所要讲的话或者别人已经讲过了，或者别人没有讲过，

所以，我或者没有必要讲，或者不应当讲。

②如果经济上犯罪，就要受到法律制裁；

如果政治上犯罪，就要受到法律制裁；

某人或者是经济上没犯罪，或是政治上没犯罪，

所以某人不会受到法律制裁。

例①的假言前提不真实，前件不是后件的充分条件。

例②的推理违反了充分条件假言推理"否定前件不能否定后件"的规则。

除以上两种破斥的方法之外，还有一种二难推理特有的破斥方法，即构造一个与对方的二难推理相反的二难推理，从而使对方的二难推理不能成立。这种方法可以简称为"以二难破二难"。例如：

如果伤口已经感染，那么消毒是不需要的；

如果伤口没有感染，那么消毒也是不需要的；

伤口或者已经感染，或者没有感染，

总之，消毒是不需要的。

这个二难推理错误的。因为前提中的两个假言判断，前件不是后件的充分条件。为了破斥这个二难推理，我们可以构造一个与它相反的二难推理：

如果伤口已经感染，那么消毒是需要的（消毒可以防止创面扩大）；

如果伤口没有感染，那么消毒也是需要的（消毒可以防止感染）；

伤口或者已经感染，或者没有感染，

总之，消毒是需要的。

 拓展学习

二难推理是演绎推理的一种。这种推理一般具有以下两种特征：一是用于辩论的场合。辩论的一方往往提出具有两种可能的大前提，使对方无论是肯定还是否定其中的哪一种可能，都会陷入进退维谷、左右为难的困境；二是认识、表达或提示人们思想困惑和内心矛盾冲突的思维工具。比如，当我们要根据事物情况做出是与否的决定时，往往就会从正反两个方面，分别引申出必然出现的后果，然后在此基础上权衡轻重利弊，慎重抉择，从而有助于我们做到两害相权取其轻、两利相权取其重。

例如，在过去有段时间，不少司法机关出现过对犯罪嫌疑人超期拘押的情况。之所以出现这样的情况，就是由于司法机关的一些办案人员逮捕了犯罪嫌疑人之后，既苦于证据不足无法提交法院审理，又不愿将其释放所至。他们在思维中处于这样的一种"二难"境地：

如果将犯罪嫌疑人释放，工作会陷入被动；

如果不将犯罪嫌疑人释放，工作也会陷入被动；

或者将犯罪嫌疑人释放，或者不释放，

总之，工作都会陷入被动。

在这样的"二难"面前，对"释放"还是"不释放"又必须做出抉择。有的同志就善于权衡，认为早点释放还可以早点结束被动局面，于是及时将其释放；而有的同志就不能正确面对这样的"二难"，不能恰当地权衡轻重利弊，甚至不惜违法而继续拘押。

正因为二难推理的这种独特的性质使得它在法律工作中应用得比较广泛。

1. 二难推理在案件侦破中的运用

公安机关、检察机关在办理刑事案件过程中为搜集证据，审查证据，确定犯罪事实和查缉犯罪人会用到各种逻辑推理和逻辑方法。其中二难推理常用来排除一些可能情况，以缩小侦查的范围，从而达到迅速破案的目的。

例如，2001年春节刚过，有人报警：在辽宁路一家小旅馆内发现一女尸，年龄30岁左右，经法医鉴定，此人是窒息而死。警方通过调查确认，此女姓马，无业人员，以招揽嫖客为生，曾经有3名男子与该女过从甚密，他们分别是王某、张某和李某。在单独讯问中3人均不承认与该女的死有任何关系。但是侦查人员意外地发现王某是南方人，只会讲方言，不会讲普通话，于是决定把3个人集中在一起进行讯问。首先问王某："你与该杀人案是否有关系？"王某回答了侦查员的提问。而侦查人员以其讲方言假装听不懂,就又问张某和李某:"刚才王某说了些什么?"张某说:"王某的意思是说他不是杀人犯。"李某说:"王某承认了自己就是杀人犯。"听完张某和李某的话以后,侦查人员马上做出判断:释放张某,进一步审问李某。最后经审讯李某承认了他杀害马某的事。

审讯人员是如何思维的呢?一般说,在没有逼迫的情况下,如果不是杀人犯,就不会说假话;反过来,真正的杀人犯一定会为了掩盖其罪行而说假话。那么,根据王某说的话就可以构成一个二难推理,得出了李某说假话的结论。推理如下:

如果王某不是杀人犯,那么他会说"我不是杀人犯";
如果王某是杀人犯,那么他也会说"我不是杀人犯";
或者王某不是杀人犯,或者王某是杀人犯,
总之,王某都会说"我不是杀人犯"。

这样就很快地排除了张某,从而缩小了侦查范围,确定了嫌疑人。

2. 二难推理在案件审理中的运用

在法庭调查时,犯罪嫌疑人明知自己有罪,往往由于畏惧心理或心存侥幸,在多数情况下不主动交代或拒不交代犯罪事实。在这种情况下,公诉人可根据掌握的证据,适当结合法律、政策,巧妙地运用二难推理使对方陷于"两难"处境,然后进行政策攻心,促其在"二难"之中"两害相权取其轻",进而交代自己的罪行或揭发同伙,认罪服法。

如某法院在审理一起"合伙抢劫案"中,其他同伙都做了交代并交出了赃物,唯有刘某拒不交代,认为只要自己保持沉默,法院就治不了他的罪。公诉人在掌握了大量证据的基础上,在法庭上对刘某出示部分赃物并对其说:

"如果你交代罪行,我们可以根据法律规定进行定案;如果你不交代罪行,我们也可以根据法律规定和掌握的证据对你进行定案。无论你交代还是不交代,我们都可以根据法律规定认定你的罪行。"

被告人听后态度有所好转,开始避重就轻地做了些交代。针对这种情况,公诉人进一步进行政策攻心:

"如果你现在能坦白交代你的罪行,可得到宽大处理;如果你不如实交代,则可能从严处理。你究竟如实坦白还是不如实交代,何去何从,你自己决定吧。"

刘某听后,经过权衡,很快如实交代。

在对犯罪嫌疑人的审理时,如果审理案件的司法人员能恰当地运用二难推理,那么就能帮助嫌疑人做出正确选择,认罪伏法。

例如,某商店的店员向某在盗窃彩电的运赃途中被抓获,当场缴获熊猫牌彩电一台。收审后,他一口咬定只盗一台北京牌彩电,被捕后,讯问人员经过详细地阅卷和分析,发现被告人向某交代的与当场被缴获的彩电明显不符，其盗窃的数量与参与人也交代不清。于是在后来的讯问中，讯问人员巧妙地运用了二难推理做了如下质问：

如果你只偷了一台彩电，根据现场缴获的情况，你交代的应是"熊猫牌"；

如果你只偷了一台彩电，根据你交代的情况，则现场缴获的应是"北京牌"；

你交代的不是"熊猫牌"现场缴获的也不是"北京牌"，所以，你不可能只偷了一台彩电。

被告被问得无话可说，只得承认偷了两台彩电。但根据一人一次作案搬动两台彩电的可能性不大，认为并非向某一人所为，应当还有同犯。于是讯问人员又巧妙地运用了二难推理再次使向某陷入"两难"：

如果是你一人偷的，那么你必须交出另一台彩电；

如果是你与别人合伙偷的，那么你必须交代出同案犯；

或者是你一人偷的，或者是你与别人合伙偷的，总之，你或是交出另一台彩电，或是交代同案犯。

向某的防线彻底崩溃了，不得不交代出了同案犯并承认与之多次盗窃商店物资的犯罪事实。

3. 二难推理在司法辩论中的运用

在司法辩论中，特别是在驳斥某个错误观点时，二难推理的作用尤为突出。一般来说，当被驳斥的某个观点并不是很确定、很清晰的时候，人们就常把该观点做出可能有的两种解释，并以此作为充分条件假言判断的前件，然后引申出必然联系的后件，而这两个后件，或者同样荒谬；或者其中一个荒谬，而另一个又与对方观点不同。这样，就能置对方的观点于进退两难的境地，从而达到驳斥的目的。

例如，两名大学生在一家个体餐馆吃饭，看到菜单上写着"熊掌：30元"，就点了两份，还要了一些其他的食品。吃完后结账，老板开出的账单上竟是6 045元。

老板解释说："熊掌每份3 000元，你看菜单。"

大学生再看账单，果然是3 000元，不过后面的两个"0"小一些，乍看上去是30元，其实这里没有小数点。大学生没办法，只有凑了6 045元交给了老板。

一名律师得知此事，决定为他们讨回公道。他叫大学生回到餐馆索要了6 045元的发票，然后找到工商局的同志，一起来到该餐馆，对老板说："有人指控你出售熊掌，根据《中华人民共和国野生动物保护法》第30条和第49条，你必须被处以4万元罚款。"

老板想抵赖，可是大学生出具了发票为证。他只得说："我没那么多的钱。"

"拿不出那么多钱，那就停止营业，吊销营业执照。"

老板只好老实交代:"其实我根本就没有什么熊掌,所谓的熊掌都是用牛蹄筋冒充的。"

"既然你用牛蹄筋冒充熊掌,欺诈顾客,根据《中华人民共和国消费者权益保护法》第58条,你也应被处以罚款3万元,同时将顾客的钱退还,另外还应赔偿精神损失费1000元!"

老板只得乖乖受罚。

在本案中,律师依据掌握的情况和有关法律规定,构建了这样的一个二难推理:

如果你卖的是熊掌,那么根据《中华人民共和国野生动物保护法》你应交纳4万元罚款;

如果你卖的不是熊掌,那么根据《中华人民共和国消费者权益保护法》你应交纳3万元罚款;

你卖的或者是熊掌,或者不是熊掌,所以,你或者应交纳4万元罚款,或者应交纳3万元罚款。

在辩论的过程中,辩论双方可能都会运用二难推理,特别是一些诡辩者也常用二难推理进行诡辩,从而构成错误的二难推理。如果在辩论中发现对方使用了错误的二难推理,就可以从正确的二难推理必须具备的3个条件进行驳斥,也可以构造一个相反的二难推理进行驳斥。

例如,古希腊智者普罗达哥拉斯收了一个向他学习法律的学生欧提勒士,师生俩签了一项协议,规定先付一半学费,另一半则要等到欧提勒士毕业第一次出庭胜诉后付。但是,欧提勒士在毕业后迟迟不参与诉讼,老师等得有些不耐烦,决定向法庭起诉。他的诉词是:如果官司我打赢了,按照判决,欧提勒士应付另一半学费;如果官司我打输了,按照协议,欧提勒士也应付另一半学费;这场官司要么我赢,要么我输;总之,欧提勒士都应付另一半学费。

学生欧提勒士针锋相对,提出了反诉:如果官司我打赢了,按照判决,我不应付另一半学费;如果官司我打输了,按照协议,我也不应付另一半学费;这场官司我要么赢要么输;总之,我都不应付另一半学费。

这就是著名的"半费之讼"。初看起来,师生的对诉都运用了二难推理,好似各有道理。但是,认真分析一下就会发现,师生二人的推理前提都有两个根据,即一是判决,二是协议。既然是打官司,应该只有一个根据——判决结果。如果再依据协议,那么根据协议的前提就是假的。如果双方按协议解决纠纷,再根据判决,那么根据判决的前提就是假的。这样,师生二人各自推理的前提中,都有一个假前提。因此,师生二人的推理都是错误的,实际上双方都在进行诡辩。

训练提升

请运用二难推理的知识回答下列问题。

（1）在某地居住着甲、乙两个部落，甲部落的人总是说真话，而乙部落的人总是说假话。有一天，一个旅游者来到这里，遇到了土著居民A，他问A："你是哪个部落的？"A回答："我是甲部落的。"旅游者于是请A当向导。在途中他们遇到了另一个土著居民B，旅游者让A去问B是哪个部落的，A问完后回来说："他说他是甲部落的。"问：A是哪个部落的人？

（2）"如果一个人自傲，就会盲目乐观；如果一个人自卑，就会缺乏信心；你或者是自傲，或者是自卑，总之，你或者是盲目乐观，或者是缺乏信心。"这个二难推理有什么漏洞？

（3）构造一个二难推理以驳斥下面的论证："如果我聪明，我不用刻苦，不刻苦我也能取得好成绩；如果我不聪明，我也不用刻苦，刻苦也没用；我或者聪明，或者不聪明，总而言之，我不用刻苦。"

 **启发反思**

通过涉法实例导入和逻辑典例分析，学生可以了解、掌握事物既是普遍联系，又是相互制约的，有时关系会很复杂，复杂问题往往需要复杂思维来解决。进行二难推理时，要以客观事实为依据，尊重客观规律，做到客观、公正、清晰、准确、有效、穷尽、求真、反向思维等，引导学生树立科学求真精神。同时，二难推理还是识别谬误、驳斥诡辩的锐利武器。

第五节 负判断及其等值判断

案例解析

2012年10月2日,华山景区发生万名游客滞留事件。来自内蒙古的游客董某夫妇及亲友5人上山前买了5张40元的往返摆渡车票。买票前,售票员告诉他们,下来时摆渡车可以将他们送下山。但他们下山时没发现一辆摆渡车,无奈之下只好和其他游客徒步下山。当天晚上10点半左右,他们在下山后到售票口要求退票时,遭多名男子围殴,董某夫妇身上共中11刀。董某亲眼看见有四、五个穿保安服、戴保安帽的人夹杂在行凶者中。

后来,在警方调查时,董某夫妇坚称,华山景区的保安参与了殴打。对此,华山景区管委会主任回应:他们的员工打不还手,骂不还口。行凶者与华山保安无关。

受害方和华山景区双方各执一词,争论的焦点就是"华山保安是否参与行凶"。

逻辑辨析:对于这起华山游客被捅事件,受害人认为:华山保安参与了行凶。也就是说,"有华山保安参与了行凶。"而华山景区方面认为:"并非有华山保安参与了行凶。"双方的观点存在着明显的对立和冲突。至于华山保安事实上是否参与行凶,这需要由公安部门去判断。在这个案例中,"并非有华山保安参与了行凶"是一个负判断。华山景区方面利用负判断对"有的华山保安参与了行凶"这一指责做出回应。

负判断是否定某个判断的判断。下面这些判断都是负判断:
①并非"所有违法行为都是犯罪行为";
②并非"张某既犯盗窃罪又犯诈骗罪";
③并非"只有警察院校毕业生,才能报考警察";
④并非"所有的酒驾行为都不是犯罪行为"。

被否定的那个判断称为负判断的支判断。通常,负判断由支判断加上否定联结词"并非"构成。负判断可以表示为:"并非p",可写作:

¬p 或 p̄。

负判断也可以这样表达，比如"说所有闪光的都是金子是不对的"。

任意一个判断与其负判断之间在真值关系上具有矛盾关系。负判断的真假情况可直观地反映在真值表中（表4-7）。

表4-7 负判断的真值表

p	p̄
真	假
假	真

比如，因为"所有的天鹅都是白色的"为假，所以"并非所有的天鹅都是白色的"为真；因为"只有有作案时间和地点，才有作案的可能性"为真，所以"并非（只有有作案时间和地点，才有作案的可能性）"为假。

因为对于一个任意种类的判断，在其前面加上"并非"就构成一个负判断，所以，在假言判断、联言判断、选言判断、负判断、性质判断等前面加上"并非"，同样也构成负判断。例如：

①并非"如果有作案时间，那么就是凶手"，等价于：有作案时间却不是凶手；

②并非"此物价低物美"，等价于：或者此物价不低，或者此物低不美"；

③并非"凶手或是小宋或是小王"，等价于：凶手既不是小宋又不是小王；

④并非所有动物都是卵生的，等价于：有的动物不是卵生的。

拓展学习

误解和误用负判断，可能就会导致错误。

2011年5月1日，《中华人民共和国刑法修正案（八）》正式实施，其中规定：在道路上驾驶机动车追逐竞驶，情节恶劣的，或者在道路上醉酒驾驶机动车的，处拘役，并处罚金。公安部指出：各地警方对醉酒驾车一律刑事立案。最高人民检察院：醉驾案件只要事实清楚、证据充分一律起诉。但是，在新规执行一段时间后，有法官提出："不应仅从文意理解《中华人民共和国刑法修正案（八）》的规定，认为只要达到醉酒标准驾驶机动车的，就一律构成刑事犯罪。"之后，"是否所有的醉酒驾车行为都构成刑事犯罪"成为社会的一个热议话题。有些人于是主张："并非所有的醉酒驾车行为都构成刑事犯罪"。这一观点能成立吗？

根据对《中华人民共和国刑法修正案（八）》条文规定的理解，我们可知，"凡是醉酒驾驶机动车的都构成刑事犯罪"是一个真判断，所以"并非所有的醉酒驾车行为都构成刑事犯罪"是一个假判断。"并非所有的醉酒驾车行为都构成刑事犯罪"这一观点不成立。对负判断的正确理解和运用非常重要，尤其对于一个法官，正确理解和执行法律规定更是至关重要。

训练提升

1. 写出下列判断的负判断。
（1）所有的调查都还没有公开。
（2）只有温度达到100℃，水才会沸腾。
（3）只要学习好，就是智商高。
（4）造成这场矿难的原因既不是天灾，也不是人祸。

2. 指出下列负判断的等值判断。
（1）并非（张军既是法官也是检察官）。
（2）并非（所有的罪犯都十恶不赦）。
（3）并非（只要某人进入过犯罪现场，那么某人就是罪犯）。
（4）并非（有的盗窃罪不是故意犯罪）。
（5）并非（只有有钱，才能生活幸福）。
（6）并非（或者是朋友或者是敌人）。

3. 报载某人因妻子在网络上进行虚拟的"网上结婚"而提出离婚诉讼，并要求妻子赔偿精神损失。法院受理了原告的离婚请求，但根据有关规定驳回了原告"要求妻子赔偿精神损失"的请求。

有下列情形之一，导致离婚的，无过错方有权请求损害赔偿：重婚的；有配偶者与他人同居的；实施家庭暴力的；虐待、遗弃家庭成员的。

逻辑问题：法院驳回原告"要求妻子赔偿精神损失"的请求的依据是什么？运用了什么推理？请写出推理公式。

启发反思

由于人们更习惯于正向思维，因此，在对较为复杂的负判断进行分析时，有时容易出错，进而影响做出准确的判断与推理。所以在处理负判断时，需要保持严谨细致的工作作风。

读书笔记

第五章
逻辑思维的基本规律

不同的思维形式有不同的思维规则。在思维过程中，除要遵守这些不同的规则外，还要遵守一些基本的、广泛适用的规则，称为逻辑思维的基本规律。这些思维的基本规律贯穿所有逻辑形式，体现思维内在的、本质的联系。

思维的基本规律有 3 条，即同一律、矛盾律、排中律。

同一律要求思维首尾一致，保持同一和确定；矛盾律要求思维前后一贯，不自相矛盾；排中律要求思维不能模棱两可。因此，遵守这三条规律是保证我们思维具有确定性、无矛盾性和明确性的基本条件，是正确思维的最起码条件。这三条规律比其他逻辑规则更具有普遍的适用性和有效性，是各种特殊逻辑规则基础。

第一节　同一律

案例解析

有一位律师，平时喜欢赖账，没有人愿意和他打交道。有一天，他的妻子突然得了重病，所有的医生都不愿为他的妻子治病，他好说歹说才说通了一位医生。

治病前医生说："你能保证在我看完病后付给我工钱吗？"

律师立即从夹子里抽出一张支票说："这里是 5 000 美元，无论你救活她，还是医死她，我都如数付给你。"

于是，医生就放心地给病人看病了。但是，医生虽然全力抢救，病人还是死了。医生表示了歉意和同情之后，提出要律师付给他报酬。

然而律师问："我妻子是你医死的吗？"

"当然不是，先生，我的诊断和用药都是正确无误的。至于贵夫人仙逝，的确是由于她的病情发展到不可救药的地步。"医生连忙解释。

"那么，也就是说，你没有把她救活？"律师又问。

"很遗憾，先生，一切都太晚了，我实在无能为力。"医生惋惜地说。

"这么说,你既没有医死她,也没有救活她,是这样吗?"律师一字一句地强调说。

"是的,是这样的,先生。"

"这就好,看来我用不着付给你出诊费了。"律师说。

医生:"我们先前的约定可不是这样的。"

律师想用什么方法达到不付诊费的目的?

逻辑分析:在本案中,律师偷换了"医死"这一概念,试图以偷换概念的方法逃避应交的诊费。当律师向医生保证的时候,说:无论你救活她,还是医死她,都会如数付给你5 000美元。在这里"医死"指的是已经被恰当地医治过,但医治无效而死亡的情况。但当医生向律师请求付给他报酬的时候,律师却问:我妻子是你医死的吗?这其中的"医死"已不是指前一个意义上的"医死",而是指由于医生的过错,不当救治而造成的死亡,医生当然不能接受这种论断。于是医生否定了后一种意义上的"医死",进而律师也借机否定了前一个意义上的"医死",以此来逃避应付的诊费。

一、同一律的内容

同一律就是反映同一个对象的思想必须是确定的,必须保持同一。由于"思想"总是用概念、判断等表现出来,因此,同一律也可以表述:在同一思维过程中,反映同一对象的概念、判断必须是确定的、同一的,不能任意变更。

同一律的公式:A 是 A,或者 A=A。

"A"可以表示任何思想,即可以表示任何一个概念和判断。例如,断定"某甲可能不知道这件事",在同一思维过程中就应始终坚持这样的断定,不能又断定"某甲不可能不知道这件事。"

例如,1991年5月,杨甲(25岁)和杨乙(17岁)在某区湖西路口卖西瓜。顾客刘某等3人前来买西瓜。刘某拿起一块西瓜发现不新鲜了,要换一块,杨甲不同意,为此双方发生口角。杨甲先动手打了刘某一拳,杨乙也对刘某进行了殴打,致使刘某"头外伤、右前额皮肤裂伤。"该市公安局某区分局以殴打他人为由分别给予杨甲、杨乙拘留7天和10天的处罚。二人不服,申诉至该市公安局,该市公安局经复议维持原裁决,二人不服,诉至某区人民法院,某区人民法院维持了原裁决,二人仍不服,向该市中级人民法院提出上诉。该市中级人民法院认定杨甲和杨乙殴打顾客,致使刘某"头外伤、右前额皮肤裂伤"事实存在,应给予处罚。但是杨乙违反治安管理处罚条例时是未成年人,根据相关规定应予从轻处罚。因此维持对杨甲的处罚,撤销了对杨乙的处罚,要求该市公安局某区分局重新做出处罚决定。

在本案中，杨甲和未成年人杨乙因故意殴打他人造成了刘某"头外伤、右前额皮肤裂伤"的人身伤害。该市公安局认定了杨甲和杨乙殴打他人的事实。因为杨甲是成年人，应按照治安管理处罚规定进行处理，不存在从轻或者减轻的事由。杨乙是未成年人，根据相关规定，已满14岁不满18岁的人违反治安管理的，从轻处罚，因此杨乙具有从轻处罚的事由，应当从轻处罚。但是该市公安局没有按照未成年人从轻处罚的规定，对杨乙从轻处罚，不符合同一律的要求。因此法院判决维持对杨甲的处罚，撤销对杨乙的处罚，要求该市公安局某分局重新做出处罚决定。

二、同一律的要求

同一律要求在同一思维过程中，不能随意变换概念的含义，也不能把不同含义的概念加以混淆；不能偷换或混淆论题，即不能偷换或混淆判断的内容。

违反同一律要求的逻辑错误通常表现为混淆概念和偷换概念，转移论题和偷换论题。

（1）混淆概念就是无意识地违反同一律要求所犯的逻辑错误。它常常是由于对两个不同的概念，在内涵外延上没有严格区别而造成的逻辑错误。

例如：不能把《刑法》上讲的"累犯"和社会上某些小偷小摸"屡教不改的人"混淆起来；不能把"从轻处罚"和"减轻处罚"混淆起来，不能把"犯罪"和"违法"混淆起来。

又如，鲁迅先生在《"有名无实"的反驳》这篇杂文中，批评当时国民党军队的一位排长，由于不懂逻辑而把"不抵抗将军下台"同"不抵抗主义下台"混为一谈的错误，该文写道："这排长的天真……他以为不抵抗将军下台，'不抵抗'就一定跟着下台了，这是不懂逻辑，将军是一个人，而不抵抗是一种主义，人可以下台，主义却可以仍旧留在台上的。"这就是说，这位排长的"天真"在于不懂得"不抵抗将军"与"不抵抗主义"是两个不同的概念，而把它们视为等同和混淆起来，这就犯混淆概念的错误。

例如，王某因其女友不愿与他保持恋爱关系而毁了对方的容貌。在法庭辩论中，公诉人在分析王某的犯罪思想时指出：王某在日记中多次写到要用各种手段报复其女友，可见他早已萌发了犯罪思想。

王某的辩护律师马上辩护说："公诉人不应把日记中的东西当作证据使用。我国刑法中没有规定思想犯罪！"

公诉人当即反驳说："我说的是犯罪思想，而不是思想犯罪，这是两个不同的概念。犯罪思想是指犯罪分子的主观心理状态，这是犯罪构成的一个重要方面，如果不考虑它就无法弄清楚其犯罪动机和目的，也就难以确定其犯罪是故意还是过失。我们不能因为没有规定思想犯罪而否定犯罪思想的存在！"

《刑法》第14条规定："明知自己的行为会发生危害社会的结果，并且希望或者放任这种结果发生，因而构成犯罪的，是故意犯罪。"主体的心理态度与实施犯罪行为需具有同时性和关联性，缺少了这一特征，就不属于犯罪构成主观方面的故意。因此，不具有犯罪行为而仅仅是以意识形态的方式存在于思想领域的想法、意识等，不属于犯罪的主观方面，不构成犯罪。但只要其与犯罪行为联系起来，就转化为犯罪的主观方面，成为犯罪构成的一个主要组成方面。所以，"犯罪思想"和"思想犯罪"是有着原则性区别的，本案的辩护律师混淆了这两个概念，使自己陷入被动的地步。

（2）偷换概念就是故意违反同一律的要求所犯的逻辑错误，即在同一思维过程中，用另外一个概念取代原来在某种意义上使用的概念而造成的违反同一律的逻辑错误。

例如：某律师为被告辩护时说："被告犯罪前曾荣立三等功，按刑法规定，有立功表现的可以减轻或者免除处罚，希望法庭在量刑时予以考虑。"

在这里，律师故意用"犯罪前荣立三等功"取代刑法中关于"立功表现"的规定，犯了偷换概念的错误。

（3）转移论题是指无意识地违反同一律要求，议论离开了论题的逻辑错误。同一思维过程中前后判断没有保持同一，用另外一个判断替换了一个已经使用的判断，两者含义不同，因而造成了逻辑错误。

例如，在一次安全分析会上，某民警就案件性质发言时指出："这个案件是毒物谋杀，因为有故意下毒的证据。这种毒药的毒性很大，需要新的仪器才能检测，但我们公安局没钱，一些行贿的人怎么有那么多钱？反贪局肯定钱多，局长能否出面借点？当然，反贪局追回的受贿款是要上交的。看来，咱们资金渠道是有点问题。"该民警原本是议论本案性质，但多次犯了"转移论题"的逻辑错误，不知所云。

（4）偷换论题是有意违反同一律要求的一种诡辩手法。即在论证过程中没有保持论题的确定性，用另外的一个论题代替了原来论题的逻辑错误。

例如，在审理一起贪污案时，审判员问被告："你贪污的主观原因是什么？"被告回答："我父亲长期生病，全家三口收入极少，经济困难，因而我铤而走险；另外，领导有官僚主义，财务制度不健全，我才得以有涂改账目、仿造发票之机，这也是犯罪的重要原因。"这里被告有意偷换论题，避而不答"犯罪的主观原因是什么"，转而回答"犯罪的客观原因是什么"。这种诡辩说谎的手法，企图通过偷换论题把罪责推之于客观，以达到开脱或减轻罪责的目的。

拓展学习

同一律要求在同一思维过程中对同一事物情况的断定，前后一致，首尾一贯。因此，同一律在法律工作中的重要意义主要在于保证法律思维的确定性。

1. 立法应遵守同一律

在立法工作中，只有遵守同一律，才能使法律条文中的概念和判断的含义清楚确切，才能避免歧义和含混，以便于人们正确地理解和执行。如果概念混乱，语义含糊，那就会在执行中引起混乱。在我国，司法解释由最高人民法院和最高人民检察院对审判和检察工作中具体应用法律问题所做的具有普遍司法效力的解释。在法律存在着漏洞的情况下，司法解释具有填补漏洞的作用，历来是保障法律正确适用的重要手段，同时也成为我国法律的重要渊源，并在我国法律体系中占据着十分重要的地位。但司法解释必须与法律本身的含义保持同一，不能违背法律规定的本意，做出不恰当的解释。

例如：《最高人民法院关于审理非法行医刑事案件具体应用法律若干问题的解释》规定：凡具有下列情形之一的，应认定为刑法第336条第一款规定的"未取得医生执业资格的人非法行医"：（一）未取得或者以非法手段取得医师资格从事医疗活动的；（二）被依法吊销医师执业证书期间从事医疗活动的；（三）未取得乡村医生执业证书，从事乡村医疗活动的；（四）家庭接生员实施家庭接生以外的医疗行为的。

以上司法解释对"未取得医生执业资格的人非法行医"的4种情形进行了准确、全面地概括，在立法和执法之间保持了同一，为司法机关在审理非法行医刑事案件时正确适用法律提供了明确依据。

2. 适用法律应遵守同一律

法律工作人员在执法过程中，对法律条文的理解必须力求准确，以保持法律规定的自身同一性，不能按照个人的理解解释法律条文和按照自己对法律的体会办案，只有这样，法律才能起到"准绳"作用。法律规定的罪名概念，都有其固有的内涵和外延，并有其严格的定义，因此在办案中必须保持罪名概念自身的同一，才能达到准确定罪的目的。法律学科中有许多相近的概念，若不细加分辨，极易混淆使用。如"从轻处罚"和"减轻处罚"、"抢劫"和"抢夺"、"犯罪中止"和"犯罪未遂"、"罚金"和"罚款"、"扣押"和"羁押"、"服法"和"伏法"等。虽然这些成对的概念大多只一字之差，但其内涵和外延可能大相径庭。若不准确把握它们各自的内涵和外延，不了解它们之间的区别，把它们混淆使用，就会违反同一律，就有可能造成"失之毫厘，谬以千里"的后果。因此，使用时必须严加区分，以确保在使用这些相近概念时，能保持它们自身的确定和同一。例如："抢夺罪"与"抢劫罪"，虽都具有社会危害性，但前者具有"趁人不备"的性质，而后者不具有，因而是不同的罪名概念。如果把两者混淆起来，就会乱加罪名，达不到定性准确的目的。

例如，一名律师在法庭辩论中为一宗盗窃案的被告人辩护时说："被告人王某盗窃人民币，数额较大，其行为构成盗窃罪，王某并无异议。但是被告人主动投案自首，并积极退还赃款，认罪服法。因此，按照《刑法》第67条规定，应该对被告人王某免除刑事处罚，予以释放。"

显然，该律师对《刑法》第67条规定的理解没有与该法律条文的规定保持一致性，违反了同一律。《中华人民共和国刑法》第67条规定："对于自首的犯罪分子，可以从轻或者减轻处罚。其中，犯罪较轻的，可以免除处罚。"也就是说，免除处罚的犯罪分子，必须同时具备两个条件：一是自首的，二是犯罪情节较轻的。而该律师在被告人只具有其中一个条件的情况下，就做出"应该对被告人王某免除刑事处罚"的错误辩护意见，这是违反同一律规定理解法律条文，未与法律条文规定的内容保持一致性而导致法律应用的错误。

3. 制作法律文书应遵守同一律

制作法律文书写作，应围绕主旨选择材料，并确保法律文书内容的前后一致性。如果违反同一律的规定，适用与法律文书不相吻合的材料，那么就会削弱法律文书的主旨，损害法律文书的严肃性。在反映犯罪事实、定性、量刑时，都必须保持所使用的概念和判断的同一。例如，判决书所指的罪名概念必须与法律条文保持同一；笔录必须与原话原意保持一致，不能走样；记载有关案件的各种情况都必须前后一贯，符合同一律的要求。

例如，一份起诉书写道："被告人陈某在某广场故意挑起事端辱骂他人，被巡逻保安李某发现，并上前制止。陈某立刻掏出匕首朝保安李某胸部刺了一刀。陈某手段残忍，故意伤害他人，已构成故意伤害罪，特依法提起公诉。"

这段文书前面说"陈某立刻掏出匕首朝保安李某胸部刺了一刀"，按照这一叙述，陈某的行为应构成故意杀人罪，而后面说"构成故意伤害罪"。显然，这份起诉书在写作上违反了同一律的规定，没有保持前后判断内容的一致性，使人无所适从。

4. 在讯问和辩论时应遵守同一律

在侦查工作中，侦查人员所做的主观断定必须与案件的客观实际同一，否则，就要继续侦查，这是同一律对侦查工作的基本要求。在法庭辩论中，公诉人的答辩和律师的辩护应始终围绕同一个论题进行。如果辩论双方不保持论题的同一，而是你辩你的，我说我的，或者谈与案件无关的问题，就要违反同一律，就辩论不出个是非曲直，也就达不到法庭辩论的目的。

在针对案件证据的真伪，案件本身有罪或无罪、罪轻或罪重等问题进行讯问或审问时，司法人员和辩护人等都不能转移论题，节外生枝。尤其是当犯罪嫌疑人或者被告人对自己的罪行进行诡辩时，司法人员必须运用同一律及时识别和揭露这种诡辩。

例如：贵州省人民检察院检察官在审讯贵州省公安厅原厅长郭某时，由于运用同一律，敏锐地识别和迅速地揭露了郭某为自己罪行辩解的诡辩，从而突破了案情，达到审讯的目的。

检察官：郭某，你身居高位，落得如此下场，不知有何感想？

郭某：这次反腐败，是不叫运动的运动，搞运动就要抓典型。你们抓我，是不是运动的需要？中国搞了不少的运动，每次运动都办了一些经不起检验的案子，这个问题不知道你思考过没有？

检察官：是运动也好，不是运动也好，有一点你不是不知道，在共产党的发展史上，从来都没有放松过反腐败斗争。任何政党要巩固自己的政权，都必须反腐败。

郭某：你们抓了我，全省的公安民警都抬不起头来。

检察官：清除了腐败分子，只会使我们的队伍更加纯洁，你是你，你与全省公安干警画不了等号。

郭某：好吧，我交代自己的问题！……

从以上笔录中可以看出，郭某一开始拒不认罪，从不同的角度为自己的罪行进行诡辩。将"反腐败是巩固党的政权的需要"的判断偷换为"反腐败是运动的需要"的判断；将"检察院依法逮捕他"的判断偷换为"打击全省公安民警"的判断。针对郭某的诡辩，检察官应用同一律的思维规律及时识别并迅速加以反驳，逐一地揭露了其诡辩的错误实质，因而他哑口无言，只得老老实实地交代了自己的罪行。由此可见，同一律在审讯中揭露诡辩有着十分突出的作用。

需要指出的是，同一律只是在同一思维过程中（同一对象、同一方面、同一时间）才起作用，如果对象、方面、时间变了，即不在同一思维过程中使用的概念和判断发生了变化，这并不违反同一律的要求。

例如："李某今年已经53岁，不算年轻了，但他在该单位领导干部中是最年轻的。"并没有违反同一律。这是因为前者是就李某自身的年龄来说的，后者则是就李某与其他单位领导干部的年龄比较而言的，也就是说，前后两个判断是在不同关系或背景下做出的断定，因而不能将其视为违反了同一律。

读书笔记

  训练提升

下面各段话是否符合同一律的要求？为什么？

（1）公款大吃大喝不应被认定为腐败，如果连吃喝都是腐败的话，那么大家都是在腐败。

（2）金钱如粪土，朋友值千金；所以，朋友如粪土。

（3）（《吕氏春秋·去私》）晋平公问于祁黄羊曰："南阳无令，其谁可而为之？"祁黄羊曰："解狐可。"平公曰："解狐非子之仇邪？"对曰："君问可，非问臣之仇也。"平公曰："善。"遂用之，国人称善焉。居有间，平公又问祁黄羊曰："国无尉，其谁可而为之？"对曰："午可。"平公曰："午非子之子邪？"对曰："君问可，非问臣之子也。"平公曰："善。"又遂用之，国人称善焉。孔子闻之曰："善哉，祁黄羊之论也！外举不避仇，内举不避子，祁黄羊可谓公矣。"

启发反思

> 法律概念的含义力求清楚确切，才能避免歧义、含混，否则就会引起概念混乱，语义含糊，难以保持自身同一性，就会产生思维混乱，就有可能造成"失之毫厘，谬以千里"的后果。因此，在思维过程中，要始终保持思维的确定性。

第二节　矛盾律

 案例解析

在一起强奸案中，被害人指控被告人捆绑其双手将其强奸，在法庭上被告人的辩护律师为了证明被告人不是强奸，而向被害人做了如下提问：

律师："请被害人回答，你与被告人在案发前就熟悉吗？"

被害人："只见过一次面，谈不到熟悉。"

律师："在被告人将你双手捆绑之前，你有没有打过或掐过被告人？"

被害人："没有，他人高马大，我怎么敢打他呢？"

律师："这就怪了！那为什么被告人身上有一块紫色的斑痕和一块红色的斑痕呢？"

被害人连忙说："那是他身上原来就长的胎记，不是我打的。"

律师："你连他身上长的胎记都知道，你还说你对他不熟悉？"

被害人吞吞吐吐，不能自圆其说。

逻辑分析：律师利用了矛盾律揭露了被害人的谎言。逻辑中的矛盾律是指在同一思维过程中，互相否定的思想不能同时是真的。它要求人们在同一思维过程中，也就是在同一时间、同一关系下，对于具有矛盾关系或反对关系的命题，不应该承认它们都是真的。如果违反这一要求，就会犯"自相矛盾"的逻辑错误。通常人们所说的"出尔反尔""前言不搭后语""自己打自己嘴巴"，都是自相矛盾的表现。

一、矛盾律的内容

矛盾律的基本内容：在同一思维过程中，两个相互排斥的思想不能同时是真的。换句话说：一个思想及其否定不能同时是真的。

矛盾律用公式表示：A 不是非 A。

"A"代表具有某种内容的判断，即表示一个思想，"非 A"代表与 A 相互排斥的思想。在同一思维过程中，如果"A"是真的，那么"非 A"就不可能也是真的，在"A"与"非 A"之中至少有一个是假的。具体说来，对某个思维对象，如果断定了它具有某种性质，又断定了它不具有某种性质，或断定它具有另一种性质，那么关于这个思维对象的两个相互排斥的判断不能同真。

例如，"一监区的所有罪犯都是青年"与"一监区的所有罪犯都不是青年"不能同真，至少有一假，也可能都假；而"王某是主犯"与"王某不是主犯"不能同真，不能同假，必定是一真一假；"所有的审判员都是司法干部"与"有的审判员不是司法干部"不能同真，不能同假，必定是一真一假。

二、矛盾律的要求

矛盾律的要求：对于同一对象不能同时做出两个相互矛盾的断定，即不能既肯定它是什么，同时又否定它是什么。换句话说，矛盾律要求在同一思维过程中，思想必须前后一致，不能自相矛盾。

违反矛盾律的要求就会犯自相矛盾的逻辑错误。

例如，在一起黑社会犯罪案件中，针对受贿的执法人员杨某翻供称

矛盾律

其受贿的2万元是找黑社会分子潘某借来装修房子的，不是受贿，公诉人在法庭上进行了如下质问：

公诉人："这笔款子有无借条？"

杨："有……可能没有……记不清了。"

公诉人："这笔钱投入装修了没有？"

杨："没有，我借给他人了。"

公诉人："既然装修需要钱，为什么不投入装修却又借给他人了？"

杨："当时房子已经装修好了，我有多余的钱。"

公诉人："既然你有多的钱，为什么要找潘某借钱？既然是找潘某借钱，你什么在石某、潘某被抓获后却对会计说这钱是找税务局的朋友借的？"

杨无言以对。

本案中的被告人杨某为了掩盖罪行，逃避惩罚，挖空心思歪曲事实，虚构情节，编造假口供，在公诉人的严密追问下，心虚理亏，顾此失彼，不能自圆其说，出现了前后矛盾：杨某首先对"我没有钱"和"我有多余的钱"这两个矛盾的判断都予以了肯定；后来，他又对"我找潘某借的钱"和"我找税务局的朋友借的钱"这两个相互反对的判断进行了肯定。所以，杨某的回答违反了矛盾律。

有人在遣词造句时，把反义词同时赋予同一主语，发生文字上的矛盾，这种文字矛盾也会导致思想上的逻辑矛盾。例如：

①他是多少个死难者中幸免的一个。

②船桨忽上忽下拍打着水面，发出紊乱的节奏声。

③我国有世界上所没有的万里长城。

例①中的"死难者"指的是已经死去的人，而"幸免的一个"指没有死去的人。这样，他既是"死难者"又是"幸免的一个"自相矛盾。②中的"紊乱"和"节奏声"也是自相矛盾，"紊乱"就肯定不是有节奏的，而"节奏声"肯定不会是紊乱的。③也同时肯定了两个相互矛盾的判断。

例如，某日，一位上车不久的乘客发现手提袋被人割开，装在里面的2 000元钱不见了。乘客说上车前手提袋还是好的，因当时还没有人下车，司机于是就把车开到附近的派出所。经过调查寻找，发现2 000元已被小偷扔在了椅子下面。嫌疑人有甲、乙、丙、丁4人。甲说：反正不是我干的。乙说：是丁干的。丙说：是乙干的。丁说：乙是诬陷。他们当中只有一个人说假话，小偷只有一个，那究竟谁是小偷？

此类题是关于矛盾律的考试题型。首先，在4个人的4句话中找出一对矛盾的判断，可确认题中乙和丁的话是一对矛盾的判断；然后根据矛盾律可知假话必在乙、丁之中；其次，就可知甲、丙的话均为真话。那么，根据这两人的话，确认小偷必是乙。

拓展学习

矛盾律要求在同一思维过程中，思想必须前后一致，不能自相矛盾。因此，矛盾律在法律工作中的重要意义主要在于保证法律思维的不矛盾性。

1. 法律规范不能自相矛盾

一是宪法是国家的根本大法，是其他法律的"母法"，其他任何法律的内容都不得与宪法的规定相违背；二是各部门法律之间也不能对同一对象做出互相矛盾的规定，这样才能保证整个法律体系的严肃性和科学性。

2. 案情材料之间不能自相矛盾

办案首先强调事实清楚。所谓事实清楚即所掌握的案情同案件发生的实际情况要吻合一致，不能有出入。同时，在掌握的案情材料之间要互相衔接，不能自相矛盾。如有矛盾，就说明事实不清，不能定案。因此，为了弄清案件事实，获得充分可靠的证据，就必须仔细分析、认真核实犯罪嫌疑人的供述、证人证言、被害人的陈述等证据材料是否前后矛盾，案件中的有关证据材料是否吻合一致，是否有逻辑矛盾。如果出现了逻辑矛盾，则说明案件事实还不清楚，其中必然有假的情况，根据刑事诉讼法的规定，证据不经过查证属实，不能作为定案的根据。因此，必须对证据材料重新进行调查、分析、审核，直至完全消除自相矛盾的案件材料为止。

例如，某厂职工付庆祥被杀，刘某成为嫌疑对象。因为刘是刑满释放人员，3次因盗窃被判刑，单身，住该厂宿舍，生活困难，胆大手黑，熟悉被害人。有人反映发案当晚他不在宿舍，表现惊慌。找他谈话，他一口咬定当晚没离开宿舍，但又说不出同屋人的活动情况。当找来3名群众与刘对质否定刘在宿舍时，刘张口结舌，汗流满面，承认付庆祥是他杀的。可是刘所供述的犯罪工具和扔在井口的物品与现场情况不符，并且伤害的部位与实际情况正好相反。这显然是违反矛盾律的，因而侦查人员没有轻易定案。破案结果证明刘某不是杀害付的凶手。

3. 制作法律文书不允许自相矛盾

法律文书的权威性和严肃性要求制作法律文书时必须遵守矛盾律，不能出现逻辑矛盾。否则，就会有损于司法工作的严肃性和准确性，使法律文书失去应有的法律效力。

例如，一份刑事判决书中写道："被告人周某犯非法采集血液罪，免予刑事处罚，并处罚金1 000元"。我国《刑法》第37条规定："对于犯罪情节轻微不需要判处刑罚的，可以免予刑事处罚，但是可以根据案件的不同情况，予以训诫或者责令具结悔过、赔礼道歉、赔偿损失，或者由主管部门予以行政处罚或者行政处分"。该条规定表明，对定了罪而又免予刑事处罚的，只能采取列举的这些惩罚措施。"刑事处罚"

的外延无疑应包括主刑和附加刑，因而"免予刑事处罚"即免除主刑和附加刑。而罚金是一种附加刑，是刑事处罚的一种。既然如此，这份判决书中的"免予刑事处罚"和"处罚金1000元"显然是自相矛盾的，对它们同时予以肯定，就违反了矛盾律，这份判决书也就失去了应有的法律效力。

制作法律文书时，如果遵守矛盾律，就可避免出现自相矛盾的逻辑错误。

例如，某法院认定吴某犯了盗窃罪，而在判决书上写着："因吴某未曾接受学堂教育，缺乏认识。参加盗窃组织纯属无意。因而，比照同案犯，从轻处罚"。显然，该案的定性是错误的，因为盗窃罪必须有主观上的故意。某法院认定吴某犯了盗窃罪，而在判决书上又写纯属无意，也就是说不具有"主观目的"。这样的定性首尾不一，前后矛盾，从而说明办案人员对所办案件的性质还没有把握清楚。又如有一份批准逮捕书写道："本案事实清楚，证据不足"。这段话违背了矛盾律，犯了自相矛盾的逻辑错误，证据是用来证明事实的，证据不足是无法证明事实清楚的。又如有一份民事判决书写道："关于孩子的抚养问题，被告现在在劳动教养，无抚养能力，应由原告抚养，由被告负担一定的抚养费。"这段话也违背了矛盾规律，犯了自相矛盾的逻辑错误，因为"被告无抚养能力"与"被告负担一定的抚养费"构成矛盾。

4. 揭露、利用犯罪分子的自相矛盾，制服犯罪分子

在审讯罪犯中，运用矛盾律，有助于揭露罪犯的狡辩说谎。犯罪分子为逃避罪责，总要编造谎话进行欺骗，这就必然要使他们常常陷入自相矛盾的境地。因此，司法人员要善于揭露犯罪分子的逻辑矛盾，迫使其认罪服法。

例如，龚某在某年12月11日晚上作案。在法庭上，公诉人问龚某：12月11日晚上9—10点这段时间你到哪里去了？有谁能替你作证？龚某说：晚上9—10点我一个人待在家里看电视，没有谁进来过。因此，没有人替我作证。公诉人又问：时间不会记错吧？"不会，12月11日刚好是我的生日，晚上7点多钟我就从朋友家回来了。"公诉人不再讯问下去了，而是面对旁听的公民说："被告在法庭上的陈述纯属编造。请居住在红旗路（被告居的地）的公民回忆一下，12月11日晚上根本没有电，被告说他在家看电视，纯属撒谎。12月11日的前一天晚上，也就是12月10日晚上，因一场雷雨，电线严重烧坏，直到12月12日才全部修好。"显然被告说他12月11日晚上9—10点这段时间在家看电视，纯属捏造事实，欺骗法庭。在事实面前，被告只好供认了自己的全部犯罪经过。

正确应用矛盾律时必须注意：矛盾律要求不能对两个相互排斥的判断都加以肯定，这是指对于同一对象在同一时间、同一关系的条件下所作出的判断而言。离开这些条件，就不能认为是违反矛盾律的。

第一，对于同一对象，在不同时间所作出的两个相反的论断，不能认为是违反矛盾律的。例如：一个人早晨说：我要去上班了，到了晚上他又说：我要下班了。这个人所做的两个论断"我要去上班了"和"我要下班了"看起来是互相反对的，但并没有违背矛盾律，因为这两个论断是同一对象在不同时间内做出的。

第二，同一对象在同一时期中，从不同方面来看具有互相矛盾着的性质，由此断定这一对象的两重性，也不违反矛盾律。例如，毛泽东同志有一个著名论断："帝国主义和一切反动派有两重性，它们既是真老虎又是纸老虎。"这就不违反矛盾律。因为"从本质上看，从长期上看，从战略上看，必须把帝国主义和一切反动派都看成纸老虎，从这点上建立我们的战略思想；另一方面，它们又是活的、铁的真老虎，它们会吃人的，从这点上，建立我们的策略思想和战术思想。"这是从不同方面来断定同一对象在同一时期内具有不同的性质，不违背矛盾律。

训练提升

1. 一个小村庄的理发师宣称：只给那些不给自己理发的人理发。这个理发师的宣称有无逻辑错误？

2. 一个年轻人想到大发明家爱迪生的实验室里去工作，这个年轻人满怀信心地说："我想发明一种万能溶液，它可以溶解一切物品。"爱迪生听罢之后，惊奇地说："那么你想用什么器皿放置这种万能溶液呢？"年轻人哑口无言。

请问：这个年轻人为什么会被爱迪生问得哑口无言？

3. 从前，A国有一忠一奸两个大臣，奸臣为了独自掌权，总想把忠臣害死，他在国王面前讲了忠臣很多坏话，国王半信半疑，决定用抓阄的办法来处理忠臣。具体办法是：盒里只有一生一死两个阄，命令忠臣从盒子里任意抓一个阄，抓到"生"就活，抓到"死"就死。奸臣逼迫着做阄的人把两个阄都写成"死"字。这样，忠臣无论抓到哪个阄都得死。做阄的人就偷偷地给忠臣送了信，告诉他这一情况，请好大臣自己想办法。

请问：忠臣用什么办法才能逃过一死呢？

启发反思

矛盾律要求在同一思维过程中，思想必须前后一致，不能自相矛盾。如制作法律文书时为了保证法律文书的权威性和严肃性，就必须遵守矛盾律要求，不能出现逻辑矛盾，否则，就会有损于司法工作的严肃性和准确性，使法律文书失去应有的法律效力。

第三节 排中律

 案例解析

1985年,一座名为白宫庄园的英国庄园发生一起惨案。庄园的主人罗尔夫·巴姆伯、巴姆伯的妻子朱恩、有吸毒史和精神病史的养女希拉、希拉的两个孩子5人共身中25枪,死在庄园里。警察经过调查提出两种意见:一种意见认为不是外人所为,而是希拉发病时的疯狂行为;另一种意见则认为不是希拉发病时的疯狂行为,而是外人所杀。

支持不是外人所杀的证据:第一,现场所有门窗都是从里面锁好的;第二,那支杀人步枪就在希拉的身上;第三,希拉以前曾患有精神分裂症;第四,巴姆伯的养子声称,在案发时曾经接到巴姆伯的电话,电话中巴姆伯告诉他希拉正在杀人。

支持不是希拉所杀的证据:第一,枪虽然在希拉身上,但是枪上的消声器却被人拧下来藏到武器柜的后面,难道希拉在自杀后仍然能够做到这一点吗?而且枪加上消声器后非常长,希拉无法拿这样的枪自杀。第二,巴姆伯身材高大、体格健壮,但尸体上的伤痕表明他先被人用钝器打伤了头部和肩部,然后才用枪打死的。身材纤细的希拉很难做到这一点。第三,希拉的赤脚非常干净,如果她在死前曾疯狂地奔跑着追杀其父母和孩子的话,她的脚总该有些尘土和血迹。第四,希拉的两处伤都是致命伤,而这种步枪每发射一颗子弹都要扣动一次扳机,那么一个人绝不可能在开枪射中自己的大脑或脊椎后再一次扣动扳机。

逻辑问题:警察的意见是否违背排中律?

案例分析:警察的意见不违背排中律。排中律要求对两个具有矛盾关系的思想不能都否定。在本案中,既有支持不是外人所杀的证据,又有支持不是希拉所杀的证据,这并不是说警方对这两个相互矛盾的命题都否定,而是表现在警方所掌握的证据还不足以证明整个案件是外人所为还是希拉发病时的疯狂行为。警方还需进一步调查取证查清事实真相,确认此案到底是何人所为。因此,警方的结论不违背排中律。

一、排中律的内容

排中律的基本内容：在同一思维过程中，两个互相否定的思想必有一个是真的。

排中律的公式："A 或者非 A"。公式中的"A"和"非 A"是互相否定的思想，"A 或者非 A"是指在 A 和非 A 这两个思想中，必有一个是真的。排中律具有客观性和必然性，就是说，在同一个思维过程中，只要是两个互相否定的判断，其中必有一个是真的，绝无例外。

例如，李某和孙某自结婚后经常因生活琐事屡起争执，甚至偶尔李某还会对孙某施以暴力，为此孙某十分痛苦。某天，孙某因母亲生病住院，从家中取出 5 000 元钱，引起了李某的不满。李某非但未关心孙母病情，反而在与孙某大吵一场后离去，当夜也未归家。第二天早晨，李某回家，发现妻子已吊死于家中，于是便到公安机关报案。

孙某家人得知后，认为李某常常与孙某吵架，甚至曾有虐待行为，由此断定孙某不是吊死的而是在争吵中被李某一气之下勒死的。县公安局接到孙某家属的控告后，派员到现场检验，最后认定孙某是被勒死的。县检察院提起公诉，县法院以故意杀人罪判处李某死刑。

二审法院在复核此案时，认为此案有 3 组矛盾。①一审判决书上记载的事实与被勒死的尸体特征不一致。原检验记载，孙某脖子上有围绕一周的绳印，以左右耳垂下为起点，向后分为两股，且耳垂处均有皮破出血。这与被勒死后又被扶尸吊起的特征不符。因为被勒死后又被扶尸吊起来，脖颈上应有两种绳印，一条是勒出来的，另一条是吊尸时造成的，且两条印记的颜色也绝不会相同。②如果孙某是被勒死的，那么孙某四肢一定会出现挣扎的痕迹；但孙某不仅四肢皮肤完好，甚至衣着都是穿戴整齐的，这更难说明孙某是被勒死的。③李某的几次口供前后不一致。二审法院的审判人员经调查得知，李某杀害孙某的口供是刑讯逼供所致。上述 3 个疑点将证明李某杀害孙某的所有证据都否定了。后二审法院在征得死者家属同意后开棺验尸，证实孙某果然是自缢身亡的，改判李某无罪释放。

本案中，"所有的证据能证明孙某是被李某勒死的"和"所有的证据都不能证明孙某是被李某勒死的"两个判断构成一对矛盾。二审法院在一审法院确认的李某有罪的全部证据中都发现了疑点，从而否定了一审法院做出的判决。根据排中律的规则，也就肯定了所有的证据都不能证明孙某是被李某勒死的。另外，在本案中，孙某的死因无外乎两种：要么自杀（上吊身亡），要么他杀（被勒死后挂尸）。这里自杀和他杀也是一对矛盾，根据排中律，否定了他杀就要肯定自杀。这个案例说明了排中律在法律工作中的重要性。

二、排中律的要求

排中律的逻辑要求：对于两个相互矛盾的判断，必须明确地肯定其中之一是真的，不能对两者同时都加以否定。换句话说，对于是非问题必须做出明确而肯定的回答。否定了其中的一个，就必须肯定另一个。对于两个互相矛盾的判断，如果既不承认前者是真的，也不承认后者是真的，或者既认为前者是假的，又认为后者也是假的，那么就犯了"模棱两可"（实为"模棱两不可"）的逻辑错误。

所谓"模棱两可"，是指在两个相互矛盾的判断之间，回避做出明确的选择，不做明确的回答，既不肯定，也不否定。

例如，《官场现形记》中贾大少进京买官，问徐大军机见了上头要不要磕头。徐大军机狡黠地回答："应磕头时磕头，不应磕头时不磕头。"徐大军机的回答显然违背了排中律，因为他没有明确回答究竟该不该磕头。又如："说某人的行为构成了犯罪是说不过去的，说某人的行为没有构成犯罪也是说不过去的。"这个判断对两个互相矛盾的判断同时加以否定，也违反了排中律的要求。

三、排中律与矛盾律的区别

尽管排中律和矛盾律都是从不同侧面来排除思维的逻辑矛盾，以确保思维的确定性，但两者又有区别，其作用也不可相互代替。它们的区别在于：

第一，排除逻辑矛盾的侧重点不同。矛盾律是指互不相容的两种思想不可能同真，如果已知其中一种思想真，则可推出另一种思想假。可见，矛盾律是由真推假的基本依据。而排中律是指一种思想和对这种思想的否定，两者不可同假，如果已知一种思想为假，则可推出另一种思想为真。可见，排中律是由假推真的基本依据。

第二，运用的场合不同。矛盾律只表明互不相容的思想不可能都真，因此，不论是矛盾关系（不可同真且不可同假）还是反对关系（不可同真但可能同假）的两种思想都适用它。排中律则不同，它只适用矛盾关系（不可同真且不可同假）的两者思想。如果两种思想不是矛盾关系，即使是对两者都否定，也不是违背排中律的。

第三，违反时的逻辑错误和表现形式不同。矛盾律是通过排除思维的逻辑矛盾，保证思维的无矛盾性和首尾一贯性，所以违反矛盾律的逻辑错误的形式是"自相矛盾"；而排中律是通过"排中"以保证思想的明确性，所以违反排中律的逻辑错误的形式是"模棱两可"。

由此可见，矛盾律与排中律各有其不同的适用特点、场合和不同的作用，两者不可互替。

拓展学习

1. 排中律在法律工作中的运用

在法律工作中遵守排中律的主要作用在于保证法律思维的明确性。而思维的明确性是正确思维的一个必要条件。在法律实践中，准确运用排中律，能够明辨是非，准确断案，确保思维的明确性。

在侦查工作中，真相认定是一项极复杂的工作。一般说来，侦查员不可能一下子确定情况的真相，经常会通过排中律，采用排除法先否定后肯定，有助于对案件做出明确的断定。例如，某人上吊而死，有人认为是自杀，有人认为是他杀，只此两种可能，不可能有第三种情况存在。侦查人员要准确断案，就必须在认真细致地进行现场勘查和调查研究的基础上，根据排中律的要求，对这两个互相矛盾的判断做出明确的选择：否定是自杀，就得肯定是他杀；否定是他杀，就得肯定是自杀。决不能含糊其词，说出诸如"某人既不像是自杀，也不像是他杀"之类贻笑大方的话来。

在审判工作中，要做到准确地定罪量刑，同样要遵守排中律，在罪与非罪、此罪与彼罪之间有明确的抉择。排中律所排除的"中"乃事实上不存在也不可能存在的第三者。任何行为事实的认定，不是有罪，就是无罪，两者必居其一，罪与非罪之间不存在也不可能存在第三种情况。因此，否定有罪，就得肯定无罪；否定无罪，就得肯定有罪，态度必须明朗。否则，既不肯定有罪，也不肯定无罪，而在判决书中写上"教育释放""警告训诫""不予刑事处罚"之类模棱两可的话，要说无罪，还带着尾巴；要说有罪，也谈不上。这种不置可否的态度是违反排中律要求的，是司法工作所不允许的。

2. 复杂问语在刑事侦查讯问中的运用

复杂问语能不能在刑事侦查讯问中使用，学界存在着两种不同的观点。一种观点是绝对禁止论，他们认为，在刑事侦查问话中使用复杂问语，实际上就是一种诱供，必然导致冤假错案，因此必须禁止使用复杂问语。这种观点换一句话说，在刑事侦查问话中使用复杂问语是既不合理，也不合法的。另一种观点是相对使用论。他们认为，在刑事侦查问话中一般不能使用复杂问语，因为在一般情况下使用复杂问语，有可能导致冤假错案。但是在某种特定的条件下可以使用复杂问语，因为在特定的条件下使用复杂问语，有助于突破案情。这种观点充分肯定了有条件地在刑事侦查问话中使用复杂问语的作用，承认了复杂问语在刑事侦查问话中有条件使用的合理性。

编者认为，复杂问语可以在刑事讯问中相对使用，但一定要十分慎重使用。这是因为复杂问语是本身隐藏着一个判断，这个判断可能是虚假的，也可能是真实的。由于发问者在提问中就自己的意志和假设，不管隐藏的判断真假与否，被问者如果不小心，不论做出肯定或否定的回答，其结果都得承认这个假设。如果隐含的判断是虚假的，那么答话者就有可能无端地遭遇某种误解甚至打击，问话者也有可能因此给工作或者交际造成不良的影响；如果隐含的信息是真实的，那么答话者就有可能暴露了自己不愿暴露的某种信息，给自己带来不利的因素，而问话者则获取了所需要获取的信息。正是因为复杂问语有着积极的一面，所以在人际交往中已引起人们广泛的关注和重视，尤其是在刑事侦查讯问和询问中复杂问语已被刑事侦查人员作为一种侦查的策略或手段自觉或不自觉地运用着。因此研究复杂问语在刑事侦查中的运用对于提高刑事侦查效率，及时侦破案情有着十分重要的意义。

例如，一次，华盛顿家里丢了一匹马，他获悉是邻人偷的，便到邻人的农场去要马。谁知，这个邻人一口咬定马是自己的，拒绝归还华盛顿，于是华盛顿告到了法庭，马也作为证物被牵到法庭。正当双方争论不休时，华盛顿突然灵机一动，走上前去，用双手蒙住马的双眼，对邻人说："如果这匹马是你的，那么请你告诉我们，马的哪只眼睛是瞎的？"

"右眼。"邻人想了一会儿，答道。华盛顿放开蒙右眼的手，马的右眼并不瞎。

"我说错了，马的左眼才是瞎的。"邻人急忙辩解道。华盛顿又放开蒙左眼的手，马的左眼也不瞎。

"我又说错了……"邻人还想辩解。此时，法官对邻人说："是的，你错了。而且你已经证明了马不是你的，你必须把马还给华盛顿先生。"

在本案中，华盛顿问邻人："马的哪只眼睛是瞎的？"这个问题实际上包含着一个预设：马有一只眼睛是瞎的。而事实上，马的眼睛可能都是好的，也可能都是瞎的。对于这样的问题，邻人不管回答的是"左眼"还是"右眼"，都是承认了那个隐含假设的存在：马有一只眼是瞎的。邻人对马并不熟悉，只能顺着华盛顿的预设往下说，由此暴露了他并不知情的真相。当然，这是华盛顿在掌握了充分证据的前提下运用复杂问语揭露了邻人的谎言。

刑事侦查中经常运用的复杂问语主要有以下几种：

（1）选择型复杂问语。例如："你是单独作案呢还是合伙作案？"这实际上要求答话人选择其中一个答案回答，不管选择那个答案，起码都承认"我作了案"。

（2）假言型复杂问语。例如："如果这台照相机是你的，那么它的后盖上被划了一道印痕你知道吗？"不管答话人回答"知道"还是"不知道"，他首先都认可了这台照相机是他的。之后答话人无论如何都回避不了"后盖上是否真的被划了一道印痕"这个问题，而一旦回答，如果答话人确实存在问题，就不可能不暴露存在的问题。

（3）特指型复杂问语。例如："你第一次收受贿赂是什么时候？"隐含的判断就是"我受过贿"，一旦得到肯定回答，讯问的缺口就打开了。

（4）反问型复杂问语。例如："你难道不知道你弟弟杀了人？"这种复杂问语建立在坚实的证据的基础上，其中的隐含判断是对确凿的事实的断定。将这种确凿的事实寓于反问进行提问，既强化了提问的内容，加强了提问的力度，同时又对答话人无论是公开的狡辩或是间接的否定都进行了有力的驳斥。

例如，一天上午某居民楼702号房被盗，经现场勘查认定是两人共同作案。在调查访问中刑事侦查人员认真研究了询问方法，根据现场勘查获取的信息巧妙地设置了一个复杂问语："今天上午除了上下班的和那些老大爷老太太，你们还看见别的人进出吗？"一位在大楼门前摆摊的接受调查访问的老太太听后立刻回答说："好像三楼老刘家的表侄带着一个不太高的小伙子进去过，他们大约半个小时后就出来了，可能老刘家没有人在家吧。"刑侦人员终于从老太太的回答中找到了重要的线索，很快就破了案。

不难看出，刑侦人员设置的这个复杂问语隐含着"别的人进去过"这个判断。而这个判断是客观真实的，所以被调查人员不会存在戒备心理，也不会有顾虑，只要知道情况就会如实地回答，刑侦人员也就很容易获取所需要案件线索。如果将复杂问语中的隐含判断改为"陌生人进去过"或者"可疑的人进去过"就难以获取这个重要的线索，因为盗窃犯罪嫌疑人不一定就是陌生人，也不一定就是可疑的人，事实上这两个人并不是陌生人——被调查访问者认识是该楼老刘的表侄。因此，刑事侦查人员在运用复杂问语时要注意其中隐含的判断要客观真实、恰当明确。

尽管在刑事侦查中巧妙地使用复杂问语对于侦破案情有着十分重要的作用，但是使用不恰当也有可能带来负面的影响。因此为了准确地打击犯罪，维护公民的合法权益，凡运用复杂问语获取的信息都应该调查证实其真实性。只有这样才能真正发挥复杂问语在刑事侦查中的作用，同时又避免冤案或错案的发生。

事实上作为被问者，对复杂问语的回答不能简单地要求根据排中律作"是"或"非"的选择。如果复杂问语中隐藏的断定是虚假的或者自己不能承认、接受的，回答时既否定"是"，也否定"非"，这当然不能看作违反了排中律。例如：在审讯工作中，当被告人并没有承认自己是杀人凶手时，审判人员就问被告："你行凶后是不是回去了？"对这个问话，无论被告回答"是"或"不是"都无形中承认了自己是杀人凶手。如果被告没有杀人，那么，他不是简单地回答"是"或"不是"，而说"我根本未行凶杀人"，这并不违反排中律的要求。

训练提升

1. 一男孩想得到心仪的女孩的照片，女孩拿来3个盒子，把照片放在其中一个盒子中，告诉他能不能得到照片要靠他自己，机会只有一次。每个盒子上都有一句话，其中只有一句是真话。A："照片不在此盒中"；B："照片在A盒中"；C："照片不在此盒中"。男孩选哪个盒子才能得到照片？

2. 某政府官员责问其下属："你到底是为政府做事还是为老百姓做事呢？"官员的话有无逻辑漏洞？

 启发反思

通过涉法实例导入和逻辑典例分析，学生可以了解、掌握排中律的内容、要求及违反时的错误形式，在整个思维活动中，始终遵守排中律的要求，确保思维的明确性。在法律实践中，准确运用排中律，能够明辨是非，准确断案，确保思维的明确性。

第六章
归纳推理

第一节 归纳推理概述

案例解析

1988—2002年，甘肃省白银市白银区先后发生多起强奸、残害女性的系列杀人案件，案件久侦未破。这些案件的作案特征十分相似：受害人为年轻女性，穿红色衣服，作案大部分选择在白天。作案人以尾随、盯梢等进入受害人居所，进行强奸杀害或奸尸。有的死者，甚至还被割去生殖器官或其他人体组织。在这些案件发生后，警方根据相似的作案特征认为是同一人所为。①

逻辑分析：根据作案特点，警方认为，此人应该是在白银长期居住，有较严重的性变态心理，或者生理缺陷，特别是具有性功能间歇性障碍症，对女性怀有仇恨心态。种种案件细节，作案人性格内向、抑郁、冷漠，不善交际，孤僻不合群，做事极有耐心，并且具有非常明显的双重性人格，做事隐蔽性极强。专案组将这些案件并案侦查，定性为"性变态杀人案件"。

虽然嫌犯留下了足印、指纹、精液、DNA等各种身体特征线索，甚至有模拟画像。但是在比对了所有白银市区男性户籍居民的指纹、血样、DNA，并没有找出犯罪嫌疑人。尽管各级公安机关全力侦办此案，但案件迟迟没有取得实质性突破。直到2016年，公安部工作组先后4次带领刑侦专家赴白银市、包头市研讨案件，认真分析犯罪嫌疑人特征，对其活动地域进行科学判定，利用新科技手段对原有生物物证再检验，终于取得了重大突破。8月26日，嫌犯高承勇在白银市落网，白银系列强奸杀人残害女性案才得以成功告破。

本案中，警方运用归纳推理对案件做出了正确的定性，对嫌犯的性格特征也做出了准确的评价。但在对嫌犯的界定上出现的失误，"在白银长期居住"并不等于是"白银区户籍居民"。

---

① 白银市连环杀人案_360百科，https://baike.so.com/doc/5410536-5648627.html。

一、什么是归纳推理

人们将前提是个别性或特殊性知识，经过概括形成一般性知识作为结论的推理叫作归纳推理。

例如，一个薄雾弥漫的早晨，某乡村一条小河里漂浮着一具尸体，群众打捞起来，经查明是该村党支部书记的妻子。女尸死因不明，可是在全村很快传开了"书记的妻子不慎落水""书记的妻子跳水自杀"的消息。有村民随即报了案。

法医赶到现场，经细致检查发现：①尸表多处有钝器伤，其颜面青紫肿胀，眼结膜明显充血，颈部有扼压伤痕。②切开尸斑部位皮肤，发现细胞组织紫红色，细血管内已无血液流出，估计是在36小时前死亡。③根据死者胃内食物基本排空，仅有少量半糜状的包谷残渣，推断死者在最后一餐饭后4~6小时被害。④死者呼吸系统无藻类物质反应，因此推断是被人用钝器打昏，又用手将其扼死，然后抛入水中。

由于查明了死因，确定为他杀无疑。后来侦查结果表明凶手就是死者的丈夫。

在这个案件的侦破过程中，法医是怎样推出死者是最后一餐后4~6小时被害的呢？这是法医在长期实践中总结并且做了大量的科学分析得出来的，即"在对甲、乙、丙、丁等尸体解剖发现，胃内食物基本排空是在饭后4~6小时内，所以，凡胃内食物基本排空是在饭后4~6小时。"

由此可以看出，归纳推理是人们通过观察、实验、比较、综合、分析等具体的方法，在获得一系列经验认识的积累以后，最后形成一个一般性的判断的推理过程。

由于归纳推理的结论知识超出了前提知识的范围，所以它的前提与结论之间的联系是或然性的，不是必然性的。也就是说，其前提真并不能推出结论一定真，所以，这是一种或然性推理。例如，人们常言"天下乌鸦一般黑"，这是人们根据长期观察得出的结论，但后来在日本发现了白色的乌鸦，人们才发现这个结论是错误的。尽管如此，人们认识事物，还是总离不开要运用这种归纳推理。我们从经验中得到的知识，总是关于个别事物的知识，我们只有在这些关于个别事物知识的基础上进行概括，才能得到关于某种事物的一般性的认识，并进而把握这一类事物的共同本质和规律性，以指导人们去正确地进行实践活动。否则，离开了对一类事物中一个个具体的、个别事物的认识，要想获得对这一类事物的一般性认识是根本不可能的。即使勉强得出关于事物的一般性认识，也是无源之水、无本之木，是根本不可靠的，不能用以正确指导人们的实践活动。

拓展学习

观察，是指人们有目的地、有计划地感知思维对象、获取感性材料的认识事物的基本方法。除日常生活中的视、听、嗅、触等直接的感官活动，还包括对感知信息的处理、筛选活动。观察还通常带有专业或职业性的习惯特征。例如，对同一事物、一个营销商和一个侦察员就会有截然不同的观察侧重点与观察方式。因此，观察首先要避免主观性，从而防止发生片面性认识。

实验，是人们根据一定的研究目的在人为控制的条件下获取事物发展过程或认识结果的科学方法。由于实验在人为控制的条件下进行，可以尽可能地排除干扰因素，因此实验比观察更能揭示事物的本质。例如，在调查取证工作中，犯罪活动往往已经完成，这就需要借助侦查实验来证明当时情形。因此，专用器材使用、专门的技术手段和人员的专业素养，在现代侦查学中起着越来越重要的作用。实验可以和观察结合起来，作为互补的研究方法应用于实际。

比较，是通过对事物间的共同点与不同点的分析，达到认识事物的科学方法。只有在对事物的比较鉴别中，人们才会获得更深入的本质上的认识。在运用这一方法时，要强调须就事物的实质方面来进行比较。这种比较往往是"同中求异"或"异中求同"。

分类，是根据事物属性上的共同点与差异点，将事物区分开来的研究方法。应用分类往往能提高工作效率。例如，侦查工作中先要给案件定性，根据案件的性质的不同采取不同的侦查方法；如从作案时间、地点、方法、工具等方面来进行分类，越具体就对侦破越有利。

分析，是对作为整体的思维对象在理念中进行分解，将其拆解为部分、单元、环节、要素等来进行研究的方法。比如对一个作为整体的案件，在案情分析过程就可以把它分解成作案人、作案时间、作案地点、作案工具等若干要素；根据作案人的情况又可以分解成作案动机、作案目的、作案方法等要素，分别进行调查分析。分析是将具体事物抽象化的过程，有助于人们对事物的深入了解，达到对未知的事物本质的认识。

综合，是把对研究对象的部分、单元、环节、要素等联结起来，从而形成关于对象的统一、整体的认识的思维方法。综合建立于分析的基础之上，但并不是分析所得要素的简单相加。各要素在整体中的地位作用，在综合过程中是予以区别的。分析与综合相辅相成，是人的认识实现由此及彼、由表及里、由浅到深、由现象到本质的过程。

假说，是根据已知的科学事实或原理，对所要研究的自然或社会现象及其规律性，进行解释或提出推测。假说是对上述各种方法的综合运用，还经常有演绎推理的参与，因此假说也是一个思维过程。

观察、实验、比较、分类、分析、综合等归纳方法的划分并不严格，只是为了便于研究复杂的归纳思维运行的过程。在实践中这些方法通常彼此穿插，交替互动，并不是认识某一事物只能对应使用某一归纳方法，也不是必须要运用到每个方法；在归纳逻辑应用于实际的过程中，各种归纳方法或各种归纳推理总是互相交融，很难有明确的分工。

二、归纳推理与演绎推理的关系

归纳推理和演绎推理之间有着密切的联系，两者是交互应用，互相过渡和互相补充的。

归纳推理与演绎推理之间的联系主要表现如下：

演绎离不开归纳，演绎推理的大前提是由归纳推理通过对个别性知识进行概括而提供的。归纳也离不开演绎，归纳推理要避免盲目性，就必须依靠演绎推理的指导。离开了演绎推理的指导，就不能正确地分析这些具体事例和现象，也就不能解决观察什么、实验什么的问题。不仅如此，归纳推理得出的结论，其可靠程度如何，依靠归纳推理本身是无法证明的，必须通过演绎推理来验证。

但是，归纳推理和演绎推理又是两类不同的推理，有着明显的区别：

第一，思维的进程不同。演绎推理的从一般性认识，推出个别性认识；归纳推理则是从个别性认识，推出一般性认识。

第二，前提和结论所断定的范围不同。演绎推理的结论没有超出前提所断定的知识范围；归纳推理的结论是由个别性认识经概括得到的一般性知识，超出了前提所断定的知识范围。

第三，前提与结论联系的性质不同。演绎推理的前提与结论之间具有必然性的联系，只要前提真实、形式正确，就能必然推出真实的结论；而归纳推理（除完全归纳外）的前提与结论之间只具有或然性联系，前提真实，结论不一定是真实的。

训练提升

以下几例各包含或运用了哪些逻辑知识？请说明理由。

（1）妈妈要小明去买盒火柴，叮嘱他要试一下能不能擦得燃。小明买回了火柴交给了妈妈，说"我试过了，每根火柴都划得燃。"妈妈一看，哭笑不得。

（2）窥一斑而见全豹，见一叶而知天下秋，处一室而知天下。

（3）《福尔摩斯探案集》中的主人翁福尔摩斯曾经著文说，一个善于观察的人，如果对他接触的东西进行细心观察，那么就会有很大的收获。从一个人瞬间的表情动作，甚至肌肉的牵动、眼睛的转动，都能推测出这个人在想什么。看见一个人马上就能说出他的历史背景和职业状况。整个生活就是一个巨大的链条，只要见到其中的一环，整个链条的情况就可推想出来了。

启发反思

  通过涉法实例导入和逻辑典例分析，学生可以了解、掌握归纳推理的特性、运用、推理过程及违反时的错误形式。运用归纳推理能引导人们从特殊现象中发现一般性、规律性的本质属性，是人们获取新知的主要途径，是创新的基础。在运用归纳推理时，要始终尊重客观事实，遵守思维规律，但又要突破固有的思维模式，努力创新，做到客观、公正、求真、创新等。

第二节 归纳推理及运用

 案例解析

  父母常常教育孩子要好好学习，将来才会有出息，可这话天天在耳边转，谁听了都烦。一次偶然的机会，小王同学在听了一次报告后，知道某些科学家小时候学习不好可后来很有出息，而某些人虽然从小就学习成绩好，但没有什么出息。于是，小王同学在父母教育她的时候，对父母说："学习好未必有出息"，并举例来加以说明，最终使父母不能不承认："看来你说的也对"。究竟谁对谁错？还是都有道理呢？

  逻辑辨析："学习好是有出息的"，是通过概括出来的一般性结论，是能够容纳反例的。"学习好未必有出息",这个判断也对,不过它并不能反驳"学习好是有出息的"这个一般判断,它反驳的是"学习好一定是有出息的"。因此,小王的话并不能反驳父母的论断。

一、归纳推理的类型

归纳推理前提考察的事例,可以是某类事物的全部对象,也可以是某类事物的部分对象,据此,一般可以将归纳推理分为完全归纳推理和不完全归纳推理两种。此外还有一种特殊的归纳推理:探求因果联系归纳推理。

(一)完全归纳推理

由某类中每一个对象都具有某属性得出该类对象都具有某属性的推理就是完全归纳推理。

例如:某天晚上,某单位财会室的保险柜被撬,里面的现金全部被盗走。起初侦查员怀疑是内盗,于是对财会室的 3 名工作人员(甲、乙、丙)都做调查,经查 3 人在这天晚上都没有到过现场,于是解除了内盗的怀疑。

上述思维过程,就是完全归纳推理。

完全归纳推理的逻辑形式:

S_1 是 P,

S_2 是 P,

……

S_n 是 P,

(S_1、S_2、…、S_n 是 S 类的全部对象)

所以,所有 S 都是 P。

完全归纳推理是日常工作、科学研究以及刑案侦查经常运用的一种思维形式。

例如,某年 5—12 月,上海普陀区东新村朱家湾地区,连续发生一个流氓手持利器在深夜拦路刺伤妇女的案件。连续发生的案件严重影响上、下班女青年的安全,附近居民人心惶惶。公安干警经过对这些案件逐个分析,发现罪犯每次作案都有共同特点:在雨夜作案;每次作案都在朱家湾、东新材两个街区。于是组织守候队伍,每天深夜(尤其是雨夜)在朱家湾、东新村街区布岗守候。12 月 24 日晚,犯罪分子在上早班的刘某腿部刺伤,刘某大声呼救,守候多时的干警和治保骨干终于将这个罪恶累累的凶犯堵截在一个死胡同里擒获。

需要注意的是,完全归纳推理考察了某类事物的全部对象或各种可能情况,其结论没有超出前提的知识范围,因而具有必然性。所以,它是归纳推理的一种特殊形式。由于完全归纳推理需要考察一类事物的全部对象或各种可能情况之后才能得出结论，因而它的适用范围要受到各种主、客观条件的限制。

（二）不完全归纳推理

不完全归纳推理是由某类中部分对象具有某属性，得出该类所有对象都具有某属性。一般所谓归纳推理，主要是指不完全归纳推理。根据其由前提过渡到结论的推理根据不同，可以分为简单枚举归纳推理（又称为简单枚举法）和科学归纳推理（又称为科学归纳法）。

1. 简单枚举法

简单枚举法是以经验的认识为主要依据，根据一类事物中部分对象具有某种属性，并且没有遇到与之相反的情况，从而得出该类所有对象都具有某种属性的归纳推理。

例如：

杀人犯有作案时间；

放火犯有作案时间；

盗窃犯有作案时间；

强奸犯有作案时间；

……

杀人犯、放火犯、盗窃犯、强奸犯都是刑事犯，

所以，凡是刑事犯都有作案时间。

例如，南京市曾发生一起杀人碎尸案。凶手将被害人碎成几十块，并抛撒多处。侦查人员首先将找到的 49 块骨头复原，刻画出被害人的基本特征。同时请法医及有关医学专家做了模拟、切片等试验，结果发现死者是已萌生智齿的女性。根据国外文献记载，女性智齿萌生在 17 岁左右。南京地区是否也这样？侦查人员在医务人员的配合下，专门调查了 52 位女青年，结果发现南京地区的女青年萌生智齿都在 19 岁到 21 岁之间，没有发现有低于 19 岁和高于 21 岁的女青年萌生智齿。于是推断：南京地区凡萌生智齿的女性都是 19 岁到 21 岁之间的女青年。

侦查员运用的就是简单枚举归纳推理。

简单枚举法的逻辑形式：

S_1 是 P，

S_2 是 P，

……

S_n 是 P，

（S_1、S_2、…、S_n 是 S 类的全部对象，并且没有遇到相反的情况）

所以，所有 S 都是 P。

从上例可以看出，简单枚举归纳推理只是根据某种共同属性在一些

同类事物中的不断重复,并且是在没有遇到矛盾的情况下推出的结论。由于前提并不充分,所以,简单枚举归纳推理推出的结论是或然性的,也就是说简单枚举归纳推理推出的结论只能不断地经过实践的检验,不断地得到证实。相反,如果发现与结论相矛盾的事实,结论就被推翻。为了提高其结论的可靠性程度,就需要在前提中考察尽可能多的事例,考察尽可能出现相反事例的场合,以及尽可能考察有广泛代表性的事例,否则,就有可能犯"轻率概括"的错误。

2. 科学归纳法

科学归纳法是根据某类部分对象与某种属性之间具有因果联系,从而推出某类对象都具有某种属性的结论是归纳推理。例如:

张三溺水而死,乳突小房黏膜出血;

李四溺水而死,乳突小房黏膜出血;

王五溺水而死,乳突小房黏膜出血;

张三、李四、王五是溺水死亡的一部分,溺水而死与乳突小房黏膜出血有本质联系。

所以,凡溺水而死,其乳突小房黏膜都会出血。

乳突小房是颞骨乳突骨间的许多含空气的小腔,这些小腔互相连通,并有孔与耳的鼓室相通。人体在溺死过程中,溺液由咽部的耳咽管进入鼓室和乳突小房,同时,溺液进入外耳道增加对鼓膜的压力,由于水压的冲击,使中耳、乳突小房黏膜充血,甚至小房内有血液和凝血块。在生前入水溺死的尸检中,均出现乳突小房黏膜出血,对诊断溺死有重要的作用。由此可见科学推理推出的结论表现的规律性较强,在认识活动中具有较高的价值。

科学归纳推理的逻辑形式:

S_1 是 P,

S_2 是 P,

S_3 是 P,

……

S_n 是 P,

(S_1、S_2、S_3、…、S_n 是 S 类的全部对象,并且与 P 有因果关系)

所以,所有 S 都是 P。

二、归纳推理的法律运用

在刑事案件侦查过程的初始阶段,要解决的首要问题是侦破方向的问题,侦破方向确定得正确与否,与案件能否顺利侦破有着密切的关系。如何做到在案件侦查的初始阶段正确地确定侦破方向并顺利地侦破案件,因素是多方面的,方法也是多种多样的。归纳逻辑中的科学归纳法就是我们常用的一种,它对犯罪侦查实践有着积极的指导作用。

1. 能有效发现复杂刑事案件中的因果关系

科学归纳法的特点在于：①推理的目的是发现、认识事物的原因或规律；②方法运用的基础是通过收集大量的感性和经验的材料，通过阐明因果联系的途径对这些感性的经验的材料加以整理和排列，并运用排除法来获得结论；③目的是通过对个例的认识过渡到对一类事物的认识，从而得出一般性的、普遍性的结论。

根据科学归纳法的这些特点，如果将其运用到刑事犯罪侦查的实践中去，我们就会发现它在解决刑事案件中复杂的因果联系时所发挥出来的作用是不可低估的。因为，科学归纳法对事物或现象的考察不是停留在事实的简单重复上，而是在简单枚举法的基础上展开的，在观察和经验事实的基础上做出猜测，并进一步分析了对象与属性之间可能有因果联系，然后才得出结论的。它是对事物或现象间的因果联系或其他的必然联系进行科学分析。

例如，在20世纪80年代，研究人员通过对尸体内脏硅藻物质的测定，得出"凡是在水中溺死的人其肺、肝、肾等内脏都有硅藻，反之没有"的结论，就是运用科学归纳法而完成的。这个结论反映了"溺水而亡"与"硅藻物质"间的一种必然联系，成了我们今天认识这一类案件的理论依据。

2. 在分析案件因果联系时更加清晰

事物或现象间的因果联系是很复杂的，如何有效地、正确地揭示这种复杂关系，应该遵循怎样的步骤呢？

首先，办案人员必须运用现场勘查、侦查实验等手段，有目的地、有计划地搜集、占有关于案件的初始信息。因为科学归纳法的逻辑起点是建立在丰富的客观材料的基础上的。在侦查实践中，我们对有关案件材料获得的途径不外乎两种：一是直接获得；二是间接获得。在犯罪现场的勘查中，办案人员通过感官的观察可以获得一些直接的信息，但这种信息虽直接，却有明显不足。因为它是在自然、原始的状态下进行证据材料的搜集，必然会受到一些客观因素或条件制约和影响，从而给办案人员在认识上带来一定的局限性和被动性。为避免和解决这种局限性或被动性，办案人员就必不可少地要采用第二种途径，通过间接获得的方式来完成案件有关材料的搜集。

例如，侦查实验就是一种间接获得有效方式，可以弥补现场观察的不足。通过侦查实验，我们可以再现犯罪现场和犯罪行为，完成对案件证据材料的搜集和甄别。因为人们认识客观事物、自然现象产生的原因和运动规律时，不能靠想象和猜测，侦查人员在办理刑事案件时，同样不能靠想象和猜测。必须依靠事实，依靠证据材料。只有具备充分、完整的事实证据，才能有效地认定某一犯罪事实。

其次，对搜集和占有的有关案件信息材料进行整理、分析、比较和研究，确定相关材料中的因果联系。对于一些相对复杂的案件来说，在案件侦查的初始阶段，搜集到的材料大多是零碎、孤立和杂乱无章的，只有对这些材料加以整理、分析、比较和研究，才能有效地说明和发现问题。找出材料中的因果关联，从而将其形成一个完整的、不可分割的证据链，才能得到对案件理智、本质的认识。因为，任何案件的发生都是有原因的，尽管有的案件一时找不到发生的原因，但并不等于它没有原因。所谓的"无头案"在逻辑上是讲不通的。

再次，运用排除法排除不相关的因素。排除法是科学归纳法在运用过程中常用的一种重要方法，在穷尽了所有可能的情况的前提下，通过排除法对进行过整理、分析、比较的材料与案件的主要情节进行比对，逐一排除那些没有发生过的情节或不可能的情况，那么剩下的必定就是事实。比如在一个案件中，结果出现了，而与之关联的某种现象并未出现；或某种现象出现了，却没有出现该出现的某种结果；或者是在案件中，出现了程度较严重的结果，而某种现象虽出现了，但很微弱，不足以引发这种程度较为严重的结果；或出现的某种现象较为严重，却没有出现相应的严重结果，这都表明该现象并不是该结果的"原因"，从而便可将其排除掉。通过排除案件中与结果毫不相干的或关联较弱的现象，那么，剩下的就只有肯定、真实、分明的原因了。在这个过程中，通过排除法把不可能导致结果出现的原因剔除掉，那么可能的范围也就越来越小，直到最后剩下的一个可能了，那么可以说导致结果产生的原因也就找到了。

最后，完成由对个别事物的认识上升到对一类事物的认识，从而得出一个一般性的结论，并将这个结论用于指导我们新的实践。因为，任何一个理论认识都是源于实践经验的总结，而且任何一个理论也必须回到实践中去接受实践的检验，并在接受检验的同时指导新的实践活动，这样才能使其不断地得到修正、充实、丰富和发展。用科学归纳法得到的结论也不例外，同样要经历这一过程。

3. 运用归纳推理的实质是认识规律发挥的作用

任何刑事案件的发生都与相应的行为相联系、相制约，并具有一定的因果联系，这种因果联系贯穿于案件的始终。而侦查的最终目的，就是要全面地、客观地、具体地再现案件的因果关联，能否准确地认识、把握这种因果联系，直接影响案件的侦破。我们固然希望能直接地用必然性的判断，对犯罪行为与犯罪结果之间的因果联系做出肯定性或否定性的结论，用具有稳定性特征的证据来认定或否定犯罪嫌疑人。但事实上在某些案件中，由于犯罪情况的复杂，或者罪犯有意制造混乱和假象，直观地肯定或否定因果联系是有一定的困难的，因此，必须借助其他的办法来完成，而科学归纳法正是我们可利用的办法之一。因为，科学归纳法所做的正是属性之间的因果联系的精确分析和研究。虽然它是在观察的基础上，用实验的手段进行例证分析，只是对某类事物的部分对象进行考察，但它研究、分析的是事物或现象间的因果联系，符合人的认识规律。所以，科学归纳法在刑事案件分析过程中的运用，实际上就是人的认识规律作用的发挥。

4. 运用归纳推理应注意的问题

科学归纳法作为一种以理性分析为指导，以实验为手段，将对个别或部分事例分析得到的结论上升为一个带有普遍性结论的一种推理，其作用在于找出事物与某些属性之间的内在联系或现象间的因果联系，认识事物的本质，发现事物运动的规律，从而完成感性认识到理性认识的上升。它是透过现象抓本质、找规律，是既知其然，又知其所以然。尽管它所得到的结论也只是或然的，但它的可靠程度是其他或然性推理所不能比拟的。因此，它不仅能帮助人们从已知推出未知，从个别到一般，获得新的知识而且它也是创造性思维常用的方法。它不仅在现代科学研究中有着巨大的认识作用，而且在犯罪侦查中也有着其他方法无可替代的作用，尤其是在刑事技术科学的研究中。例如，关于汗液、指纹、足迹、步法、血型等的研究，均离不开实验，自然也就少不了科学归纳法的运用了。在刑事侦查活动中，运用刑事技术来检验有关物证的方法、步骤，尤其是在犯罪现场重建中通过物证技术来获取相关信息，就是一个反复运用科学归纳法对现场勘查中提取到痕迹、物证进行实验的检验，并通过这种检验与已知的信息进行比对，从而确定该事物与某属性之间的内在联系而进行合理推断的过程。在这个过程中，它使每一个痕迹或遗留物的产生和出现得到说明和解释。这就为案情的分析论证，为判明案情真相，确定犯罪嫌疑人与被害人以及犯罪现场之间的联系提供了依据。

然而，在实践中任何方法的运用都是有条件的，科学归纳法也不例外。科学归纳法总是与特定时代的科学技术水平相联系，与研究者的学识经历、环境状况相联系。由于事物与属性之间、现象与现象之间的因果联系是复杂多样的，因此，它对于运用者的知识结构、专业能力的要求比较高，没有一定相关学科的知识背景和专业能力，在确定相关关系，连接因果联系顺序时，就比较容易发生错误。因此，在运用这种方法分析、研究案件材料证据之间的因果联系时，必须注意到这些问题，只有这样才能积极而又正确地运用科学归纳法帮助我们分析案情，侦破案件，解决在刑事侦查中遇到的新情况、新问题。

训练提升

1. 老师傅想考考他的两个徒弟，看谁更聪明。他对他们说："给你们俩每人一筐花生去剥皮，看每粒花生仁是不是都有粉衣包着。看谁能先回答我？"

大徒弟听完，端着一筐花生赶紧往家里跑，连饭也顾不得吃，急忙剥起来。二徒弟却不慌不忙地端着一筐花生走回家去，先对着花生端详一阵，然后把肥的、瘦的，三个仁的、两个仁的、一个仁的花生，分别拣了几粒，总共不过一把，将几种不同类型的花生剥开了皮，发现它们无一例外地都有粉衣包着。大徒弟从早晨一直剥到傍晚，才把一筐花生剥完，就急忙向师傅报告。到那里一看，师弟早已在师傅那里了。师傅见两个徒弟都来了，说："二徒弟先到的，先回答问题吧！"二徒弟答道："我剥了几粒花生，就知道所有的花生仁都有粉衣包着。"大徒弟这才恍然大悟地说："还是师弟比我聪明！"为什么大徒弟输得心服口服？

2.《内经》的《针刺篇》中记载了这样一个故事：有一个患头痛病的樵夫上山去砍柴，一次，不慎碰破了足趾，出了点血，但他感到头部不痛了。当时他没有在意。后来，他头痛病复发，又偶然碰破了上次碰破过的足趾，头部的疼痛又好了，这次引起了他的注意。这样，以后凡是头痛复发的时候，他就有意地去刺破该处，结果，都有减轻或制止头痛的效应。这个樵夫所碰的部位，现在人们称为"大敦穴"。"大敦穴"的发现包含了哪些逻辑知识？

3. 北京某报曾以"15%的爸爸替别人养孩子"为题，发布了北京某司法物证鉴定中心的统计数据：在一年时间内北京进行亲子鉴定的近600人中，有15%的检测结果排除了亲子关系。这个推断的可靠吗？为什么？

第三节　求因果归纳推理

案例解析

　　河南省西平县某镇A村发生了一件非常离奇的事情。村民张某喝了中午剩下的面汤后，突然神志不清，浑身抽搐，口吐白沫，然后就失去了知觉，经抢救脱离了危险。紧接着王某在吃完了晚饭后也出现了类似的状况。短短10余天内，有10多人出现了类似的状况，上至80岁的老

191

人，下至几岁儿童。村中的人纷纷说是一种怪病在村民间发生了。凡是染上这种怪病的人，都表现为牙关紧闭，四肢抽搐，口吐白沫，不省人事，有的人还出现呼吸困难，双手因痛苦而猛抓颈部的症状。一时间，恐怖的气氛笼罩全村，人心惶惶，但是谁也没有想起报警。直到有一对母子因为出现这样的症状而丧命，才有人想起报警。

逻辑分析：公安人员详细了解了情况后发现：这种情况无一例外都是在进食之后发生的，于是就推测这种所谓的怪病和进食有关。公安人员仔细地检查了发病者的食物残余，结果发现发病者的食物残余中都含有"毒鼠强"，而且发病症状越厉害的人的食物残渣中"毒鼠强"的成分越大。由此确定所谓的怪病是"毒鼠强"造成的，经过排查，发现刘某的嫌疑很大。公安人员又将所有的情况和刘某联系起来进行了分析，结果发现了这样两种情况：一种情况是有些刘某串门频繁的人家，发病也特别频繁，并且这些人家都是和刘某曾经有过这样那样的过节；另一种情况是有些刘某串门频繁的人家，从来都没有发过病，并且这些人家都和刘某的关系非常好。公安人员断定和刘某有过节和发病有相当大的关联，从而做出了刘某怀恨报复投毒的假设。后来的事实果然证明这一假设是正确的。

一、因果联系概述

自然界和社会中的各个现象都是与其他现象互相联系、互相制约的，任何现象的产生都有它的原因。如果某个现象的存在引起了另一个现象发生，那么这两个现象之间就具有因果关系。引起某一现象产生的现象叫作原因，而被另一现象引起的现象叫作结果。

例如：甲与乙的妻子通奸，被乙发现，甲伺机杀害了乙。甲与乙妻通奸被乙发现是乙被甲杀害的原因，乙被甲杀害是甲与乙妻通奸被乙发现的结果。

因果联系具有几个特点：

（1）因果联系是一种必然联系，有因必有果，有果必有因。例如，胡斌醉酒驾车发生交通事故，醉酒驾车是发生交通事故的原因，发生交通事故是醉酒驾车的结果，上述现象之间的联系是必然的。

（2）因果联系在时间上有相继性，原因总是在结果之前，结果总是在原因之后。因此，我们在探求因果联系时必须在被研究现象之前存在的各个情况中去寻找它的原因，在被研究现象出现之后才发生的各个情况中去寻找它的结果。在某个现象之前存在的情况称为先行情况，在某个现象之后产生的情况叫后行情况。应当注意的是，前后相继是因果联系的一个重要特征，但不是因果联系的唯一特征。某一现象可能经常地先于另一现象而出现，但两者可以毫无因果关系。例如，春天总是先于夏天，但春天不是夏天的原因。

（3）因果联系具有复杂性。

①一因一果。例如，用撬棍破坏金库大门这一现象，破坏金库大门这个结果就是由用撬棍撬这一原因引起的。

②多因一果。例如，李某体温升高，可以是感冒引起的，也可以是伤口发炎引起的，也可以是感染急性传染病引起的等，还可以是这几种因素中的两个或多个同时作用的结果。

③合因一果。例如，农作物大丰收是水、肥、土、种等共同起作用的结果。

④一因多果。例如，过度砍伐森林，可以导致水土流失、气候失常、动物消失等。

二、穆勒五法及其运用

上述因果关系的特点是我们研究或运用确定因果联系逻辑方法的客观依据。探求因果联系的逻辑方法是英国哲学家、逻辑学家穆勒（1806—1873年）提出的"穆勒五法"。由于探求因果联系的方法主要运用归纳推理，即根据部分场合某一研究现象与该现象出现之前或其后的若干情况之间具有某种关系，推出所有场合该现象与其所有的先行或后行情况之间都具有这种关系的结论，所以，我们将其作为归纳推理的特殊形式来研究。

（一）求同法

求同法的内容：如果在出现被研究对象的若干场合中，只有一个情况是共同的，那么这唯一共同的情况，就是该现象的原因。

例如，某地连续发生盗窃案，虽然发案的单位和被盗的物品都不相同，但在几个现场都发现了40码同品牌的鞋印，某品牌的烟蒂。据此公安机关认定这几起案件都是一个穿40码某品牌鞋、惯抽某品牌香烟的案犯所为，于是并案侦查，很快就破获了这几起连环案。

求同法公式可以用表6-1表示。

表6-1 求同法表示

场合	先行情况	被研究现象
第一场合	A、B、C	a
第二场合	A、D、E	a
第三场合	A、F、G	a

所以，A是a的原因。

用求同法得出的结论具有或然性，原因有两个方面：一是发现的共同情况不一定就是原因,很可能是其他的共同情况在起作用,而我们没有观察到。比如在上例中,"留有40码的某品牌的鞋印和某品牌烟蒂"虽然是共同情况,但不一定是唯一的共同情况,并且如果是不同的案犯作案,只是很巧合地出现了上述共同情况呢?二是不同的情况很可能包含有共同的因素或它们本身就是复合原因的一部分,我们没有发现。

例如:未到致死剂量的氰化合物,假定第一个人吃了这些毒物后又饮葡萄酒,结果死亡;第二个人吃了毒物后又吃加醋的面食,结果死亡;第三个人吃了毒物后又吃水果,结果死亡。这里,葡萄酒、加醋的面条、水果都是三种不同的情况,但决不能认为它们不是原因,而把毒性完全归结为未到致死量的氰化物。其实这3种不同情况都起了作用,因为氰化物和酸性溶液混合,毒性会加强,而葡萄酒、加醋的面条、水果都是带酸性的。

为了提高求同法结论的可靠程度,应注意以下3点:

(1)考察的场合应有足够的数量,并且各个场合的具体情况差异越大越好。考察的场合越多,这些场合的差异越大,从中找出唯一共同的条件作为被考察的原因就越可靠。

(2)在各个场合中,相同情况应该是唯一的。所以对情况的分析应详尽无遗,不要把比较隐蔽的但恰恰是真正原因的情况漏掉。

(3)在应用求同法时,可能遇到若干种相同的情况,在这种情况下,应将这若干种相同情况看成与被研究的现象有因果联系,然后用其他的方法确定其中的真正原因。

(二)求异法

求异法的内容:如果在被研究的对象出现和不出现的两个不同的场合,只有一种情况不同,其他情况相同,那么这个唯一的不同情况,就是被研究现象的原因。

例如:某市郊区发现一具女性尸体,经勘查发现:尸块露出水面部分有一褐色斑迹,其余浸泡在水中的部分没有此种斑迹。有人认为是胎记,为了确定褐色斑迹是否为胎记,侦查人员进行了侦查实验,结果发现尸块露出水面部分在阳光下腐败数日即可形成褐色斑迹,浸泡在水中部分则无此种现象。于是得出结论:"尸块在阳光下腐败是形成褐色斑迹的原因"。

假设我们用 A、B、C、D 等表示两个场合的先行情况,用 a 表示被研究现象——"尸块上有褐色斑迹",则求异法公式可以用表6-2表示。

表6-2 求异法表示

场合	先行情况	被研究现象
第一场合	A、B、C、D	a
第二场合	—、B、C、D	—

所以，A 是 a 的原因。

在表 6-2 中，第一场合叫正面场合，第二场合叫反面场合；a 代表褐色斑迹，B、C、D 代表尸块上的其他斑迹，A 代表尸块在阳光下腐败；确定 A 是 a 的原因，即尸块在阳光下腐败是形成褐色斑迹的原因。

求异法比求同法的可靠性要大些，这不仅由于它有一个正面场合与反面场合进行对照，还由于我们能够完全排除 B、C、D 是产生 a 的原因。因为 B、C、D 如果是 a 的原因，那么在反面场合就应当出现 a，但是反面场合中没有 a，可知 B、C、D 不是 a 的原因。在求同法中则不同，我们不能完全排除不同情况 B、C、D、E、F、G 是 a 的原因。

求异法虽然有较大的可靠性，但也不是完全可靠的。求异法要求除一个情况外，其余情况要完全相同，这在自然状态下是不易做到的。在自然状态下，我们观察到的正反场合的差异情况多半是不严格的，因此，其结论仍是或然性的。同时，所谓"只有一个情况不同"，也不易保证，因为有时在正面场合中不止一个情况不同，我们忽略了，而恰恰正是这个被忽略的情况是我们所考察的现象的原因。

例如：从前有人根据挪威、瑞士、西班牙禁酒，某些犯罪比欧洲其他各国减少，便认为饮酒是产生犯罪的原因，这是很不可靠的，因为国家的情况是很复杂的，相同和相异的方面都很多，很难说上面的两类国家中就只有禁酒一个情况不同。

综上所述，正确运用求异法应注意以下两点：

（1）运用求异法，必须注意两个场合的差异情况必须是唯一的。如果相比较的两个场合还有其他差异因素未被发现，结论就会被否定或者出现误差。

（2）运用求异法，必须注意两个场合唯一不同的情况是被考察现象的全部原因还是部分原因。有时不同的情况只是被考察现象的部分原因，而不能误认为是全部原因。只有探求到被研究现象的全部原因，才能从整体上把握事物间的因果联系。

（三）求同求异并用法

求同求异并用法的内容：如果在被研究现象的各个场合（正面场合）中，只有一个共同情况，而在被研究现象不出现的各个场合（负面场合）中，都没有这个共同情况，那么，这个情况与被研究现象之间就有因果联系。

例如，某年 4 月 11 日上午，李某在家中被其丈夫杨某打针后突然死去，死后曾被拉到县医院进行抢救，还请了 8 名医生为李某下了"爆发性脊髓炎"的病亡结论，并定于当天下午安葬。

侦查人员调查发现，李某于同月 9 日生病，医生诊断为内耳眩晕症，经治疗已有好转，11 日早上吃了两碗饭，饭后经杨某对其静脉注射

100毫升葡萄糖加水后死去。侦查员从死者两个瞳孔扩散不一等可疑现象，及杨某是县医院化验员，推测杨某可能用技术手段作案。又查到：该医院某护士曾误将氯化钾当成葡萄糖给某病人静脉注射，造成死亡。杨某有可能仿效此法作案。侦查员还查阅药理学书籍发现："氯化钾可以作为药物内服，静脉滴注，决不能速度过快静注""过量静注会导致心跳停止"。

为了进一步验证这一推测，侦查人员做了动物实验。两组动物实验表明：对第一组动物快速静注过量氯化钾，动物心跳停止而急速死亡；对第二组动物虽也静注氯化钾，但没过量也没加速注射，动物没有死亡。因此得出结论："快速静注过量氯化钾是动物死亡的原因"。此案侦破后表明，侦查人员的判断是正确的，杨某最后承认自己用快速静注氯化钾的方法谋杀了李某。

此案中，有两组事例，一是被研究对象（动物死亡）出现的正面场合；一是被研究对象没有出现的负面场合。在这两组事例中，只有一个情况，即"快速静注过量氯化钾"在正面场合中出现，而在负面场合中没有出现，从而得出了"快速静注过量氯化钾是动物死亡的原因"这个结论。

如果我们用 A 表示在所有正面场合出现的相同因素（它在所有负面场合又不出现），用 a 表示被研究对象（它在所有正面场合出现，而在所有负面场合又不出现），则求同求异并用法公式可用表 6-3 表示。

表 6-3 求同求异并用法表示

场合		先行情况	被研究现象
正面场合	第一场合	A、B、C、D	a
	第二场合	A、G、E、F	a
	第三场合	A、I、J、K	a
负面场合	第一场合	—B、C、D	—
	第二场合	—D、F、J	—
	第三场合	—E、I、K	—

所以，A 是 a 的原因。

运用求同求异并用法时经过下列 3 个步骤：

（1）用求同法得出"有相同先行情况 A 就有相同的 a 的结果"；

（2）用求同法得出"都没有出现先行情况 A 就都没有 a 的结果"；

（3）运用求异法将正事例组与负事例组进行对比，一组有相同的先行情况，一组无相同的先行情况；有相同的先行情况就有 a 的结果，无相同先行情况就不产生 a 的结果。

由此可见，求同求异并用法不是单纯地等于连续应用求同法和求异法各一次，它是从正反两个方面考察被研究现象的，所以结论虽然还是或然性的，但是可靠性较高。

正确运用求同求异并用法应注意以下两点：

（1）正反两组事例的组成场合越多，结论可靠性程度就越高。因为，考察的场合越多，排除偶然现象的可能性就越大。

（2）负面场合无限多，只有选择与正面场合相似的负面场合来比较。负面场合与正面场合的情况越相似，结论就越可靠。

（四）共变法

共变法的内容：如果当某一情况发生一定变化时，被研究现象也随之发生一定的变化，则前一种情况就是被研究现象的原因。

例如，某仓库某夜被人撬入，经初步清点，未发现丢失物资；在进一步勘查现场时，发现了案犯留有脚印，进库房和出库房的鞋印虽然是同一尺寸、同一型号，但出库房的脚印显然要比进库房的印迹深。警方由此断定，此案犯一定从库房偷窃了重物背走，才造成出入库房脚印深浅不同的现象。于是侦察员重新仔细清点物资，果然发现丢失 40 千克铝锭一块。

这里运用的就是共变法。

如果我们用 A_1、A_2、A_3 等表示 A 现象的不同状态，用 a_1、a_2、a_3 等表示现象 a 的不同状态，则共变法公式可以表 6-4 表示。

表 6-4 共变法表示

场合	先行情况	被研究现象
第一场合	A_1BC	a_1
第二场合	A_2BC	a_2
第三场合	A_3BC	a_3

所以 A 是 a 的原因。

求同法、求异法是从现象和情况的出现或不出现来判明因果联系的。共变法与此不同，是从现象的量的变化方面来判明因果联系的。这种量是可以度量的，并且可以得出一个函数关系。事物间的共变关系有一定的限度，如果超过了一定的限度，共变关系就会消失，或者发生相反的共变。比如肥料对作物生长有好处，但不是越多越好。超过一定的限度，不但不好，反而有害。

为了提高共变法的可靠程度，在运用共变法时应注意以下两点：

（1）与被研究现象发生共变的情况应当是唯一的，其他情况应当不变。例如，在研究温度的变化与气体体积变化之间的关系时，如果气体所受到的压强也发生变化，那么通过共变法所得出的结论就会出现差错。

（2）两种现象之间的共变关系是有一定限度的，超过了共变限度，该种共变关系就会消失，或者产生相反的共变关系。例如：水肥充足，农作物可以增产，但水肥超过农作物所需要的限度，反而减产。

（五）剩余法

剩余法的内容：如果已知被研究的某一复杂现象，是由另一复杂原因所引起的，并且已知前一现象中一部分是后一现象中一部分的原因，这样，前一现象的剩余部分也是后一现象剩余部分的原因。

例如，清朝的清官于成龙一次在路上看见两个人用床抬着病人，病人身上盖床大被，从枕头上露出的头发上别着一只凤钗，侧着身子睡在床上，两边还跟随着四个身强力壮的汉子。抬一会儿，就在路边换肩，叫另两个人抬着走。这样换了多少次，于成龙怀疑其中有问题。理由是：一个妇女绝不会有这样重，其中必有另外原因在起作用，后来查清里面藏有很多金银，是强盗们采取的伪装手法。于成龙能判明被子内除女人外还有他物，就是应用的剩余法。

剩余法的公式如下：

假定已知复合现象A、B、C、D是复合现象a、b、c、d的原因，且已知：

A 是 a 的原因；

B 是 b 的原因；

C 是 c 的原因；

所以，D 是 d 的原因。

正确运用剩余法探求事物之间因果联系时应注意以下3点：

（1）必须确知被研究现象a、b、c、d是由某一复合现象A、B、C、D引起的。如果不能准确地断定被研究的复合现象和另一复合情况的范围，就有可能在其中一组或两组中，混入其他不相干的现象或情况，而遗漏了真正的、具有因果联系的现象或情况。这样，剩下的现象与情况之间就不一定具有因果联系，所得的结论也就有可能是错误的。

（2）运用剩余法还必须确定部分现象b、c、d是另一部分情况B、C、D其中之一或共同的作用引起的，而a不可能是由B、C、D其中之一或共同的作用引起的。如果a是由B、C、D其中之一或共同作用引起的，那么A与a之间就不一定具有因果联系。

（3）符合现象剩余部分的原因（D），可能又是复杂情况，这又要再进行具体分析，不能轻率地做出结论。

以上分析的探求事物因果联系的5种逻辑方法，是归纳推理的特殊形式，通常是为寻找某一事实的产生原因而设计的实验方法。用这5种逻辑方法得出的结论都具有或然性。要提高其可靠程度，还得正确分析有关情况，要善于从诸多情况中区分出与我们研究的问题有关的情况，并从中发现事物的因果关系；还要尽可能把上述 5 种逻辑方法联合起来运用。另外，这 5 种寻找因果关系的方法只是比较简单的初步的方法，在具体运用时还须把它们和已有的具体科学知识和演绎等方法结合起来。

 训练提升

1. 2012 年 9 月底至 10 月初，适逢国庆和中秋双节，也是我国第一次节日期间实施高速路免费的惠民措施，本意是让大家高高兴兴地欢度两节。但事与愿违：高速路出现了史无前例的拥堵状况，导致乘私家车出行的人们不仅没有快速到达目的地，反而遭遇堵车加"堵心"。事后，许多人，包括有些专家都把堵车原因归咎到高速路行车的免费措施上，有的甚至提出：以后要接受教训，节日期间不仅不能免费，还要加费。这种说法对吗？

2. 李某用磷化锌毒死妻子，但他不是一次用药致其妻死亡的，而有一个较长的过程，侦查人员查阅了死者的病历，死者生前曾经就诊 140 余次，病情的主要特点：腹痛、腹泻、恶心、呕吐，且发生在进食后不久；严重时，口褐、烦躁、手足面部发麻，出现休克。在调查中还发现，李某和其厂内女工杨某勾搭成奸后，死者的病情加重。经查病史资料，这种现象符合磷化锌慢性中毒的病状特征。后来发现，李某多次挖空死者服用的"力勃隆"胶丸，灌入糖精、磷化锌，又多次将磷化锌投入死者的饭菜，且投放的毒药数量逐次增多，使被害人病情不断加重，最终导致死亡。

请问：侦查人员的推断运用了什么逻辑方法？

3. 警方在调查一起利用为同性恋者服务的计算机公告板诱骗男性少年的案件时，由一名警探伪装成同性恋者进入这个公告板系统。该警探在以后的一段时间里坚持每天都与该公告板联系。他根据公告板上提供的地址，查到了该地址是一个加利福尼亚的三口之家的。警探通知当地警方在该户人家的周围布置了监视哨。监视哨的报告表明：每次警探和嫌疑犯进行计算机联系的时候，该户人家的次子马可都正好在家；而一旦他不在家的时候，无论警探和公告板怎么联系，都没有回音。警方得出结论：马可就是作案者。

请问：警方得出"马可就是作案者"这一结论运用了什么逻辑方法？

第七章
类比推理

第一节 类比推理概述

案例解析

1998年夏天,在不到一个月的时间里,某市郊两个居民区连续发生盗窃案11起。公安人员利用现场勘查中获取的痕迹物证,很快确定这些案件均为一人所为,并且根据各案现场中重复出现的痕迹、物证及其他现象,摸清了犯罪分子作案的活动规律:作案时间都是深夜的0:00至凌晨3:00,作案地点基本稳定在两个居民区,作案目标多是夜间敞开门窗睡觉的居民家。据此,侦查员推测犯罪分子有可能再次作案,在可能的时间和地点进行守候监视,在犯罪分子再次作案时,被正在守候的侦查员当场抓获。

逻辑分析:在本案中,公安人员利用已经掌握的连续盗窃案中各种重复出现的痕迹,推测出这些案件为同一人所为。并摸清了犯罪嫌疑人作案的时间、部位和目标等规律,当其再次作案时,被当场抓获。侦查人员正是运用类比推理,推断出作案人的作案规律,从而得以快速破案。

一、什么是类比推理

(1)所谓类比推理就是根据两个(或两类)对象在一些属性上相同或相似,从而推出它们在其他属性上也相同或相似的推理形式。

例如,在宝成线的第70号隧道和第66号隧道分别发现了一具男尸。现场勘验发现:70号隧道的尸体是一个男性中年农民,身带钱粮,仰卧于下行轨道右侧,身上有煤灰,面部和背部多处擦伤。在70号隧道的出口处发现了死者一片撕开的衣服。66号隧道里的尸体是一个男性青年农民,身带钱粮,顺洞壁仰卧于下行轨道左侧,身上沾有煤灰,头部被火车碾压,颅骨粉碎,脑浆溢出。在66号隧道的排水沟里发现了一张发票单。两位死者均锁骨骨折,颈部大量淤血,证明死者生前有过搏斗。不久在同一线路、距离男尸约20千米的下行线路处发现了一具女尸。现场勘查发现：死者是一个20多岁的农村女青年，身带钱粮，俯卧于下行轨道，口鼻腔出血，面、颈部都沾有大量煤灰而且有擦伤，裤腰脱落至臀部，死者是被强奸扼颈窒息死亡。死者身上有搏斗痕迹。在女尸下行方向9米远的一堆石渣里找到了死者脱落的一根红头绳。公安人员对情况进行了分析：3具尸体均位于同一下行线路，都是农民，身带钱粮，身上有煤灰，而且生前有搏斗痕迹。红头绳、撕开的衣服、发票单飘落的方向一致。侦查人员据此推断三人可能是同乘一列下行的装过煤炭的火车时，被人杀害，投尸车外，是三尸一案。

在本案中，侦查人员运用的就是类比推理，其推理的形式如下：

中年男性农民的尸体身带钱粮，身有搏斗痕迹，身上有煤灰，位于某下行线路，撕开的衣服飘落方向为下行方向。

青年男性农民的尸体身带钱粮，身有搏斗痕迹，身上有煤灰，位于某下行线路，发票单飘落方向为下行方向。

青年女性农民的尸体身带钱粮，身有搏斗痕迹，身上有煤灰，位于某下行线路，红头绳飘落方向为下行方向。

所以，三人为同一凶手杀死。

由此，我们可以分析出类比推理的公式：

A 对象具有属性 a、b、c、d；

B 对象具有属性 a、b、c；

所以，B 对象也具有属性 d。

其中，A 和 B 表示相比较的两个（或两类）对象，a、b、c 表示 A 与 B 两类事物相同或相似的属性，d 表示类推属性。

类比推理的客观根据是什么呢？在客观现实里，事物的各个属性并不是孤立存在的，而是相互联系和相互制约的。因此，如果两个事物在系列属性上相同或相似，那么，它们在另一些属性上也可能相同或相似。客观事物之间的这种相互联系和相互制约的关系就是类比推理的客观依据。由于类比推理有其客观基础，因此，人们可以应用类比推理去认识客观事物。但是，类比推理的结论是否必然可靠呢？这要看进行类比的两个或两类事物之间所具有的共同属性与类推属性之间是否有必然联系。如果是必然联系，则类比推理所得的结论必然为真，是可靠的；否则就不可靠。可见，类比推理的结论是或然性的，即使前提为真，结论有两种可能，即可能真，也可能假。

（2）运用类比推理时要注意两个问题。

第一，由于类比推理的结论具有或然性，我们应当进一步去验证它，不能将它当作完全正确的认识来加以运用。

第二，不能将两个或两类本质不同的事物按表面的相似来机械地加以比较而得出某种结论，否则，就要犯机械类比的错误。

例如，基督教神学家们曾用机械类比来"证明"上帝的存在。在他们看来，宇宙是由许多部分构成的一个和谐整体，如同钟表是由许多部分构成的和谐整体一样。钟表有一个创造者，所以，宇宙也有一个创造者——上帝。

这就是把两类根本性质不同的对象按表面相似之处机械地进行类比，显然是错误的，不合逻辑的。

二、类比推理的可靠度

虽然类比推理的结论是或然的，但只要我们在运用这种推理形式时注意以下几点，就能大大提高结论的可靠性。

第一，前提中确认的相同属性越多，结论的可靠程度越大。因为事物或事物类的相同属性越多，表明它们在自然状态中的地位越为接近。这样，类推的属性就有较大的可能是两个对象所共有的。

例如：一种新药在临床应用之前总是先在动物身上进行实验，考察新药的效用，以此来类推人体对新药可能引起的反应。由于高等动物像猩猩、猴子比低等动物（如蚂蚁、蚯蚓之类）与人有更多属性接近，所以，新药物用高等动物做实验推出的结论比用低等动物做实验而推出的结论可靠得多。

第二，前提中确认的相同属性越是本质的，那么结论的可靠程度也越大。因为本质属性是事物的内在规定性，对象的其他属性大多是由其本质属性决定的。因此，如果两个对象的相同属性是本质的，那么它们就有一系列其他属性相同或相似。这样，类推的属性就很有可能是它们的相同或相似的属性之一。

例如：对两个人的爱好进行类比推理时，如果这两个人都是男人，那么一个人的某些爱好，也可能是另一个人的爱好。但如果这两个人一个是男人，另一个是女人，则一个人的爱好不一定是另一个人的爱好。

在运用类比推理时还要注意类比对象属性不能与类推的属性不相容，如果存在不相容，就不能进行类比推理。例如，地球与月球有许多相同属性，但月球上昼夜温差大，没有水，大气极为稀薄。而这些属性与生物存在不相容。因此，我们不能根据地球与月球的那些相同属性，推出月球也有生物生存的结论。

训练提升

2001 年 8 月，某大城市的几个旅馆接连发生 4 起抢劫案。罪犯伪装成房客，以安眠药冒充降血压或治疗风湿性关节炎的药片，骗客人服下，乘机抢劫钱财。案件正在侦查时，又相继发现某县一旅社和邻省某地的两个旅社发生同类手法作案 4 起。侦查人员根据这些案子在作案手段和方法上相同的特征，得出这些案件是同一罪犯或同一团伙所为的结论。于是把这些案子放在一起并案侦查。

侦查人员是如何得出这些案件是同一罪犯或同一团伙所为的结论的?

通过涉法实例导入和逻辑典例分析,学生可以了解、掌握类比推理的含义、特性、运用及违反时的错误形式。运用类比推理能引导人们从某一事物的特殊现象中发现另一事物同样具有某一特性,是人们获取新知的主要途径,是创新的基础。在运用类比推理时,要始终尊重客观事实,避免机械类比,但又要突破固有思维模式努力探索,做到客观、公正、求真、创新等。

第二节 类比推理的法律运用

一、类比推理在刑事侦查中的运用

类比推理的结论虽然不完全可靠,但正是由于其结论断定的范围超过了前提,可以用已知的事物情况说明未知的事物情况,从而为人们提供新知识,认识新事物。在侦查中使用类比推理,对侦查人员认识案情有着重要的意义。从对事物的认识上说,侦查是侦查人员对已发生了的犯罪事件逐步认识的过程,这是一个由侦查人员根据现场勘查、调查访问等方法所获得的已知知识,去认识案件真相这个未知知识的思维过程。在这个过程中,侦查人员所搜集到的材料有可能会是纷繁复杂、门类众多的,有的材料之间有规律可循,但有的材料之间可能在表面上看

涉枪盗抢案
(类比推理)

起来杂乱无章、毫无联系。侦查人员如果能够恰当地使用类比推理，充分发挥其想象力，往往能够从一些蛛丝马迹中得到启发，触类旁通、举一反三，从而取得意想不到的效果。

作为一种思维形式，类比推理在侦查中的作用主要表现在以下3方面。

（一）以案断案

犯罪分子即使再奸诈狡猾，在思维上始终脱离不了人的共性，从而使得他们在作案时的作案手法、特点，以及所作的不同案件都会在某些方面上有共通之处。对于有经验的侦查人员来说，这些共通之处往往能引发他们对于曾办过的案件的回忆，并联想到正在侦查的新案件，由彼案的侦破联想到此案的侦查，举一反三，往往取得意想不到的效果，甚至可以直接侦破案件，查清真相。

例如：在郑克的《折狱龟鉴》中记录了一个"双钉案"的故事：张咏在四川当知州的时候，有次外出，经过一条曲折的小街，忽然听到有人在哭，仔细一听，声音一点也不悲哀，感到奇怪，立即打发人去询问，原来是一位妇女，说她丈夫得急病死了。张咏便觉得可疑，就吩咐一个官吏前去追究和了解情况。这个官吏对死者进行了仔细勘验，没有发现一点致命的痕迹。回家后，他的妻子叫他去搜查一下死者头顶上的发髻，说一定会找出问题来。官吏依妻子所言前往检查，果然发现一颗大铁钉深深钉在死者的头顶。这个官吏高兴极了，到处夸耀他妻子的才能，并把经过情况全报告了张咏。张咏听了，叫人把这名官吏的妻子请出来并厚厚地奖赏了她。然后，又询问了她断案的缘由。她不肯讲。张咏就命令把她和这一案一起进行审讯，最后查明她曾谋杀亲夫，用的也是这个方法。派人去把她前夫的棺材打开一验看，那颗钉子还在脑骨里。于是，张咏就命令把官吏的妻子和那个哭妇，一起绑到街上斩首示众。

这个案子中，两次使用了类比推理。第一次是官吏的妻子，她从自己曾用把铁钉钉在前夫头顶杀人而不会留下痕迹，联想到这个案中没有痕迹的死者可能也会死于同一原因，结果帮丈夫破了奇案。第二次使用类比推理的则是张咏，他从那个哭妇和官吏的妻子都知道使用这种秘诀杀人而可以不留痕迹，联想到官吏的妻子很有可能"亲身体验"过——干过这种勾当，由此及彼，侦破了另一个案子。

这两次使用的类比推理可以用公式表示：

A 案有 a、b、c、d 属性；

B 案有 a、b、c 属性；

所以，B 案也有 d 属性。

在侦查实践中，有时会出现一些案情较为相似的案件，侦查人员借以往的经验，借助类比推理，对相类似的案件能够迅速做出惯性反应，准确做出某种判断，往往能使侦查工作获得某方面的突破。

例如，在某起密室杀人案中，死者被绑在床上，脑袋上方的床架上扎着一把手枪，手枪的扳机上扎着一条钓鱼线，长长的钓鱼线一直连到窗门并穿过窗口垂下，钓鱼线的下面则绑着一块石头，死者就是被这把手枪射出的子弹杀死的。但奇怪的是现场并无其他痕迹，而此案的最大犯罪嫌疑人在枪响时正在离现场30千米的地方，无法扳动扳机。那么，是谁扳动了扳机呢？负责侦查此案的侦探想起曾办的一起相似的案子，凶手在窗台上放上一块干冰之后离开现场，干冰很容易地在空气中挥发得无影无踪，随着干冰的融化，绑着石头的钓鱼线不堪重负往下拉，扳动了扳机发射出了子弹，杀死被害人，同时也为凶手制造出不在现场的假象。这个案子会不会是这样呢？侦探马上对嫌疑人的情况做进一步的调查，发现案件真相正如他所猜想的一样，终于抓住了狡猾的凶手。

（二）并案侦查

1. 并案侦查是常用的一种侦查方法

前面所提及的以案断案主要是从作案手段、方法上着手使用类比推理，而从作案者的角度着手，类比推理还可以应用于并案侦查。并案侦查是侦查中常用的一种侦查方法。

例如，1995年5月5日至1997年1月10日，在某市先后发生10多起强奸案，案件久侦未破。之后，侦查人员将这10多起案件进行对比，发现了许多共同之处：①案犯体形特征：作案人30岁左右，身高170厘米以上，体健身壮，当地口音，手掌皮肤粗糙，可能是从事体力劳动的人；②作案手段：都是蒙面持刀进行威胁，蒙面布料虽有颜色变换，但系法相同而且作案时不避灯光；③作案时间：均在凌晨1时至4时之间；④作案地点：三班倒工厂的女工宿舍及女学生寝室；⑤作案对象：均是女学生或未婚女工；⑥作案目的：每次犯罪前，都搜索了被害人的衣袋、钱包，连硬币、角票也要洗劫，可见其经济拮据，急需钱挥霍。

在上述案件分析的基础上，侦查人员运用并案类比得出结论：这一系列强奸案件都是同一作案人所为。遂将该市自"5.5"案至"1.10"案期间发生的一系列强奸案件并案侦查，迅速破获这一系列强奸案均是某轮船公司职工林某所为。

又如，1991年11月26日凌晨2时，湖南省麻阳县检察院干部张某放在枕边的一支"六四式"手枪被盗。同年12月5日，距离该县200千米的湖南省龙山县岩冲乡农村信用社发生一起两名案犯蒙面持"六四式"手枪抢劫的案件。在分析两起案件能否并案侦查时，出现了截然相反的两种意见：

一种意见认为，两起不同性质的案件不可能是同一个人作案。理由是：尽管"11.26案"被盗的是"六四式"手枪，"12.5案"案犯实施抢劫时使用的也是"六四式"手枪，但是也有几处不同："12.5案件"发生的当地，早在一年前丢失过一支"六四式"手枪，本案使用的究竟是哪一支手枪无法鉴定（当时没有对枪支建立档案，无法通过技术鉴定确认是哪一支枪），并案缺乏依据；两起案件的"性质"不同，一个是盗窃，一个是抢劫；两案作案的人数不同，"11.26案"是一个人单独作案，"12.5案"是两个人合伙作案；作案方法不一致，"11.26案"案犯没有蒙面，"12.5案"两名罪犯都是"蒙面大盗"；"11.26案件"案犯在实施盗窃时，将鞋脱在现场，这双鞋是25厘米的胶鞋，而从"12.5案件"现场提取的足迹认定，案犯穿的是一双与"11.26案件"品牌相同的25.5厘米的胶鞋，如果是同一个人，不应当前后穿着一大一小相同品牌的鞋。

认为两案可以并案侦查的侦查员则认为：第一，两起案件尽管案件"性质"不同，但"11.26案"被盗的是"六四式"手枪，"12.5案"案犯使用的也是"六四式"手枪，两案时间接近，有可能是同一案犯使用"11.26案"盗窃的枪支实施"12.5案"。第二，两案案犯有一个共同特征：胆大妄为。盗窃案件发生时，受害人已发现，案犯仍然将枪带离了现场；抢劫案件发生时，信用社两名工作人员与之拼死搏斗，案犯竟然连开六枪，将信用社工作人员打成重伤。第三，两案发生时间接近。"11.26""12.5"两案相隔仅10天，这种时间上的相近是一种必然联系，一方面说明案犯活动猖狂，另一方面说明案犯可能在近期急需一笔钱。第四，案犯对作案目标的选择有一个共同点，两案中，作案目标均是"易进易逃"的单家独院，所以，两起案件中，案犯虽然均被发现，但都轻易地逃离了现场。第五，两案所反映的案犯的体貌特征、年龄相似。另外，这些同志还就两案不同方面的情况进行了分析说明，认为：两案"性质"不同，但"本质"相同，都是为财而来，盗窃是为了钱，公开持枪抢劫信用社，也是为了钱；一个蒙面，一个没有蒙面，是因为两案"性质"不同，"11.26案"是盗窃犯罪，无须蒙面，而"12.5案"是明目张胆的抢劫犯罪，案犯为了逃避打击需要蒙面；两案中案犯穿的胶鞋品牌相同，可能是案犯在"11.26案"中将胶鞋丢失在现场，为了防止别人怀疑，再买一双同样品牌的鞋；至于鞋的大小，25厘米、25.5厘米差别并不大。

破案结果证实，后一种认识是完全正确的。

犯罪侦查中运用类比推理，可以大大提高破案率。在实际工作中，常常有这样的情况，有许多积案，历年不破，侦查员运用类比推理，在破获一案的基础上，把这一个案件的一些特点与某些积案进行对比，发现它们的共同点后，并案侦查，只要侦破一个案件，就可以连带破获多起案件。此外，在办案过程中，根据侦破案件的需要，侦查人员运用以往的经验和一般性知识，根据现场勘查结果，常常运用类比推理对案件的性质、作案人、作案时间、作案方法提出侦查假设，为侦破工作指明了方向。

这种破案方法的理论基础其实就是类比推理，可用以下公式表示：

A案有a（如作案时间）、b（如作案地点）、c（如作案手段）、d（如作案工具）的特性，并有e（某犯所为）的属性；

B案也有a、b、c、d的特性；

所以，B案也有e（某犯所为）的属性。

运用并案侦查的方法，把多个案件合并起来侦查，既有利于充分利用资源，避免人力、财力、物力的浪费，更重要的是有利于大大提高侦查工作的效率，一旦侦破一个案件，常常可以一举突破一连串的案件。因此，并案侦查在侦查中常被使用。

2. 并案侦查的根据和条件

侦查中能够实施并案侦查的根据如下：

（1）犯罪分子作案往往具有连续性。由于犯罪分子有强烈的占有欲和疯狂的冒险心，往往连续作案。因而在不同时间、不同地点发生的某些案件往往是同一个或同一伙罪犯所为，这是并案侦查的主要依据。

（2）犯罪手段是与犯罪者的个性特点、作案经验相联系的，同一犯罪者连续作同类性质的案件或者彼此有关联的案件时，尽管会有所差异，但总会在某些方面暴露出犯罪者的习惯性特点，表现出某些相同或相似之处，因而我们也就可以通过类比，从某些案件特点方面的相同或相似，进而推出作案人相同的结论。在侦查实践中，尤其是预审活动中，并案类比通常可以实现不同案件之间相关知识的联结，从而启发侦查人员的思路，发现新的侦查线索，由某一起案件的侦破带动一系列案件的侦破，由新近发生案件的侦破带动积案、陈案的侦破，从而提高办案效率。

（3）从犯罪心理学方面来说，侦查中之所以运用类比推理且屡见其效，是因为同一犯罪分子如果使用某种手法一旦得逞，一般会一再反复使用，故同一罪犯在不同的时间地点连续实施犯罪，无论其手段如何狡猾总会留下一些痕迹，而这些痕迹总会暴露出或多或少的相同个性特征，使得侦查员能够运用类比推理由此案推及彼案。

侦查实践中考虑是否并案的先决条件如下：

（1）作案时空的关联性和一致性，即作案时间的间隔短，作案的时间、空间存在着共性。例如，多起案件的现场环境相似，如都是行人稀少的地带；多起案件的发案时间接近，如都是选择在凌晨某时作案等。

（2）作案目标的一致性。例如，在多起案件中被侵害对象的自身条件极为相似等。

（3）作案手段的一致性。犯罪具体行为方式的一致性，如果多起案件均反映出作案人作案手段相同就可据此进行并案侦查。

（4）作案工具的一致性。如果多起案件的现场勘查的技术鉴定或者根据受害人、现场目击者所提供的情况判断，作案人使用了相同的作案工具，就可以作为并案的根据。

（5）作案主体构成的一致性。如果在多起案件中根据现场勘查表明或者通过受害者、目击人反映出作案主体的人数相同，也可作为并案的根据。

（三）侦查实验

侦查实验在刑事侦查中的应用古已有之，《折狱龟鉴》中还记录了这样一个案例：张举，吴人也，为句章令。有妻杀夫，因放火烧舍，称火烧夫死。夫家疑之，诉于官，妻不服。举乃取猪二口，一杀之，一活之。而积薪烧之，活者口中有灰，死者口中无灰。因验尸，口果无灰也，鞫之服罪。

此案中，张举就是运用类比推理进行侦查实验，根据杀死后的猪被烧后口中无灰，推断出人死后再被焚烧也会口中无灰。以此断定死者是先被杀害后再被焚尸的。

那么，什么是侦查实验？它与类比推理又有何联系？

侦查实验是指为确定对查明案情有意义的某一事实或现象是否存在，或者在某种条件下能否发生或怎样发生，而参照案件原有条件将该事实或现象加以重新演示的一种侦查方法。它是侦查人员判明案情，查对证人、被害人的陈述及被告人的供述与辩解是否符合客观实际情况，是否真实可靠的一种有效的方法。侦查实验的结论不仅能够为分析判断案情提供依据，而且还可以为侦查破案提供线索。可以说，侦查实验对于侦查破案乃至整个刑事诉讼活动都具有重要意义。而侦查实验的逻辑基础正是类比推理。在侦查实验中，被模拟的案件情况是需要我们去认识的对象，而重新演示出来的情况则是类比物；通过侦查实验而得出结论的过程，就是应用类比推理的过程。

不仅在古代的刑事侦查中有侦查实验的应用，进入现代社会后，侦查实验的应用更为广泛。针对具体的案件，侦查实验可以用于证实被害人或证人在某种条件下能否听到或看到，确定在一段时间内能否完成某种行为，确定在什么条件下能够发生某种现象等。

例如，2001年3月16日凌晨4时16分至5时，罪犯靳如超在石家庄连续制造了5起爆炸，造成极为严重的后果。事后警方曾进行模拟实验，以证明靳如超一个人完全能够实施这5起连续爆炸。为了验证靳如超能否一个人在短短一个小时左右的时间内实施连续爆炸，公安部和石家庄公安局于3月25日晚4时许做了模拟实验。参加实验的侦查人员按照靳如超供述的作案过程和线路，进行模仿，结果全程仅用了39分钟。侦查实验结果表明，在相同的作案过程和路线下，侦查人员完全可以在一个小时之内实施5起连续爆炸，以此类推具有相同条件的靳如超也完全可能在相同的条件下完成相同的行为，从而为此案的侦破提供了确凿的证据。

又如，在某地一凶杀案件的侦破工作中，办案人员发现被害人居住的室内现场，浮土下的坚硬地面上还有足迹，其中一种足迹与嫌疑人林某的鞋底花纹相同，但林某说该脚印是被害人死后第三天他进屋时留下的。为了弄清这一问题，办案人员了解到被害人生前有个习惯，每天睡觉前都要洒水扫地。看来林某的足迹可能是在被害人洒水后他踩出来的。那么该足迹是在洒水后多长时间踩出来的呢？办案人员决定进行一次现场模拟实验。在与遗留足迹相同土质的地面上洒上水，选择一个与林某身高体重相同的人，穿上相同种类的鞋，每隔半小时踩一次，拍下照片，连续实验36小时，然后将各个时间拍的照片与现场足迹照片比对，结果证明，1~2小时内踩的足迹在造型特征等方面与现场足迹完全相同。这说明林某的足迹不是3天后留下的，而很可能是在被害人被杀害的那天晚上洒水后不久留下来的。破案结果证实，杀人犯就是林某。

由此可见，作为一种思维方法的类比推理，如果能在侦查中得到正确的应用，对侦查人员认识案情有着重要意义，它能帮助侦查人员从蛛丝马迹中得到启发，展开联想，打开思路，使侦查工作有所突破，从而查明案情真相。但是由于类比推理毕竟是一种或然性推理，因此，刑事侦查中运用类比推理，就必须注意提高推理结论可靠性的问题。

首先要尽可能找出类比案件更多的相同属性。分析对比案件的相同属性越多，由此推出的结论越可靠；其次还应注意相同属性应是案件较为本质的属性，比如作案的方式方法、使用的犯罪工具以及作案时间地点等，因为这些能够比较明显地反映罪犯的作案特点和规律。另外，刑事侦查中运用类比推理，一般只适用同类性质的案件，如同是盗窃案、杀人案、抢劫案、诈骗案、强奸案等。如果案件性质不同，一般就不宜使用类比推理。因为案件的性质不同，作案的方法、使用的工具就不相同，而作案方法和使用工具相同往往是刑事侦查中运用类比推理的主要依据。

以上几点可以说是在使用类比推理时，为提高结论的可靠程度而必须要注意的几个问题。这就不难解释为什么在进行并案侦查时，要尽可能多地找出不同案件之间的相同点，并且一旦发现其中某个案件的作案人在其他案件发生的时候确实没有作案时间，或者有其他不相容的情况，就不能把该案与其他相似案件并案侦查。还有，之所以在侦查实验中会要求实验情况与案件情况应尽可能地一致，都是为了提高其结论的可靠程度，以免得出错误的结论，使侦查工作误入歧途，更要避免造成冤假错案。

尽管类比推理在侦查中可以有诸般作用，并且我们可以用多种方法提高其结论的可靠程度，但鉴于其结论或然性的性质，在侦查中使用类比推理时，主要还是侧重于其辅助性的作用，不可忽略其他思维方法和科学手段的作用。

总之，只要使用得当，类比推理就可以成为侦查人员思维中的一把钥匙，为他们启迪思想，打开思路，充分发挥创造性思维，为侦查破案立下奇功。

（四）侦查比对

所谓侦查比对法也称侦查比对推理，就是根据已知的对象特征与被考查的对象特征是否逐项对应相同，从而得出被考查的某个对象是否就是已知的那个对象的结论的推理。它是通过对对象特征的逐项比对而得出结论的逻辑思维过程。

在刑事侦查中，常常需要确认被考查的某个对象，是否就是已知的那个对象，也即确认两者是否为同一对象。比如，某无名尸体是否就是已知的某个失踪人，某嫌疑人是否就是要寻找的作案罪犯，某物品是否就是在作案现场留下痕迹的那种物品等。这样的确认过程，在刑事侦查学中称为对客体的同一认定，它主要是依靠刑事技术方面的知识，通过对对象特征的比对，来确认对象同一的，就其本身来说，它是一种经验方法，而不完全是推理。但是，这一同一认定过程，绝非简单的、直观的断定，而是运用比对法在分析对象特征的基础上，通过对对象特征的综合而得出结论的。这一分析综合的过程，显然包含着推理的过程，这一推理过程，从逻辑学上加以概括，我们就称为比对推理，或叫比对法。

比对法可用公式表述如下：

已知对象 A 具有特征 $a \wedge b \wedge c \cdots\cdots \wedge n$；

被考查对象具有特征 $a \wedge b \wedge c \cdots\cdots \wedge n$；

所以，与 A 为同一对象。

公式中的已知对象 A，称为比对原型。例如，从现场中提取的罪犯指纹、脚印，被害的无名尸体，刻画出的罪犯形象等。它是进行比对的基础。公式中的被考查对象，称为比对对象，即刑事侦查学中所指的被审查客体。如嫌疑人的指纹、脚印，疑为被害的失踪者，作案嫌疑人等即是。它是通过比对拟作认定的对象。公式中的 a、b、c 等是用以比对的特征。符号"∧"（读作"并且"）表示特征间的合取关系。

比对推理有肯定式和否定式两种形式，可用公式表示如下：

（1）肯定式比对推理：

已知对象 A 具有特征 $a \wedge b \wedge c \cdots\cdots \wedge n$ 被考查；

对象具有特征 $a \wedge b \wedge c \cdots\cdots \wedge n$；

所以，被考查对象与已知对象 A 为同一对象。

例如，某年 12 月 29 日沈阳市交通大队民警李英春同志被杀害。现场发现一个长 27 厘米的铁钎子，经鉴定认为是罪犯所留的撬压工具。在走访、辨认中，沈阳市丝钉厂群众反映，见过范某做过这样的铁钎子。通过教育，范某说，他曾给河区房产局建筑工程队工人张洪伟做过这样的铁钎子。并说铁钎子有 4 个特征：①长 27 厘米。②用两块废料，两次做成。③钎杆和钎柄是两结合的。④钎杆和钎柄连接处有个铆钉。钎杆和钎柄的接头处有一块油抹布。把访问得到的情况与现场的那个铁钎子比对，尺寸、结构、样式完全一致。又经范某对 4 把铁钎子的辨认，当即拿出现场所留的那把铁钎子。从而证明了张洪伟正是用这把铁钎子撬开了李英春的家门而进行盗窃的。

（2）否定式比对推理：

已知对象 A 具有特征 a ∧ b ∧ c …… ∧ n；

被考查对象具有特征 a ∨ b ∨ …… ∨ n；

所以，被考查对象与已知对象 A 不是同一对象。

例如，某年某月，某公安局某同志送来王某的黑色胶底皮鞋一双，要求与某年某月某日某单位日本产 20 寸彩色电视机被盗现场提取的脚印进行鉴定。经检验，现场拍照的左脚跟印反映较完整，局部特征明显，经与王某左脚皮鞋后跟比对，发现两者鞋跟大小、种类、磨损部位、程度均反映不一致。于是得出结论："某年某月某日某单位日本产 20 寸彩色电视机盗案现场脚印不是王某黑色胶底皮鞋左脚后跟所留。"

比对推理的基本作用在于"识同别异"。上述公式（1）是认定或判定对象同一时所运用的推理形式，其作用在于"识同"；而公式（2）则是认定或判定两对象不同一时所运用的推理形式，其作用在于"别异"。在刑事侦查，尤其是司法鉴定中，经常要碰到认定或判定被考查的某个对象是否就是已知的（所要寻找的）那个对象，这样的确认过程，也即对客体的同一认定，主要依据是刑事侦查或司法鉴定方面的专业知识；但从思维过程来看，实则是一个运用比对推理由已知探求未知的逻辑思维过程。

例如，某村 10 岁女孩高某，外出看电影后失踪，家长四处查找无着。10 余天后，高父得知 4.5 千米外的某地黄河滩上发现一具女孩尸体，即前往认尸。因尸体已高度腐败，无法确认，便就地挖坑掩埋。半月后，侦查人员在侦破另一案件过程中得知这一情况，认为与正侦查的案件有关，即赴掩埋地点勘查。到现场后发现女孩尸体已被狗扒出吃掉，仅找到 5 小块碎肩胛骨，两半截大腿骨，几块残缺肋骨，一团乱头发，两小段腰带，一片右脚大拇指甲和一个没有表皮肌肉的颅骨。在这种情况下要确认死者是谁，仅凭直观辨别根本无能为力。但是，侦查人员还是通过如下比对法的运用得出了结论：

①从牙齿、颅骨的结合缝及毛发分析，死者女性，10 岁左右，与高

性别、年龄相符；

②颅骨后枕部较平，前额较高，两外门齿长出半截，与死者之父所述高某面貌特征吻合；

③死者右脚拇指中间隆起，四面凹陷，与死者之父所述高某的脚趾特征相同；

④现场发现死者两小段腰带，系蚊帐布所做，与高某失踪前所用腰带相同；

⑤按照发现尸体的时间及尸体腐败程度，推断死亡时间距发现尸体时间 10 余天，与高某失踪时间相符。

通过上述比对后认定："死者就是高某。"破案后证明，这一结论完全正确。

在刑事侦查工作中，根据刻画的罪犯特征确认作案人，以及对罪证的认定，包括查对指纹、脚印、笔迹等，也都不是仅凭直观根据大致相似与否就能得结论的。因为这样的认定终究是粗糙的、轮廓的，很容易把表面相似实则相异的对象，误认为是同一对象，或者把表面相异实则同一的对象，误认为不是同一对象。为使认定论之有据，比较可靠，在这些场合也都要应用比对法。

比对推理是在比较两个个体对象的基础上进行的，其推导方向是从个体对象推向个体对象。因而比对推理不同于演绎推理和归纳推理，而属于类比推理的一种特殊应用形式。比对推理之所以能够通过对象间的特征比对而确认或判定是否同一对象，在于它把握了对象的独有特征。客观世界不存在两个绝对相同的对象，任何事物都因其独有的特征（独特性或特殊性）而与别的事物相区别。把握了对象的独有特征，也就能在纷繁复杂的事物中认识具有这一独有特征的对象。这就是比对推理之所以能够通过特征比对进行同一认定的客观基础。

运用比对推理时，应注意以下几点：

第一，运用肯定式比对推理时，要善于发现并分析对象的偶然性因素。在对象外部结构特征的形成过程中，发生作用的必然性因素越多、影响越大，对象的特有性就越弱而共有性越强，这时比对推理的结论就越不可靠；反之，若发生作用的偶然性因素越多、影响越大，则对象的共有性就越弱而特有性越强，这时比对推理的结论也就越可靠。

第二，运用肯定式比对推理时，如果是以被认定对象的"特征总和"作为比对的独有特征，则尽可能地增加比对特征是提高肯定式比对推理的结论可靠性程度的关键。

第三，运用肯定式比对推理时，要求比对的特征逐项对应吻合，才能得出肯定同一的结论；而运用否定式比对推理时，只要有一项比对特征不对应相同，就可以得出否定同一的结论。

二、类比推理在审判工作中的运用

（一）类推适用

在法律适用过程中，当审理无明文法律规定的具体案件时，通常的方法就是根据最相类似的法律条文进行类推适用。所谓类推适用，就是对无明文法律规定的具体案件，比附援引与其性质最相类似的现有法律规定来处理。其逻辑基础就是类比推理。

例如，侵权损害赔偿较为原则化，对赔偿的具体范围和标准欠缺规定。设若甲与乙斗殴，被乙致伤，如何赔偿？其具体操作过程：①比较斗殴导致的伤害与交通事故致人伤害的异同，归纳出它们都有共同的属性，均属人身损害伤害；②斗殴引起的人身损害赔偿伤害法律没有具体赔偿范围和标准的规定，而关于道路交通事故有此规定；③斗殴引起的人身损害赔偿可以适用道路交通事故引起的赔偿中关于范围和标准的规定；④本案所涉及赔偿是因斗殴引起；⑤本案可用赔偿范围和标准的规定。在这里，法官将因违反相关规定所引起的人身损害赔偿导致的法律效果转移至两人斗殴引起的人身损害赔偿上来，这就是司法审判中法律适用的类推。

在民法实务中，有相当一部分案件的处理就是采取这种形式的类推适用。在法律适用中，要运用类比推理处理具体案件，关键条件就是在确认案件事实时，首先要找出类推适用的操作媒介：待处理案型与法律明文规定案型之间的"类似性"，而类似与否的问题又带有很大的主观差异性，它取决于法官基于立法意旨的理解和对待处理案件实质内容的评价，也即必须涉及人的价值判断。并且，"类似性"的认定往往在于两类型案件具有同等法律价值，以便做同一规范的基础，因此，类推适用实则为一种价值判断，其结论只具有某种程度的或然性和妥当性，而不具有逻辑上绝对的可靠性。

类推适用以法律上的"妥当性"为最高追求目标，因而在刑法中禁止运用类推适用，这是现代法治国家的通例但这并不意味着在民事、经济案件中也不能运用类推适用。因为成文法具有滞后性的特点，法律总是赶不上社会经济的发展，因此，在某些情况下类推适用总是必要的，不过在具体运用过程中应当注意详细阐述类推适用的理由和根据。

（二）判例类推

所谓判例类推，就是在法律适用过程中，当法律没有明文规定，或者虽有规定但规定过于概括而含义不明时，法官遵循或参照先前的判例进行法律推理，以对当前待处理案件做出妥当、正确的裁处，其逻辑基础也是类比推理判例在不同法系和国家具有不同的地位。

英美法系以判例作为主要法律渊源，以法院先前的判例作为以后审理同类案件的法律依据；但在大陆法系国家和地区，判例只起到一定的借鉴、参考作用，我国也是如此。根据先前判例对以后案件的约束力不同，判例类推有两种形式——遵循先例式判例类推和借鉴先例式判例类推。我国是一个以制定法为主要法律渊源的成文法国家，法官在法律适用过程中不能以先前判例作为裁判案件的法律依据，但这并不是说判例在我国毫无作用。在法律条文不明确的情况下，想要正确适用法律，就可以参考已有的案例进行推理。依照以有案件进行推理，最重要的是在于发现后例与前例间的相似性，即通过前例与后例之间具有的类似情况，将前例所适用的法律适用于后例。

我国的法律适用过程中虽不能运用遵循先例式判例类推，但可以借鉴先例式判例类推。所谓借鉴先例式判例类推，就是法院或法官在法律适用过程中，联结确认的案件事实和援用的法律条款构建法律推理时，参考、借鉴与当前审理案件事实类似或相同、并且已经本院或上级法院先前做出的正确的生效判例，以做出当前审理案件裁处结论的推理。借鉴先例式判例类推，一般在法律已有规定但规定不明确时运用；也可以在法律已有明确规定或没有明确规定时运用。其逻辑基础也是类比推理。

例如，某原告舒××在饮用被告蓝剑集团公司生产的蓝剑啤酒时，一瓶啤酒突然爆炸，击伤原告左眼，致使左眼失明。原告请求法院判令被告赔偿其医疗费、误工费、生活补助费以及 80 000 元残疾赔偿金。四川新津县人民法院审理认为："本案是一起损害赔偿案，关于赔偿项目，《中华人民共和国消费者权益保护法》第 49 条均有规定，依本案事实，原告作为消费者饮用蓝剑啤酒受伤，按特别法优于普通法的原理，本案应当适用《中华人民共和国消费者权益保护法》，两法比较，《中华人民共和国消费者权益保护法》第 49 条新增了'残疾赔偿金'的项目，原告左眼受伤失明，不仅给其生活带来极大的不便，更给其精神上造成巨大的终身痛苦，请求赔偿 80 000 元残疾赔偿金并不为高，应予支持……"法院据此判决被告赔偿原告 192 438 元，其中，残疾赔偿金 80 000 元。

此案判决不久，该县人民法院在"饶×诉××鞭炮厂产品责任损害赔偿案"的审理与调解中，法官以及双方当事人就参考、借鉴了先前判例"啤酒瓶爆炸案"。在后案中，原告在燃放被告生产的魔术弹时，因魔术弹爆炸，击伤其左眼，致使左眼视力严重下降，并有失明的可能。这一案件事实与先例中的案件事实极为类似，先前判例的处理方式足以作为后案的一个具体感性的例子，可以仿效。因此，在法院主持下，原、被告双方很快达成了调解协议，被告赔偿原告各种损失（包括残疾赔偿金）共 13 万元。

当然，司法实践中的很多环节都可以进行类比推理，正确运用类比推理，对于提高司法人员的业务素质和办案能力，促进法制化建设的日趋完善均有重要的实际意义。

第八章
假说及其运用

人们认识客观世界的目的是了解客观事物的规律性并形成科学理论，然而有些事物现象用目前的理论无法进行解释。因此，人们往往会以已有的事实材料和已知的科学理论为基础，对这些未知的现象做出试探性的解释。例如：门捷列夫的元素周期说、天体物理学中的宇宙大爆炸说、地质学中的大陆漂移说等，最初都是这样提出来的，然后进行验证。事实上，我们对客观事物的规律性认识就是这样一个由不知到知，由知之甚少到知之较多、较深、较细的过程。假说在这个认识过程中扮演了一个重要的角色。

第一节　假说的概述

　案例分析

有一起凶杀案，经过尸检和初步分析认定为仇杀，并确认某甲有重大嫌疑，形成了"某甲是本案凶犯"的假说。由此就可以引申出一系列推断：

如果某甲是本案凶犯，则某甲在发案时间内去向不明；

如果某甲是本案凶犯，则某甲衣服上黏附的血迹，其血型应与死者的血型相同；

如果某甲是本案凶犯，则与死者生前当有过尖锐的矛盾冲突。

……

一、什么是假说

假说，也叫假设，是人们以已有的事实材料和科学原理为依据，对未知事物或现象所做的假定性解释或推测性说明。

例如，法医学中关于尸斑形成原因的两个解释就是两个假说：一些人认为，尸斑的形成是血液在死后流向身体低下部位的结果；另一些人认为，形成尸斑的可能性，不仅是由于血液在死后流向身体低下部位的结果，而且是由于血管壁收缩，导致血液向毛细血管甚至向高位处转移的结果。产生这样的观点，是因为尸斑不仅出现在尸体低下部位，而且出现在仰卧位尸体的脸、颈、胸部。

任何科学理论，都必须经过假说，待进一步证实后，才能上升为理论。所以，假说必须具有以下鲜明的特点。

1. 假说具有一定的科学性

假说是建立在一定的经验和事实材料基础之上，有一定的科学理论作为依据。因此，假说不是随意的幻想和碰运气的猜测，更不是不负责任地胡说八道。而假说本身只要有一定的事实基础和科学依据，或者能解释一定的现象，说明一定的问题，就表明已反映了客观真理的某些方面，因而也就具有存在的价值。所以说，科学性是假说的第一个特点。

2. 假说具有推测性

假说不同于那些已为实践过的科学原理或定律，而是往往建立在不够充分的事实、经验材料和不够完善的理论基础上的，也就是说，它只是一种假定性的解释，可能完全符合实际，也可能部分符合实际，还可能不符合实际，这都有待在实践中加以检验。

3. 假说具有一定的过渡性

假说是对未知的假定性解释，是有待证实的。但假说又作为有根据的推测，是人们的认识接近客观真理的方式。因为人们的认识是从不知到知，从知之不多到知之甚多的无限发展过程。人们对客观事物的认识，总是先要提出假说，然后从假说中引申出许多关于事实的结论，并在实践中经受检验，使得有些假说被抛弃，有些假说被证实、补充，从而形成科学理论。所以，假说是通向真理的桥梁。民法中的"宣告死亡"，实质上也是一种假说。例如，某人失踪已满一定期限，经失踪者的利害关系人申请，户籍管理机关查明事实，人民法院依照审判程序就可以宣告死亡。可见"宣告死亡"实际上是"假定死亡"，因为失踪人可能还活着。不过这种假说与一般的假说不同，即它暂时被认定为真，并且具有法律效力。如果以后被宣告死亡的人生还，法院应当撤销其死亡宣告。

二、假说的发展

假说的发展有两个阶段：假说的提出、假说的检验。假说在经历这两个阶段之后，再经过不断的修改、充实和完善，就可以上升为科学理论了。

我们以医生诊断某人是否患有肺结核为例来说明假说的发展过程：某人因咳嗽、吐血、四肢无力，去医院就诊。医生诊断如下：

（1）望闻问切，掌握病人产生上述现象各种情况；

（2）根据病人主诉和医生检查所得，结合有关医学知识和临床经验，经过分析，提出假说："可能患有肺结核"；

（3）根据肺结核的假定进行推论：如果是肺结核，病人的肺部就一定有病灶，痰中应有结核杆菌等；

（4）医生根据上述推论开出检查单，让病人去化验室做化验；

（5）经过化验结果做出结论，如果所做的假定被证实，则假说成立；否则另做假说。

（一）假说的提出

假说的提出与形成必须以丰富的事实材料作为依据，而且还需要有一定的理论知识，所以初始阶段是收集材料和理论分析阶段。这个阶段主要是收集材料和分析主要事实。只有材料丰富，根据扎实，提出的假说才有科学价值，才有可能成为真实可靠的理论知识。

由上可知，假说的提出与形成是一个十分复杂的创造性思维过程。不同的假说形成的具体方式也各不相同。但在形成某个假说之前，研究者往往先从不同角度出发，提出关于未知事物或现象的种种初步设想，然后运用已有的科学理论或事实材料去分析、论证这些设想。那些与已有的科学理论或事实材料相矛盾的设想被——否定，只有那个经得起反复推敲并与已有科学理论和事实材料相一致的设想，才能作为假说正式提出来。

假说的提出与形成的过程，是在科学发展及社会实践的具体场合提出问题并初步研究问题的过程。在假说提出与形成的过程中，要注意以下几点：

第一，假说的提出要以事实为依据，但不受原有事实材料的限制。事实材料是形成假说的基础和出发点。在提出假说之前，事实材料越丰富、越全面，以此为依据提出的假说也就越可靠。另外，研究者也不必为存在着个别"反例"或"异例"就不敢提出假说，这是因为，在对事实材料的收集过程中也可能存在错误，假说只能是尽可能地对相关的事实做出圆满的解释，不能仅仅因为个别相关事实得不到解释而放弃自己的设想。

第二，假说应以科学原理为指导，但不受传统观点的束缚。提出假说应该以科学的基本理论为依据，而不能与之相矛盾。但应该注意，人的认识是辩证发展的，原有的某些理论不可能完美无缺。人们提出假说，常常是因为以往的科学理论对某些现象无法进行解释或解释得不完备，通过假说使原有的认识得到扩展和深化。因此，提出假说不能完全受原有理论的束缚，要敢于向某种传统理论挑战，打破条条框框，大胆提出假说。

第三，假说要能解释已有的事实或现象，而且能预见新事物、新情况的出现。如果一个假说无法解释现有的相关事实，那么这个假说就毫无意义,对科学的发展起不了作用。同时假说还应能对未知的事物或现象做出具有推测性的论断,并且这些论断能在实践中得到检验。

归纳推理和类比推理在假说的提出与形成过程中起着重要作用。科学史上许多具有重大影响的假说,都是借助归纳推理或类比推理等或然性推理提出的。归纳推理的本质是把关于部分的知识扩大为整体的知识,类比推理的本质是根据两个对象具有某些相同属性而推知它们在另外的属性上也是相同的。这两种推理的共同特点是根据已知去设想或推测未知,因此,它们为假说的形成拓展思路,产生联想,形成方案。

例如,人类的癌症到底是什么引起的?近年来,科学家逐渐获得以下事实:1969年12月5日,日本癌症研究会的管野晴夫博士用电子显微镜从经过培养的上喉咙癌细胞中找到了EB病毒;与此同时,爱知癌中心的伊藤洋平博士也从白血病癌细胞中找到了EB病毒;1969年12月4日美国国立癌研究所的阿尔夫博士等证明了骨癌可能是由病毒引起的。最近一些年来,科学家更不断从癌细胞中找到了病毒。所以,目前人们越来越认为病毒可能是诱发癌症的因素。

这个"病毒致癌"假说的提出和形成过程,就运用了归纳推理中的简单枚举法。

又如,17世纪英国生物学家哈维在建立血液循环学说时认为:太阳是大宇宙的中心,天体做圆周运动,心脏是人体的中心,所以血液的运动也是圆周运动;他又说:湿的土地被太阳温暖,产生蒸汽,蒸汽上升凝聚,又成为雨降下湿润土地,由此产生新生命,在人体内血液的循环也是如此,既然大自然是循环的,所以血液的循环也是可能的;他还说:水往低处流,而水泵可以把水从低处抽到高处,心脏的作用同水泵是一样的。

哈维建立血液循环学说就运用了类比推理。

在假说的提出与形成阶段,初步假定的提出具有明显的尝试性和暂时性。因为初步的假定不但是个未展开的简单观念,而且设想了好几个可供选择的假定,需要经过反复的考察才能决定其取舍。

(二)验证假说

假说具有或然性,一经提出,就要接受验证。验证假说就是以假说为出发点,结合背景知识验证这些结论是否与现实符合。如果符合,假说就成立。验证假说的实质就是以假说做前件,逻辑地推导出与之有必然联系的后件,形成一个充分条件假言判断之后进行充分条件假言推理。这个过程,其实就是以假说为根据,推断或预言未知的事实或现象,并求得其后在实践中验证的过程。

因此,假说的验证过程可分为两个步骤:一是从假说的内容引申出有关事实的结论;二是验证这些事实的结论。前者是个逻辑推演的过

程,后者是个事实验证的过程。具体地说:

第一步:从假说的基本理论观点出发,引申出有关事实的结论。由于这个过程需要应用演绎推理,所以又称为逻辑验证过程或逻辑推演过程。

例如,在假定犯罪嫌疑人是某甲的基础上,侦查员就可以比较合理地说明某案形成的各个要素,表述:"如果某甲是作案人,那么就会出现如此这般的情况:具备作案动机、有作案时间、到过案发地点、有作案工具、在现场留有痕迹等各项条件。"

由假说引申出的推断往往是多项而不是单一的。假说引出的推断越多,就越能为该假说预言未知事实和现象开辟思维空间,也越能为下一步奠定较为广泛的基础。

第二步:通过社会实践检验从假说所引申出的结论是否真实。由于这个过程采用的手段是社会实践,所以又称为实践验证过程。

实践验证的方式,有时仅用经验直接对照就够了,有时需要设计复杂的实验,并要运用探求事物间因果联系的逻辑方法。

例如,何某在家中厨房做饭时被从室外射入的子弹击中后墙反弹后左臂受伤,警方提出了"子弹是从对面楼房某层射过来的"假说。为了验证这一假说,警方运用弹道痕迹学理论进行了细致运算和认真勘查,后来又进行了侦查实验,最终得出"子弹是从厨房对面六楼606房客厅窗户射出的"这一科学结论。

如果假说推出的结论与事实相符,那么我们一般认为假说得到证实;如果它与事实不相符,那么我们一般认为假说被否定。上述对假说进行验证的过程,只是其基本步骤。在实际的验证过程中,无论是证实还是否定一个假说,都是十分复杂的。所以,在验证假说时要注意以下问题。

1. 假说的验证有一个过程

假说的验证不是由个别的实践活动所能解决的,而是在人类社会历史的长期实践中逐步得到证实或否定的,甚至有时一个假说本身就不是很完善,它可能包含个别性的错误而只能解释一部分事实,在这种情况下,对这个假说不能简单地予以证实或否定,而是要进行一系列的修正或补充。

例如,太阳中心说的基本内容是正确的,但哥白尼认为行星的运行轨道是圆形的,后来,开普勒根据更多的观察材料,证明了行星运行的轨道是椭圆形的,从而修正了哥白尼的学说。

2. 假说的验证具有相对性

假说验证的相对性,一方面是指人类的具体实践总是不完备的,总是带有历史局限性的;另一方面是指在验证假说的过程中,由于观察、实验等技术手段的不完善,致使所得到的事实材料不准确甚至是错误的也可能导致假说验证的不准确。

例如，门捷列夫根据元素周期律预见未知元素"类铝"的相对密度是 5.9~6.0。不久，布瓦博德朗用光谱分析法发现镓的相对密度为 4.7。门捷列夫根据"类铝"和镓的原子质量相同的情况，断定镓就是他所预见的"类铝"，所以他认为布瓦博德朗的测定有问题，就把自己的想法写信告诉了布瓦博德朗，布瓦博德朗重新测定的结果表明，镓的相对密度为 5.9。

可见，有时从假说中推出的事实与观察实验的结果不符合，问题不一定在假说，而可能是观察实验的结果有错误。

通过涉法实例导入和逻辑典例分析，学生可以了解、掌握假说的含义、特性、提出、检验、运用，运用假说探求新知。在进行假说时，必须要在已有经验和事实的基础上，遵守客观事物发展规律，但又要突破固有的思维模式，努力创新，做到客观、公正、求真、创新等。

第二节　侦查假说

在刑事案件的侦查过程中，假说是一种最常见的思维方法。案件侦查初始阶段，有对案件性质的假说，对犯罪分子基本情况（年龄、性别、职业、体貌、与受害人的关系等）的假说，有关于案件发生时间、地点的假说，还有对犯罪分子作案原因、作案手段、犯罪过程的假说，以及案件现场痕迹形成过程或变异原因、物证出现和存在原因的假说等。在案件侦查调查过程中，会出现许多不一致或相互矛盾的情况，也需要提出种种假说来解释、说明和补充，然后进行查证确认。总之，通过侦查假说，可以全面客观地反映案件情况，帮助侦查员深刻认识案件本质，指导侦查破案的工作实践。

例如：某年2月26日晚上9时，某厂职工庄某回家途中被人杀死在大街上，现场位于大街中心，路灯昏暗，行人稀少，报案人吴某称，当他骑自行车上夜班路过现场时，发现被害人跪伏在自行车旁，以为是疾病或者是撞伤的，后来才发现是被杀的。侦查员勘查现场时，没有发现任何有价值的痕迹物证。经尸检发现，死者全身仅有一处锐器伤，位于左侧胸部第三根肋肌处，创口长1.5厘米，宽0.15厘米，呈一边锋利一边钝形状，深达胸腔，死者被刺穿主动脉，大量内出血死亡，推断凶器是一把锋利的单刃匕首。

分析案件情况时，侦查员们对案件性质，即案件发生原因提出了多种假说，认为：①如果是仇杀，凶手为了泄愤，被害人身上刀伤不应只有一处；②被害人平日作风正派，与人没有任何感情纠葛，应当可以排除情杀；③如果是拦路抢劫，罪犯肯定要翻动衣服，抢劫财物，而被害人衣物整齐，不见任何翻动，身上所带的财物一样不少；④如果是流氓杀人，身上无任何抵抗伤，没有遭受侮辱的迹象。

案件性质一时无法确定，侦查员根据案件现场环境和案件发生的时间进行推断，认为现场地处偏僻，晚上来往人员稀少，正是犯罪分子抢劫和侮辱妇女的有利时机，抢劫杀人或流氓杀人可能性很大。于是大胆提出了这样一个假说："可能是犯罪分子作案时，出现了意想不到的情况：或者是有人路过此地，或者是受害人顽强反抗，于是向受害人猛刺一刀，来不及抢走物品而仓皇逃离现场。"

根据这一假说，侦查员决定立足现场，从查找凶器入手，发动群众提供线索。不久发现，住在现场不远的仇某曾经多次在现场附近持刀拦路抢劫和侮辱妇女，有重大犯罪嫌疑。审查仇某，仇某交代他经常在现场附近活动。案件发生的当天晚上，在现场附近伺机作案，见受害人骑车路过此地，正好四周没有行人，从后面窜上去，拉住被害人自行车后架欲行不轨。被害人见状，厉声呵斥，要和他一同去派出所，仇某从未遇到过这种情况，恼羞成怒，持匕首朝被害人前胸猛刺一刀，慌忙逃离了现场。

像这样在侦查过程中运用的就是侦查假说。作为侦查思维的逻辑方法，侦查假说在刑事侦查活动中具有极其重要的地位和作用。

一、侦查假说及其特征

（一）侦查假说的含义

侦查假说，就是以现场勘查初步调查得到的案情材料为根据，运用以往的经验和一般性知识，对案件所需查明的问题（犯罪的构成、实施犯罪的动机、可能实施犯罪的人等）做出推测性的说明和解释的一种思维方法，它是认识刑事案件的重要环节。

例如，某年4月30日夜，某林场会计室保险柜内的1.5万元现金被盗。专案技术人员勘查现场发现：与会计室并排的其他办公室都锁着门，只有会计室的门是敞开的，门锁有不明显的撬压痕，且去向不明。室内3个保险柜并列靠墙放着，其中最大的高120厘米，其锁上有压痕，柜门关闭，被盗现金就放在此柜内。另外两个小的保险柜和室内办公桌未见移动。

研究案件情况时，专案侦查员比较一致的认识：只有内部的人员才有可能作案。其具体理由如下：

一是林场办公室有人值夜班，如果不是林场内部的人，不了解这一情况，就无法寻找作案机会实施犯罪；二是偷盗目标准确。如果不是林场内部的人，不会熟悉现场情况，不会只撬盗会计室，不撬盗其他办公室，只撬盗有钱的保险柜，不撬没有钱的保险柜。

据此，侦查员把摸底排查嫌疑对象的工作重点放在林场，特别是注意案件发生后外出的对象，不久发现，无业青年田某有重大嫌疑。但在调查中，其家人称案件发生前田某离家去看其舅父，5月2日返回，没有作案时间。事隔半个月，侦查员前往异地询问田某的舅父李某，李某夫妇异口同声，称田某是4月30日来，5月2日离开的，且对侦查员提出的有关问题对答如流，这就引起了侦查员的怀疑，于是又形成了这样的假说：

"如果田某真的是4月30日去其舅父家，5月2日离开的，那么，事隔半月再去询问，有些情况他们二人不可能记得那样清楚"；

"只有订立攻守同盟，刻意作假，才可能对侦查员提出的问题对答如流"。

根据这些假说，侦查员们对李家做了细致的工作，李家终于道出真情：田某是5月1日去其家的，田某对他们说，自己在林场把别人打伤了，害怕追究责任，跑出来躲避的，还要他们帮助说假话。破案结果表明，罪犯正是田某。

侦查假说不同于一般的主观猜测，它是以已知的案件事实、科学理论或实践经验为依据，通过一定的逻辑形式推导出来的结论。

刑事案件侦查是围绕侦查假说而展开的。刑事侦查的任务在于揭示刑事案件的真相，发现和寻找刑事犯罪的本质和规律，而在这一过程中由于主、客观条件的限制，人们不可能立即做到这一点，就需要依靠侦查假说来形成对案件真相的假定性的认识。但侦查假说并非刑事侦查科学的理论和案件侦查结果，它是尚未经过侦查实践的检验，其真伪没有得到验证的一种主观认识，所以侦查假说具有一定的假定性。

侦破工作的展开是从建立侦查假说开始的。因为案件发生在前，侦破工作在后。案情的发生、发展，是罪犯在隐蔽中操作的，这就给侦查员认识案件的本质造成了各种困难。侦查员只能从已掌握的材料出发，依据已有的知识或经验，运用各种形式的推理，对案件发生的原因、过程等做出各种推测性解释，即建立侦查假说。然后以侦查假说为指导，拟订侦破方案和步骤并付诸实施。因此，侦查假说是开展侦破工作的不可缺少的手段。

案情的分析过程实质上就是一个侦查假说的建立过程。在提出侦查假说时，要注意作为侦查假说根据的事实材料必须真实可靠；不管是关于案件的个别事实的假设还是关于整个案件的性质的假设，都不能与案件的事实相矛盾。否则，案件的侦破就会误入歧途，甚至误伤好人，造成错案。

沿着侦查假说而开展下去的案件侦破工作，则是侦查假说的验证阶段过程。一个案件，一般来说同时会提出若干个侦查假说。对提出的各个假说，侦查员都要一一加以验证。具体来说，侦查假说的验证有两种：

第一，在分析侦查假说时，侦查员应根据已有的事实材料尽可能地否定一些，以缩小侦查范围，逐步达到靠近真实的假说。几个假说，特别是相互矛盾的假说，根据矛盾律，不可能同时为真。否定原来不真实的假说是比较容易的，有时只需少量的事实材料或客观规律就能达到目的，有时只要从假说中推出一个或一些必然结果，在验证过程中如果发现结论与现实相矛盾，根据充分条件假言推理的否定后件式就能达到否定的目的。

第二，在确立了某个侦查假说后，侦查员就要逐个调查、核实假说引申出来的所有判断。

例如，在一起杀人案的侦破过程中，侦查员提出了"如果黄某是凶手，那么他：①3月9日晚7点左右有时间作案；②有或已转移与死者失去的一样的金手镯；③有或已转移或已销毁沾有与死者一样血型血迹的血衣；④有或能找到与致死者死亡的一样的锐器；⑤有或已转移或已销毁与现场遗留鞋印一样的鞋子"的侦查假说。侦查员先后证实了这5个结论，但根据充分条件假言推理的知识，肯定后件不能必然肯定前件。但是由于这5个结论是由"如果黄某是凶手"应当推出的全部判断而没有遗漏，不仅全部为真，而且相互之间没有矛盾并相互印证，所以能够证实"黄某是凶手"。

当然，在实际侦查活动中，这两种方法有时是分开使用的，更多时候是结合使用的。

总之，通过侦查假说，可以全面客观地反映案件情况，帮助侦查员深刻认识案件本质，指导侦查破案的工作实践。

（二）侦查假说的基本特征

第一，侦查假说是以已知案件的客观事实和侦查员具备的理论知识或者工作经验为依据，运用自己的认识能力、知识水平和侦查智慧，对案件情况和本质的一种假定性的解释与推测，具有一定的科学性。

例如，1992年，某市发生一起特大杀人碎尸案件，被害人张某（女）被人杀死在她租住的出租房里，由于出租房位置比较偏僻，案件发生后的第三天，人们才发现她被害。现场勘查时侦查员发现，其出租房门、窗完好，断定：张某遇害是"引狼入室"。现场访问时，群众反映，张某长期卖淫，尽管张某平时在外接触的人很多，但经常带回家过夜的只有本地青年蒲某一人。调查蒲某情况，蒲某已不知去向。"只有常来张某的住处过夜的人，才熟悉张某情况，才有可能作案。"据此，侦查员断定：蒲某有作案的重大嫌疑，立即组织追捕，不久，蒲某被抓获，对杀害张某的犯罪事实供认不讳。原来，蒲某一直不务正业，与张某长期鬼混，十分熟悉张某的情况，后因张某对蒲某产生厌倦，蒲某一不做二不休，杀害了张某。

第二，侦查假说具有推测的性质，不同于已被查证确认的案件事实，也不同于一般的侦查理论。它是对案件未知情况及规律的一种主观的猜测。侦查假说的正确与否，还有待于侦查实践的检验。比如在侦查张某遇害一案的过程中，侦查员对自己提出的假说，开始也并不是有十分的把握，只有通过侦查实践的检验，蒲某交代其犯罪事实后，也就是说，通过侦查实践的检验，蒲某被确定是真正的凶手之后，才证实提出的假说是正确的。

第三，侦查假说是侦查员对案件认识接近客观事实的一种思维方法，在案件认识过程中，具有重要的地位和价值。侦查假说只是对案件未知的事实的一种假定性的解释，是否把握了客观事实，还有待侦查实践的证实，然而侦查假说毕竟是对案件事实有根据的推测，也是从事物的联系和发展的角度对案件的一种认识，所以，侦查假说可以通过不断修改、补充和更新，更多地和更正确地反映案件的本质。

二、侦查假说的形成和检验

侦查假说的形成，一般包括3个步骤：假说的提出、假说的推演和假说的验证。通过验证对假说的正确与否做出相应的结论。

（一）侦查假说的提出

因为只有对案情做出符合实际的推测，才能进一步确定侦查方向、侦查范围和侦查重点，这是侦查工作的重要一步，没有或不符合实际的侦查假设，会使侦查思维陷入停滞或盲目。侦查假说的提出必须以案件现场勘查和调查所得的有关案件的事实为基础，以知识和经验为根据，使假说具有一定的可靠性。

例如，某县发生的一起杀人案件：一位进驻某村的乡干部被人用木棒打死以后推下了高 11 米的岩坎。办案人员根据现场勘查和调查所得情况，提出了这样的侦查假说："死者是一位工作在农村基层的乡干部，案件发生在偏僻的山村，现场就在山路边，路下就是高 11 米的岩坎，凶手对杀人现场有选择。这是一起有预谋的杀人案件，凶手就是本地人。凶手是在死者不留意的情况下，采取突然袭击的方法实施犯罪的。凶手与死者相识且具有深刻的矛盾冲突"。根据这些假说，在案件发生地，侦查员围绕死者有矛盾的人展开调查，不久就找到了罪犯，破获了这起重大杀人案件。罪犯交代：曾因乱砍滥伐受到这位驻村乡干部的批评和村里的处罚，一直心怀不满，伺机报复，多次选择时机，但无从下手。案发当天的下午，发现受害人从乡政府外出，知其必从现场经过，于是带着一根木棒守候在现场，天黑了，受害人路过，凶手出其不意将受害人打死，把尸体抛到了山下。

侦查假说提出的要求：一是假说必须与科学原理相一致；二是侦查假说必须与逻辑的要求相一致。比如，提出侦查假说所运用的判断和推理本身不能自相矛盾，假说的思维形式要符合基本规则，对假说验证的首尾要具有一致性。

（二）侦查假说的推演

假说的推演就是以假说为前提，必然地和逻辑地引申出一系列结论的过程。比如，一起案件，首先得认定案件的性质，其次得确定案件发生的时间，最后要基本弄清罪犯活动的大致情况，案件现场的痕迹物证以及形成的原因等。如在推断一起案件作案时间的时候，也要依据案件情况确定具体时间，研究罪犯为什么要选择在这一时间，罪犯在这一时间内大致的活动情况，这一时间引起客观事物有什么变化，与其他事物又有一些什么样的联系等。再如，罪犯在现场留下了哪些痕迹，为什么会留下这些痕迹，这些痕迹是怎样留下的，发生了什么变化的。总之，假说的推演要客观地、有依据地和有逻辑性地反映案件发生、发展的情况。

假说的推演必须注意的是：作为假说的引申必须是合乎逻辑的和遵守各种逻辑形式规则要求的，否则，假说就不能成立。比如上例中，侦查员在确定侦查对象时，就提出了这样一个假说：

"如果不是有预谋的作案，罪犯在作案时间、作案地点和作案方法上就不会有选择"；

"如果罪犯对作案地点没有选择，罪犯就不会在高11米的岩坎上作案"；

"如果罪犯对作案时间没有选择，就不可能在死者经过岩坎时杀害他"；

"如果罪犯不是采取突然袭击的作案手段来杀害受害人，受害人就不可能被害或对凶手也有伤害，受害人身上就应该有抵抗伤"。

上述各个假设是通过充分条件假言推理的"否定后件就可否定前件"的规则，对需要断定的情况逐一进行断定，并通过这样一系列的侦查假说，认定了"'12.5'杀人案件是一起有预谋的杀人案件"，进而也就确定了凶手与死者熟悉的关系，为确定案件的侦查范围、侦查途径和侦查方法提供了方向。

（三）侦查假说的验证

侦查假说的检验就是将假说推演出来的结论通过科学实验和侦查实践来加以检验，确认侦查假说。

例如，某县发生一起食物中毒案件：滕某和妻子李某在乡政府做绝育手术时，其在家的一儿一女食物中毒死亡。侦查员赶到事件现场，不少群众反映：滕某一儿一女是其后娘即李某对计划生育不满而毒死的。因李某在乡、村干部动员她做了绝育手术时，曾公开扬言："如果不让我生一个小孩，我就把这两个小孩毒死了"。据此，侦查员认为："这是一起投毒杀人案件，如果案件成立，杀人凶手就是李某。"根据这一假说，公安机关围绕李某展开了大量的搜集证据的调查工作。通过侦查调查证实，侦查员对这一案件的假说是错误的。实际情况是：在乡政府干部要李某去做绝育手术时，她曾经扬言要毒死两个小孩，但那只是吓唬乡政府干部的话，目的是不去做绝育手术。后来，在乡干部的教育下，李某的思想发生了变化，和爱人滕某一道去乡政府做了绝育手术。李某夫妇离家已有3天，两个小孩一直就住在他们亲舅舅家，既没有与李某夫妇见过面，也没有在家吃过东西。同时，滕某在乡政府伺候李某，夫妇二人没有分开过，直到孩子发病住进医院，快要死去的时候，她才知道孩子中毒，这才接触小孩。两个孩子是在离开父母两天后的一个中午，在校门外买了一些零食吃后发病的。侦查和调查结果表明：滕某两个孩子中毒死亡与李某毫无关系。所以，侦查假说"这是一起投毒杀人案件，如果案件成立，凶手就是李某"也就不真实了。

一个案子，一般说来会同时提出若干个假说。但假说的可靠性程度不一，但不管哪一种假说，侦查人员都要一一进行验证，不能置之不顾。

侦查假说的验证包括否定和证实两个方面。

1. 侦查假设的否定

侦查假设提出后，必须对假设而进行的证实或证伪。由于证实工作难度较大，因此实践中从逐步缩小侦查范围考虑，一般应先着眼于假设的证伪或否证。

否定侦查假设的基本方法是从假设中推演出一个或一些必然性结论，而这些结论与现实相矛盾或现实中不存在。运用充分条件假言推理的否定式，便达到了否定假设的目的。

（1）用与推出的结论相矛盾的事实来否定假定。其推理形式：

如果 A，那么 B；

已知 B 与事实 B 相矛盾，

所以，非 A。

例如，北宋神宗时，河中府录事参军宋儋年在晚宴之后死亡。当时，担任河中知府的范纯仁得知，死者口鼻出血，为中毒身亡。又多方打听，得知宋儋年的小老婆与一个小官吏通奸已久，有谋杀嫌疑。于是，传小老婆与小官吏受讯。二人供述："在宴席中途上鳖肉这道菜时投放了毒药。"

范纯仁反复琢磨，觉得有许多疑点：宋如果是在中途吃了放毒药的鳖肉，那么宴席结束时毒药该发作了；如果在鳖肉里放了毒，那么其他共宴客人也该中毒身亡。然而，宋不是在宴席结束时死的，其他共宴的客人并未中毒身亡。说明："宋之死不是因为吃了入毒的鳖肉，被告并没有在鳖肉投放毒药。后来，经过再三查证、审讯，弄清被害人根本不吃鳖肉，他的死完全是因为散席回房，喝了小老婆劝饮的毒酒。被告之所以伪供在鳖肉中投毒，目的是为日后翻案，逃避惩罚做准备。"

在这里，范纯仁就是用与推出的结论相矛盾的事实来否定"死者被放毒的鳖肉毒死"的假说。

（2）用推出的结论在现实中不存在的事实来否定假定。其推理形式：

如果 A，那么 B；

已知没有发现 B，

所以，非 A。

例如，有人假定：盗窃犯是从墙上翻越入室的。根据这一假定，如果盗窃犯是从墙上翻越入室的，那么墙上必有翻越痕迹，墙上没有发现翻越痕迹，所以罪犯不是从墙上翻越入室的。即假定被否定。

以上两种否定假定的方法，前一种最为有力，后种虚弱得多。因为"没有发现，也可能由于痕迹消失了"。由于后一种否定假定的方法比前一种虚弱得多，所以，在侦查工作中，应力求使用前一种方法，或是把两种方法结合起来使用。

2. 侦查假设的证实

侦查假设的证实是提出侦查假设、推演侦查假设的必然结果，是侦查工作的必然要求。在侦查的各个阶段，由于侦查假设的内容不同，证实的目的不同，所以证实的途径也不相同。

（1）运用直接观察的证实方法。如果是关于案件个别事实存在假定，那么可以通过直接观察来证实。例如，要证实罪犯身上有血迹，可以进行直接观察；要证实某人家里藏有赃物，可以通过搜索方法；要证实死者是生前溺水的，可以通过直接观察的方法（死者的肺、肝、肾留有大量的硅藻）。直接观察的方法有它的局限性。比如犯罪手段和方法的假定，犯罪时间的假定，犯罪动机和目的的假定，犯罪性质的假定，犯罪人的假定等，就不能使用直接观察的方法。

（2）用充要条件假言推理的证实方法。所谓充要条件假言推理证明法，就是运用充要条件假言推理的形式对某一假设存在所进行的一种证明方法。这种方法之所以能运用于证明，是因为客观事物中存在着这样一种条件联系：某种现象或情况存在必然引起另一现象或情况存在，而另一现象或情况存在必然决定某一现象或情况也存在，即有 p 就一定有 q，有 q 就一定有 p。因此，在具体的侦查实践活动中，我们就可依据这种条件联系，运用充要条件假言推理法对侦查假设进行确证。其基本做法：首先，以侦查假设做充要条件假言命题的前件，推出一系列必然性的推断为后件，从而构成一个有机的、完整的体系以备检验；其次，通过观察、实验和调查分析等一些侦查活动，证实这些推断都符合客观情况，并且已形成了一个有机的、完整的证据体系；最后，运用充要条件假言推理的肯定后件就要必然地肯定前件的推理规则，推出结论、证实假设。

例如，侦查员老刘和助手小陈追踪案犯，追了一阵后，前面出现了一个三岔路口。案犯究竟是从哪条路逃走了呢？他们在三岔口搜索。不一会儿，小陈从左边路口拾了案犯的鞋子，便说："肯定是从左边这条路逃走了。"老刘却没有贸然下结论，而是打着手电筒仔细观察现场。对小陈说："案犯是从中间这条路逃走的，快追。"果然，追了不远，就发现了那个案犯，并将他捉住。事后老刘告诉小陈是怎样判断罪犯走的路线的。老刘说："你注意到没有，这 3 条路都从稻田中穿过，中间这条小路两边稻田的水里，都有一块块被青蛙搅浑的泥浆，而其余两条小路两旁没有这样的现象，因此，可以断定罪犯是从中间这条小路逃走的。"

在这里，侦查员老刘就是用充要条件假言直言推理来证实"罪犯是从中间这条小路逃走"的假定。即"当且仅当罪犯是从中间这条小路逃走，其路两旁的青蛙才会因为干扰而逃到田里把水搅浑。经察看，这里有一块块被青蛙搅浑的泥浆。所以罪犯是从中间这条小路逃走的。"

运用充要条件假言推理证明法证实侦查假设，除要遵守充要条件假言推理的规则外，还必须注意以下几个问题：第一，组成证据体系的每一个间接证据（推断）必须查证属实；第二，间接证据必须形成一个证据体系，单一的一个证据一般不能作为证明假设的充分证据；第三，间接证据之间以及它们与假设之间不能出现任何矛盾；第四，间接证据所形成的证据体系必须具有排他性，只能证明这一个假设，不能证明其他假设。

（3）用选言推理的证实方法。所谓选言推理证明法，也称"排除法"。它是在无法得到直接证明的情况下，利用选言命题的逻辑性质，通过否定一些选言支（假设），从而肯定一个选言支（假设）的一种证明方法。这种方法，在侦查假设的证实中为人们所常用。因为人们在穷尽了一切假设的情况下，否定了某些不能成立的假设，那么剩下的一个假设就是真的。

其基本做法：首先，将对案件某一情况的若干假设列出来且是穷尽的，组成一个选言命题；其次，根据已有的证据证明除一个假设外，其他假设都不能成立；最后，运用选言推理的否定肯定式，按照"否定除一个以外的选言支就要必然地肯定剩下的那个选言支"的推理规则，从而推出结论（假设），证明其假设的真实性。

运用选言推理证明法证实侦查假设，除要遵守选言推理的规则外，还必须注意以下几个问题：

第一，选言支必须穷尽，即对案件某一情况的各种可能性的假设不能有遗漏。只有在绝对穷尽一切可能假设的前提下，否定了其余的假设，剩下的假设才是真的；否则就会出现漏洞，达不到证实假设的目的。

第二，对选言支（假设）的否定必须是彻底的，即否定选言支必须有充分可靠的证据；否则推不出可靠性的结论，同样达不到证实假设的目的。

三、如何建立侦查假说

（一）广泛收集信息

案件信息是建立侦查假说的基础。要建立可靠的侦查假说，必须认真而广泛地收集案件的有关信息，首先是要收集现场勘查中的痕迹物证。一切刑事犯罪活动总是在一定的时间、空间和条件下进行的，实施犯罪必然会引起一些事物和现象的变化，这些变化无论大小，都是犯罪分子犯罪活动的客观记录，都应进行收集。根据这些变化的情况提出侦查假说，就能为侦查活动提供一个大致方向。其次是要注意开展广泛的调查访问，在调查访问中大量地收集案件信息。现场访问不仅是重要的侦查手段，也是侦查员的基本功。

（二）认真研究材料

刑事案件发生后，现场勘查调查所得的材料往往是杂乱无章、真伪并存的，这就需要进行认真的研究和整理，去粗取精、辨明真伪，不然就难以形成正确的侦查假说。

某县发生一起杀人案件，死者是一位老年妇女。在收集证据时，群众反映情况，都说死者及其丈夫一向作风正派，待人真诚，不可能是因"情"因"仇"杀人。于是形成了这样一个侦查假说：此案只可能是抢劫杀人。但后来的破案结果让人大吃一惊，原来，死者的丈夫虽然年岁已高，却与本单位的一位青年妇女有染，案件发生前的一段时间，这位老者无意间与这位青年妇女往来少了些，该妇女认为这位老者是受其妻唆使，有意与之疏远，一时冲动，杀害了这位老年妇女。

案件材料必须达到以下基本要求：必须是与案件有关的、真实反映案件情况的，而不是牵强附会的东西；必须是能够全面反映案件情况的，而不是一鳞半爪片面的东西；必须是符合案件实际的，而不是相互矛盾漏洞百出的东西。

（三）正确运用推理

侦查假说的形成过程是一个极富创造性、想象性和复杂性的思维过程，没有一个固定的逻辑推理模式。一般来说，关系推理、联言推理、选言推理、假言推理和模拟推理等常用的推理形式，都能构成侦查假说的逻辑程序。侦查员在案件勘查、调查过程中，捕捉到某一信息，就可以根据自己的有关知识或经验运用各种推理形式和提出侦查假说，对案件情况给予说明。

1991年，某市发生一起强奸杀人案件，死者毛某的丈夫是一个残疾人，平时出门少，在外过夜更少。当天晚上，正巧毛某的丈夫不在家，发生了这起强奸杀人案件。

据此，侦查员提出了这样一个侦查假说：

"只有知道毛某不在家的人，才有可能作案；陈某、张某、王某3人知道毛某丈夫不在家；所以，陈某、张某、王某可能作案。"

"如果作案，就应当具备作案时间；经查证：张某、王某没有作案时间；所以，张某、王某没有作案。"

"可能是陈某、可能是张某、可能是王某作案；经调查，张某、王某没有作案；所以，可能是陈某作案。"

通过这一个必要条件假言推理、一个充分条件假言推理和一个选言推理，确定了陈某作案的重大嫌疑，为侦查工作提出了方向。

（四）注重侦查实践

侦查假说作为对案件的认识，毕竟只是对案件情况的一种主观的反映，这种主观反映的正确与否还需侦查实践的检验。因此，对于每一个侦查假说，必须通过侦查实践进行检验。一方面通过侦查实践来检验假说的正确与错误；另一方面通过侦查实践来不断修正假说中不切实际的东西，不断完善侦查假说。只有这样，才能更好地发挥侦查假说在侦查工作中的特殊作用。如果侦查假说不能指导人们的侦查实践，假说就是一种无用的东西了，而如果以侦查假说取代侦查实践，那么，侦查员不仅要犯主观主义的错误，有时还会制造冤、假、错案。

侦查假说是假说的一种特殊形式，它与一般假说的共同点在于：都是对现象（案件）发生的原因或过程做出的一种推测性解释，也是科学性和猜测性的统一。但是侦查假说又不完全等同于一般的假说。它与医学上的临床诊断相似，其目的不是获得规律性的认识，只是用以指导开展并完成某项工作。假说被证实之日，就是案件侦破之时，该侦查假说的使命也就随之终结。侦查假说的价值，体现与现实的吻合程度及其对于未然事件的准确预测，得到事实的证明，就充分说明当初建立侦查假说的科学性和可靠性。所以说，预测未知，是判定侦查假说成立的决定性因素。

需要引起注意的是，侦查假说的根据往往是有限的事实材料，因而它的猜测的性质——结果的或然性特点更为突出。侦查实践证明，根据作案现场，要求准确无误地必然推出其原因或结果，实际上很难办到。客观世界的丰富性和多样性，以及人的认识的相对局限性告诉我们，侦查经验再丰富、推理分析再缜密，也未必能够对客观世界的复杂性有稍许完备的概括。何况，一些比较老到的罪犯擅长反侦查伎俩，又为发觉案情真相增加了难度。另外，侦查人员由于个人的经验或信念等原因，在建立侦查假说时，易出现主观臆断而造成判断失误。此类案件屡见不鲜。造成这一认识误区的原因，多是由于仅仅凭借以往经验和少量证据，甚至这些证据也有主观色彩，就建立起自以为是的唯一的逻辑联系，而不能对现象进行多视角扫描、全方位解释，忽视了"一果多因"等造成的。

训练提升

1. 某地一医疗所曾发生一起在早饭中投毒的案子，而前一天晚上，下了一场大雪，据当天早饭前在院外扫雪清洁工证实并未发现雪地上有足迹。如果你是侦查人员能做出何种假说？

2. 大桥下面的河滩上发现一具男尸，是住在附近的一位退休干部，死前的前一天听说孙子要来看他，还特意多买了些菜，桥的两边都有扶手。如果你是侦查人员，你认为这位老人是怎么死的？

3. 5月23日夜，某市退休女工李某在家被斧头击碎头颅死亡，现金及贵重物品被洗劫一空。经了解，发现她的一个乡下亲戚王某有重大作案嫌疑。据此，办案人员提出了"王某是作案人"的侦查假设。这一假设要成立，必须满足哪些条件？

第九章

论证及其法律运用

第一节　论证的概述

案例分析

公诉机关指控：被告人敖某携带双管猎枪，与本单位职工邹某等4人在水库执行巡视守鱼，发现在库尾区有人用电捕鱼，便将违法捕鱼者汪某抓住，因汪某所在村众多村民欲抢回汪某，被告人敖某便开枪击中村民刘某，致其死亡。被告人敖某的行为已构成故意伤害罪。

辩护律师做防卫过当辩护，理由：①汪某在水库库尾区内用电捕鱼，违犯了《中华人民共和国渔业法》及《中华人民共和国渔业法实施细则》第20条："禁止使用电力、鱼鹰捕鱼和敲（舟古）作业。"②被告人敖某等人作为库区巡视工，将正用电捕鱼的违法分子扭送有关部门处理是正义行为。③被告人敖某是在不法侵害正在进行中实行防卫。违法电鱼者汪某大叫"你们快扛铳来"，叫来了本村在田头劳作的几十名村民，手持锄头、木棍、围攻巡库工，并在邹某已发出警告"不要再追，再追我就开枪了"后，仍紧追不放，邹某也被人用棍子打到了脚。这种械斗式的暴力威胁，使被告人等已经受到切实可怕的人身威胁。④被害人刘某是实施不法侵害的行为人之一，他听到呼叫，即手持农具追赶在最前面。⑤被告人敖某在遇械斗式的暴力威胁的情况下，因精神高度紧张开枪射击，造成严重后果，从刑法理论上分析，超过了防卫的必要限度，属于防卫过当。鉴于在瞬间防卫中很难预料造成什么样的后果，为支持群众同违法犯罪分子做斗争的积极性，对正当防卫行为不能苛求。根据《刑法》第20条："正当防卫明显超过必要限度造成重大损害的，应当负刑事责任，但是应当减轻或者免除处罚。"和第67条："对于自首的犯罪分子，可以从轻或者减轻处罚。其中，犯罪较轻的，可以免除处罚。"建议法庭对被告人敖某酌情减轻处罚。

一审法院采纳了辩护律师的意见，判决被告人敖某犯故意伤害罪，判处有期徒刑3年。

一、什么是论证

论证就是用一个或一些已知为真的判断并借助推理确定另一个判断的真实性或虚假性的思维过程。

在上述案例中，辩护律师抓住正当防卫相关联的5个条件予以逐条辩论，论证被告人敖某符合正当防卫成立的4个基本要件，只因防卫行为超过了必要限度，而属于防卫过当，应承担相应责任，但是应当酌情减轻处罚。辩论条理分明，层次清晰，有理有据，方法得当，驳论充分，以理服人。

二、论证的组成

任何一个论证都是由论题、论据和论证方式3个要素构成的。

1. 论题

论题是需要通过论证来确定其真实性的命题。上述案例中的"被告人敖某符合正当防卫成立的4个基本要件，只因防卫行为超过了必要限度，而属于防卫过当，应承担相应责任，但是应当酌情减轻处罚。"就是论题。

论题一般有两类：一类是经过实践检验已确定为真的命题；另一类是在论证之前尚未经过实践检验、未确定其真假的命题。如果是前者，论证的目的主要是在于阐述"那个命题之所以为真"的根据，以使该命题令人信服地接受；如果是后者，论证的目的在于从一些已知为真的命题中来确定"尚待证明的论题"的真实性。在一个论证过程中，只能有一个论题。

2. 论据

论据是用来确定论题真实性的判断，它是论证论题成立并令人信服的理由或根据，即用来论证的根据是什么。上述案例中的"与正当防卫相关联的5个条件"就是论据。

在论证中，作为论据的判断一般有两类：

一类是已被确认的关于客观事实的判断，又称为事实论据，事实是最有说服力的论据。引用事实作为论据，要注意全面性和内在联系。引用事实证据来论证论题，通常称为"摆事实"。

另一类论据是表述科学理论的判断，又称为理论论据。有关科学理论的判断包括科学的定义、公理、原理、定律等。由于科学理论都是经过人们长期实践的检验，具有真理性的认识和普遍意义，所以，用科学理论做论据，能使论证深刻、说服力强。在引用科学理论时，要注意把握其精神实质，切忌歪曲原意。用科学理论来论证论题，通常称为"讲道理"。

不管是事实论据还是理论证据，在论证中都要以判断的形式出现。

读书笔记

在实际论证过程中，人们常把这两类论据结合起来使用，以增强论证的效果。在一个论证中，论据可以是一个，也可以是一组，根据需要而定。

3. 论证方式

论证方式是指论据和论题之间的联系方式，即论证过程中所采用的推理形式。论证方式解决的就是"如何用论据来论证论题"这个问题。一个论证过程可以只有一个推理，也可以包含一系列推理。例如上述案例中的辩护律师抓住正当防卫相关联的 5 个条件予以逐条辩论，得出被告人敖某符合正当防卫成立的 4 个基本要件这个结论，运用的是一个归纳推理。在思维活动中，根据不同内容和要求，以及论证者掌握的论据多少，采用相应的论证方式。

一般来说，论证方式不独立存在于论题和论据之外，而是以比较隐蔽的形式存在于论题和论据之中，所以论证方式在论证的语言表达中并不十分明显。分析论证方式就是分析论证过程中采用了何种推理形式，要在熟练掌握各种推理形式的基础上，正确把握论据与论题之间的逻辑联系。逻辑学对论证的研究，主要是关于论证方式的研究，其目的是使人们掌握基本的论证手段，了解论证必须遵守的逻辑规律，从而正确地使用论证。

三、论证与推理的关系

论证与推理的联系在于：论证与推理密切联系，论证必须使用推理，推理为论证服务。没有推理就没有论证，论证是借助于推理来实现的。具体来说，论证与推理之间存在着下面的对应关系：

论证的论题相当于推理的结论；

论证的论据相当于推理的前提；

论证的方式相当于推理的形式。

论证与推理的区别主要在于：

第一，两者思维的进程和目的不同。推理是由前提推出结论，由已知判断出新判断，从而获得新知识；而论证是先有论题，然后引用论据对论题加以论证，从而确定论题的真实性或虚假性。

第二，两者的逻辑结构的复杂程度不同。推理通常是指单个的推理，因而其结构比较简单；而论证的结构通常要比推理复杂，它往往是由一系列各种各样的推理形式构成的。

第三，两者对前提（论据）的真实性断定不同。推理只是断定前提与结论之间的逻辑关系（必然关系或者或然关系），它并不必然断定前提的真实性；而论证不仅断定前提与结论之间的逻辑关系，而且还断定论据的真实性，进而断定论题的真实性或虚假性。

总之，任何论证都要运用推理，但并非任何推理都是证明，这就是论证和推理最本质的联系和区别。

> 通过涉法实例导入和逻辑典例分析，学生可以了解、掌握论证的含义、组成、论证与推理的关系，掌握论证三要素（论点、论据、论证方式）。在进行论证时，要始终坚持真理、尊重客观事实，遵守思维规律，做到客观、公正、求真、创新等。

第二节　法律论证

无论在立法还是执法的过程中，都离不开论证。比如当公安机关侦查预审完毕后，如果认为需要逮捕的，就要把理由列举出来，送请检察机关审查，这就要做出需要逮捕的逻辑证明。检察机关如果认为理由不足，就可以不批准，但也要举出理由，这就是反驳；如果批准了逮捕，又认为有提起公诉的必要，那就要向法院提起公诉，起诉书本身就是一个对被告的有罪证明。在法庭辩论阶段，公诉人和受害人的发言，就是逻辑上的证明，即证明被告人有罪，应依法追究刑事责任；被告人和辩护人的辩护，是对控诉的反驳和辩解，内容是说明被告人无罪、罪轻或者应予免除刑事责任、减轻处罚，也需要证明。至于法院的最后判决，就更需要逻辑证明了。所以，整个办案过程就是一个逻辑证明的过程。

一、什么是法律论证

法律论证包括立法论证与司法论证。立法论证是指在立法过程中对将要制定的法律条文所进行的论证；司法论证是指在司法过程中根据法律条文判定案件或事实的法律依据和法律责任的论证。本书只介绍"法律诉讼中的法律论证"。

法律论证是法律诉讼的重要组成部分。法律论证有控方、辩方和审方3个参与者。控方的职责是论证自己的诉讼请求合法，辩方的职责是反驳对方的诉讼请求不合法，而审方的职责就是根据双方的论证做出符合法律程序和规范的公正裁决，而且这个裁决是基于好的法律论证的。在法庭辩论中，由于控辩双方出于己方利益或立场的考虑，其论证总是带有一定偏见性，尤其是举证时往往只举出对自己有利的证据；而审方应当尽量根据诉讼程序洞察到这些偏见，并尽量消除这些偏见，以求得公正地判决，做出一个法律上具有说服力的法律论证。因此，我们所说的法律论证实际上是一种对话式论证，其中控方和辩方分别代表对话的证明方和反驳方，审方代表了对话中的裁判。

二、法律论证的过程

法律论证在一定程度上排除了司法的任意、专断，增强了法律文书的可接受性，使生效的法律文书在真正意义上生效，降低诉讼成本。

首先要予以明确：在司法实践中，哪些是法律论证的对象。我们不妨沿着法律适用的路径来进行操作分析。司法过程是一个法院认定事实、寻找法律、解决纠纷、做出裁判的过程。法律适用过程可以分为4个步骤：认定事实、寻找相关的法律规范、以整个法律秩序为准进行涵摄、宣布法律结果。

其次，在找准了待证的对象时，依上述4个步骤，法律论证也就相应的在以上4个阶段发生。第一，是对认定的案件事实进行论证，论证的主要任务是分析说明法律适用者认定的为什么是这样一些"案件事实"，而不是另外一些"案件事实"。第二，是对寻找出的法律规范进行论证，分析说明法律适用者找到的为什么是这样一些"法律规范"而不是其他的"法律规范"。第三，是对寻找出的法律规范与认定的案件事实之间是否具有涵摄关系进行论证，目的是分析说明寻找出的"法律规范"与认定的"案件事实"具有对应关系，这方面论证的关键是找到"法律规范"与"案件事实"所共有的中间项。第四，是论证判决结果，这方面的论证也就是阿列克西所讲的内部证成。

下面我们以一个具体的案件来分析法律论证的过程。

被告人卢某，与被害人王某及其妻金某是熟人。1988年1月9日晚，卢在王家借宿，次日到×县赶集，1月11日下午回王家。晚饭后，卢与被害人夫妻在堂屋火炉旁烤火、闲谈。晚9时许，金某身体有病，先睡了。卢、王二人继续烤火。此时，被告人见火炉上方的屋梁上挂有猪肉，遂起杀人谋财之心。当王提出睡觉，并低头用火钳掩火时，被告人趁机从火炉旁拿起一根木棒，迅即朝王的头部打一棒，王呼喊"救命"，卢又朝王的头部猛击数棒，王当即倒地身亡。接着被告人左手持煤油灯，右手持木棒朝金某的卧室走去，在门口与金相遇，卢谎称王被火烫伤，金去拉王时，卢便用木棒朝金的头部猛击数棒，致金当场死亡。被告人打死两人后，劫取了死者家的猪肉等物品后逃回家中。

在认定了上述事实之后，法官选择适用了故意杀人罪的法律规范。需要论证的是法官为何选择适用的是故意杀人罪，而非抢劫罪抑或是抢劫和故意杀人数罪并罚的法律规范。抢劫罪，是以暴力、胁迫或者其他手段，强行劫取公私财物的行为。抢劫罪中的"暴力"，指行为人对财物的所有人、占有人、管理人人身实行打击强制，旨在排除被害人反抗的一切手段。有目的的故意杀人行为，当然可以成为抢劫罪中的"暴力"，因而抢劫"致人死亡"理应包括故意杀害行为在内。但此案中，卢某是因贪图财物，故意将物主杀害，然后占有其财物。杀人的行为是在图财的动机支配下实施的，也就是说行为人是以故意杀害物主为犯罪目的，应定故意杀人罪。抢劫中，杀人仅是手段，且是在抢劫的过程中实施的杀人行为，目的是劫取财物；图财杀人中，杀人是目的，图财仅是犯罪动机。抢劫中杀人是在杀人时当场取走财物，而图财杀人可以是杀人后马上取走财物，也可以是杀人后某个时间。此案中，卢某事先没有预谋，在一定情况下突起犯意，图财的动机促使了杀人的行为的发生。接下来要论证的是大小前提的对应关系，即涵摄关系。《刑法》第232条规定了故意杀人的刑罚。事实认定中，卢某图财杀人，在故意杀人涵摄的范围内，两者有对应关系。对于判决结果的论证实则是一个三段论式的演绎推理过程。

三、法律论证的种类

（一）直接论证

直接论证就是从论据的真实性中直接推出论题的真实性的论证方法。直接论证的特点：从论题出发，为论题的真实性提供正面理由。也就是说，直接论证的论据直接与论题发生关系，不通过中间环节便可由论据直接推导出论题。直接论证可以采用各种推理形式来进行。

1. 演绎的直接论证

演绎论证是引用一般性的原理、原则，通过演绎推理推出论题真实性的论证。其特点：它的论据常有一个比论题范围更广泛的、一般性的判断（如科学原理、定理、定律或其他一般性的真实判断），而论题是具有特殊性的判断。它的论据与论题联结而构成的推理，属于各种形式的演绎推理。演绎论证主要有用三段论进行论证、用假言推理进行论证等种类，所以，演绎论证具有必然性。

例如：陈安国故意杀人案。被告人陈安国因遗产问题与其弟弟陈安明（被害人，殁年56岁）素有矛盾。2012年3月14日17时许，陈安国携带自称能致人昏迷的白色粉末和尖刀将陈安明从家中约出吃饭。二人在红四川火锅家常菜饭店吃饭期间，陈安国趁陈安明去厕所之际，将白色粉末倒入陈安明的酒杯。陈安明饮酒昏迷后，陈安国将其扶至沈阳市大东区东陵西路 16-8 号楼南侧的小区路边,向其连刺数刀致陈安明当场死亡,后陈安国逃离现场。公安机关于 2012 年 3 月 16 日在陈安国住处将其抓获。

裁判结果:辽宁省沈阳市中级人民法院于 2012 年 12 月 13 日做出刑事附带民事判决,认定被告人陈安国犯故意杀人罪,判处死刑,缓期二年执行,剥夺政治权利终身。宣判后,陈安国提出上诉,辽宁省高级人民法院于 2013 年 8 月 2 日做出刑事裁定,驳回上诉,维持原判,并依法核准陈安国死刑缓期二年执行。

法院生效裁判认为:被告人陈安国在侦查阶段所做有罪供述得到多名证人证言、监控视频、现场勘验检查笔录、法医学尸体检验鉴定、法医 DNA 鉴定等证据的印证,能够作为定案的根据。其在侦查阶段和一、二审庭审中所做无罪辩解前后矛盾,且与在案证据证明的事实不符,结合全案证据及陈安国的全部供述和辩解,可以排除他人作案的合理怀疑,认定陈安国实施了故意杀害陈安明的行为。

上述事实主要有下列证据予以证明:①与被害人的矛盾通常会推动被告人产生杀人的现实动机,撒谎一般是为掩饰不可告人的事情;陈安国与陈安明因为母亲遗产问题素有矛盾,案发当天主动邀请陈安明外出吃饭,却对妻子谎称和同事一起去吃饭;因此,陈安国约陈安明吃饭前主观上已具有杀害陈安明的直接故意。②安眠药会使人丧失行为能力,趁人不备在他人酒里下药一般不有不良企图;陈安国在饭店内趁陈安明上厕所时向他酒中投入自称为安眠药的白色粉末,陈安明饮酒后很快昏迷;因此,陈安国为防止杀害陈安明时遭到反抗预先在酒中下药使其丧失抵抗能力。③到过案发现场并指认作案工具去向的人一般具备作案条件,发现亲弟弟被害后不抢救、报警也不告诉家人有违人之常情,除非为了掩盖自己犯下的罪行;陈安国与陈安明一起到案发现场,其鞋上附有陈安明的血,发现陈安明非正常死亡未予抢救、报警或告诉其家人,到案后指认了案发前放刀和案发后扔刀的地点,陈安明是被他人用锐器刺扎造成失血性休克死亡,因此,陈安国到现场后持刀杀死陈安明。④一般人衣服上沾到血迹会清洗而不是扔掉,除非想毁掉证据;陈安国案发后以同事弟弟打架自己衣服上沾到血迹为由将案发当天所穿棉服扔掉,并让妻子将案发当天穿的裤子洗净,到案后指认了扔棉服的地点;因此,陈安国为掩盖自己的杀人行为毁灭了证据。①

演绎论证的证明力强,只要作为论据的一般原理可靠,反映具体情况属实、推理的形式符合规则,论题就是可靠的。所以,在实践工作中,对关键问题需要做出肯定或否定性结论时,往往运用演绎论证。在

---

① 陈安国故意杀人案_司法案例_北大法宝,http://fjlx.pkulaw.cn/Case/pfnl_1970324839758617.html?match=Exact。

演绎论证时，有时分别运用三段论推理、假言推理等形式，有时还需将它们结合起来并用。

2. 归纳的直接论证

归纳论证是运用归纳推理的形式所进行的论证，它是根据一些个别或特殊性论断论证一般原理。人们引用有关个别或特殊事物的判断作为论据来证明一般性的论题，就是归纳论证。

例如，在一起故意杀人案的法庭辩论上，被告人的辩护律师陈述了5条辩护意见：①本案的起因是一个很重要的问题。死者李某平时不料理家务，好逸恶劳。案发当天，将洗脚水打翻在房间，后来又摔茶缸将玻璃窗打碎。②是谁先拿凶器榔头？被告人李甲一直说是死者李某先拿的；后来检察机关询问被告人，李甲又讲是李乙拿出来的。她为什么这样讲？在什么情况下翻供的？值得深思。③死者李某先拿榔头打李甲，李乙夺过榔头才打李某，被告人李甲和李乙的行为属于防卫过当。对于防卫过当，应追究刑事责任，但量刑时应加以区别。④死者李某被单位开除，又被公安机关收审过，是社会上的危险分子，当天又寻衅滋事，被告人是在激愤的情况下实施犯罪的。⑤被告人的认罪态度好。发案后，被告人主动给单位打电话，积极抢救，又到派出所投案，有悔改表现。

据此，辩护人请求法院依据《刑法》对被告人减轻处罚。并列举了被告人的全部属于减轻处罚的情节：防卫过当、情况紧急、主动投案、积极抢救被害人、有悔改表现等，最后运用归纳推理推出了被告人应当被减轻处罚的结论。

在运用科学归纳法进行论证时，要注意对所确定的因果联系进行检查，看它是否真正反映了客观存在的因果联系。一般来讲，它的结论还是真实可靠的。而在运用简单枚举法进行论证的时候，要注意防止片面性，避免犯轻率概括或以偏概全的逻辑错误，还要注意是否有相反的事例存在。

归纳论证同演绎论证的主要区别在于：归纳论证的论证方式用的是归纳推理，论据多是反映个别事实的判断，它的特点是用个别来证明一般；演绎论证的论证方式用的是演绎推理，论据中包含有关于一般原理的判断，它的特点是用一般来证明个别。由于演绎推理与归纳推理的结论可靠性程度不同，因此一般说来演绎论证的证明力大于归纳论证；由于归纳论证的论据多是反映具体事实的判断，引用具体事实容易说服人，因此归纳论证的说服力也是比较强的。

归纳论证和演绎论证通常是结合起来使用的。

（二）间接论证

间接论证不是由论据直接证明论题真实性，而是通过论证另一个与原论题相矛盾的判断的虚假，从而论证该论题真实的论证方法。它的特点：从相反方面为论题提供间接的论据。间接论证可分为反证法和选言证法。

1. 反证法

反证法是通过确定与原论题相矛盾的判断（反论题）的虚假，然后根据排中律确定原论题真的一种论证方法。

反证法的论证过程：首先设立一个与论题构成矛盾关系的判断作为反论题；其次论证反论题为假，这个论证过程通过由充分条件假言推理否定后件式来进行；最后根据排中律"两个互相矛盾的判断不能同假，必有一真"的要求，由反论题假得出原论题为真。

例如，在谢文杰诉山西师范大学拒绝颁发毕业证书案中，山西省高级人民法院在审理时就采用了反证法。此案先后经临汾市人民法院、临汾地区中级人民法院、山西省高级人民法院几次审理，这里仅就山西省高级人民法院的审判简要介绍。

山西省高级人民法院经审理认为：山西师范大学虽决定谢文杰降级，但提供不出谢文杰已被转至94级学习和管理的有效证据，实际上该校物理系对谢仍按原9301班学习实施管理，谢文杰在该班继续学习期间通过了10余门课程的考试和毕业实习，其中包括1997年元月参加的93级"量子力学"课程的正常考试。有证据证明，1997年5月，谢文杰又参加了学校统一组织的93级"量子力学"补考，这一事实应视为山西师范大学认可了谢文杰参加93级"量子力学"正常考试和补考的资格，故山西师范大学认定谢文杰"没有资格也不可能"参加93级"量子力学"课程补考的抗辩理由不能成立。谢文杰参加93级"量子力学"课程的正常考试和补考是有效的。谢文杰要求山西师范大学公布并承认其参加93级"量子力学"补考的成绩，或要求查阅试卷的理由正当，山西师范大学无正当理由拒不公布考试成绩，拒不提供试卷，应承担举证不能的法律后果，谢文杰此次考试成绩应视为合格。

国家实行学业证书制度。学生获取相应的学业证书是受教育权的重要表现。山西师范大学是从事高等教育事业的法人，其依据《中华人民共和国教育法》的授权享有对合格毕业生颁发相应学业证书的行政权力。谢文杰具有山西师范大学学籍，其诉请山西师范大学颁发毕业证，正是山西师范大学代表国家行使对受教育者颁发学业证书的行政权力时引起的行政争议，应适用行政诉讼法予以解决。山西师范大学认为"颁发毕业证属于学校的办学自主权，司法审查应有一定的范围，受案法院不可能直接判处学校为其学生颁发毕业证"的抗辩理由不能成立。谢文杰已完成规定的学业，其要求山西师范大学颁发毕业证的主张应予支持。

原审法院认定事实清楚，但判决主文不当。山西师范大学拒绝为上诉人谢文杰颁发毕业证，已成既定事实，原判判决山西师范大学对谢文杰提出的颁发毕业证的请求限期做出书面决定，既无实际意义，也背离了上诉人的诉讼请求，应予纠正。依据《中华人民共和国教育法》（1995年版）第21条、第42条第（三）项，《中华人民共和国行政诉讼法》（1989年版）第54条第（三）项、第61条第（二）项之规定，该院于2003年4月22日做出判决：

（一）撤销临汾市中级人民法院〔2002〕临行初字第39号行政判决；

（二）山西师范大学在本判决生效后30日内依法为谢文杰颁发本科毕业证书。

逻辑分析：山西省高级人民法院认定"山西师范大学没有给谢文杰降级（论题p）"，而山西师范大学认为"已给谢文杰降级处理"（反论题非p）。山西高院认为如果山西师大的论题成立的话，那么谢文杰就应该转到94级参加学习和管理，不应该参加93级的补考（q），而实际上谢文杰没有转到94级参加学习和管理，参加了93级的补考（非q），即否定了q。根据充分条件假言推理否定后件就要否定前件的规则，得出非p为假，即证明山西师范大学的"已给谢文杰降级处理"（非p）是不成立的；再根据排中律，可以得出p为真，即"山西师范大学没有给谢文杰降级"为真。

反证法的优点是，它在没有直接证据证明原论题，但有证据证明反论题的虚假时发挥作用。需要注意的是，反证法的原论题和反论题必须是矛盾关系，不能是反对关系。因为反对关系不能由一个假推出另一个真；另外，反证法的论证方式必须是充分条件假言推理，否则不能通过否定后件作为反论题的前件，达到"反证"的目的。

2. 淘汰法

淘汰法是通过选言推理的否定肯定式，否定与论题相并列的其他几种可能情况，进而确定论题的真实性的一种间接论证方法，所以，淘汰法又称为选言证法。例如，广州东风广场大厦2008年4月5日凌晨发生"谭静案"后，警方于4月14日就是通过淘汰法来认定谭静（女，24岁，河南人）是自行高坠死亡。广州市公安局新闻办公室通报说：

经过警方调查，死者谭静（女，24岁，河南人）在广州某模特经纪公司任职，4月4日晚上从东风广场某幢30楼的卫生间窗口坠落。经警方勘查，死者死亡前与室内人员无打斗痕迹，尸检发现死者血液酒精浓度极高。目前，警方已经排除他杀可能性，初步认定谭某是自行高坠死亡。

警方公布"谭静案"详细情况后，不少网友仍对案情的一些细节问题存有疑问，有网友提出诸如"谭静为什么会自杀""厕所窗口狭窄，醉酒弱女如何扭开防盗网跳窗"等，更有网友对案发现场3名韩国人向警方提供的证词提出了质疑。针对这些问题，参与此案的民警对部分疑问做了回答：

问：厕所窗口狭小，且窗户上装有防盗网，以谭静一个女孩的力气，再加上醉酒，怎么可能扭开防盗网再跳窗？

答：根据现场情况，厕所窗口面积不足1平方米，高约1.2米，宽约0.5米，以谭静的身高和体重，她稍微侧身就可以从窗口钻出去。至于防盗网的问题，窗户上原本有两根金属条状防盗网，但当时居住在房间内的韩国人说，谭静跳楼后他们冲进卫生间，发现两根金属防盗网略有弯曲，警方对现场勘查后确定，防盗网的右下部其实已经向外脱开，应该是两根金属条略有松动，谭静将其中一根移开后再钻窗跳了下去。另外，卫生间坐厕上有两处踩踏痕迹，窗口边沿有攀爬痕迹，这些痕迹经证实是谭静留下的，这些都构成钻窗跳楼的证据。

问：谭静有什么动机要自杀？

答：警方经过尸检和对谭静亲友的调查，确定谭静死前的最后一段时间几乎每天都在酗酒，而且醉酒时有失态和疯狂的表现。至于醉酒的原因，谭静亲友估计有两个：一是因为刚过清明节，谭静可能因为祭奠父亲而情绪低落（10年前谭父被害前一天晚上，她和父亲大吵了一架，她因此对父亲的死格外内疚）；二是因为情感纠纷，谭静的前任男朋友是美国人，她非常爱对方但最终还是分手了，谭静为此非常伤心，并曾在一次醉酒后割脉自杀。另一个佐证，谭母在派出所录口供的时候曾表示，谭静和前任男朋友发生了经济纠纷。事发前一晚还和前任男朋友在电话里大吵，在事发现场她一直在卫生间给前男友打电话吵架，这些证据都可作为谭静自杀的理由。

问：尸体被发现时为什么只穿内衣裤？尸体上的绳子怎么解释？

答：现场勘查显示谭静进屋时穿了外套，但稍后在屋内觉得闷热而将牛仔外套摆在客厅，经调查，外套呈自然摆放。同时警方在现场楼下的草坪上找到一条绿色休闲裤，休闲裤很多地方都裂开了，裤腰上还系有皮带，休闲裤脱落符合坠楼特征。至于部分网友称尸体上的绳子难以解释，其实绳子是事发后消防队员从横梁上运下尸体时系在尸体上的，跟案情没有关系。

问：事发现场只有3名韩国人，他们完全有可能串供掩盖真相再报警。

答：刑事案件的侦办都有规范的调查程序，涉及多个当事人时，警方不可能对当事人一并讯问，而是分别审查，如果当事人有串供的嫌疑，通过细致缜密的审查以及专业的审讯技巧，很容易找出其中的破绽。同时，对相关当事人的调查只是案件整体侦办过程的一项内容。就本案来说，警方公布的调查结果，还是来自现场勘查、尸检以及死者相关社会人士的各种调查，是经过全面、细致的工作才做出的认定。

谭静的死亡，或者是"自杀"，或者是"他杀"，或者是"不幸事故"。广州警方排除了他杀的可能性,确认是"自行高坠死亡"。这意味着,在广州警方看来,谭静不是受外界环境的某种因素被迫跳楼死亡的,即谭静"自行高坠死亡",可能会是"自杀",也可能是大量饮酒后,自控能力降低,不下心滑下去或掉下去,发生了"不幸事故"。

广州警方的通报,运用的就是淘汰法:通过选言推理的否定肯定式,否定了"他杀"的可能性,进而确定"自行高坠死亡"(可能是"自杀",也可能是"大量饮酒后,自控能力降低,不下心滑下去或掉下去,发生了'不幸事故'")这一论题的真实性。

淘汰法在司法工作中应用较多,尤其是在分析案情、确定案件性质时所做的论证,很多时候都要用到淘汰法。由于淘汰法运用了选言推理的否定肯定式,所以,运用淘汰法时,必须遵守选言推理的有关规则。

反证法和淘汰法都属于间接论证的方法,它们的共同点是论据和论题都不直接发生关系,而是通过引用论据确定其他判断的虚假来确定论题的真实性的。区别在于反证法是通过确定与原论题相矛盾的反论题的虚假,来推导出论题为真的;淘汰法则是逐一确定论题之外的各个判断的虚假,进而推出论题为真的。

四、法律论证的规则

(一)关于论题的规则

1. 论题必须清楚确切

法律论证是为了确定论题的真实性而展开的,目的在于使人承认、接受所确定的论题。在法律论证中,论据的取舍和论证方式的选用,也都要受这一目的所制约。如果论题本身尚且含混不清,令人不解其意,甚至连论证者企图证明的是什么样的论题,还使人不明确,这样的"论证"就成了一堆废话。因此,论题是否清楚确切,是决定论证能否正确有效地展开的关键。

要做到论题清楚确切,展开论证时首先就必须有一个明白、确定的论题,论证者对所要论证的问题必须形成明确的思想。不仅如此,由于论题必须表现为判断,而判断又是由概念构成的,因此,要做到论题清楚确切,还必须使论题中包含的概念明确,作为论题的判断形式要恰当,主张什么或反对什么要观点明确,不能含含糊糊、似是而非。

违反这条规则的逻辑错误,叫"论题不清"。

"论题不清"的逻辑错误,又称"论题模糊"或"无确定论题",主要表现为论证问题时没有中心,论证中没有明白确定的观点,东拉西扯、节外生枝,"下笔千言、离题万里"。

例如,某市法院在公开审理黄××贪污一案时,被告的辩护律师在法庭上就做了这样长达一个多小时的"辩护":他从被告人黄××

小时如何勤俭好学、热爱集体讲到她怎样通过各种关系参加了工作；又讲到她参加工作后怎样由勤杂工变成营业员，讲到她对本单位的贪污盗窃活动，如何由"看不惯"，进而"跟着干"等。在一一陈述了这个单位的各种贪污盗窃现象之后，辩护律师又从这个单位的管理如何混乱讲到领导的官僚主义如何严重，最后还谈到司法机关去被告家没收赃物时，这个单位的领导和群众还如何不理解等。发言者口若悬河，听者也感到津津有味，可是，论证者在这里要论证的是什么样的论题呢？他为被告做了一些什么样的辩护呢？恐怕谁听了也不会明白。从逻辑上说，这样的论证就是犯了"论题不清"的错误。

"论题不清"的逻辑错误还表现为论题本身表达的意思含混，可让人作不同理解，甚至还可能使人无法理解。它通常是由于论题中包含的概念不明确或判断形式不恰当而造成的；有时也可能由于论证者为掩饰观点的错误，故意含糊其词而造成的。

例如，法庭辩论中往往会出现辩护律师在为被告辩护时提出"被告应从宽处理"的辩护意见。用这样的判断做论题，就是"论题不清"的表现。因为我国《刑法》中属"从宽"的处理规定，只有从轻处罚、减轻处罚和免除处罚，都属"从宽"的范围，然而在具体案件的处理中，辩护律师究竟要求的是哪一种"从宽"，无疑应表述得清楚、确切才对。笼统地要求"从宽处理"，论题就含混不清了。

2. 论题应当保持同一

论题应当保持同一，是指在一个法律论证中只能有一个论题，并且在整个论证过程中保持不变，始终围绕该论题进行论证，即要遵守同一律的要求。因此，当论题确立以后，就当紧扣论题来引用论据，不能下笔千言，离题万里，或者实际论证了另外一个论题。否则就达不到论证的目的。

论题是否保持同一，是论证中是否遵守了同一律的具体表现。违反这条规则的逻辑错误称为"转移论题"或"偷换论题"。

例如：在法庭辩论中，公诉人不去用事实和法律证明被告已构成什么性质的罪和应处以什么样的刑罚，而大谈被告家庭教育不好，表现很坏，有什么历史问题等；或辩护人不用事实和法律证明被告无罪或轻罪等，却大讲被告所受的教育程度高，立过功得过奖，为单位做出过贡献等。从逻辑的角度来说，都是自觉或不自觉地犯了"转移论题"的错误。

在实际论证的过程中，较常见的是把原论题扩大或者缩小，即犯"论证过宽"或"论证过窄"的逻辑错误。

"论证过宽"是指转移或偷换后的论题较原论题在外延方面断定要广。

例如，原论题为"社会主义市场经济的特征"，但在论证过程中，却无意或有意地大谈特谈"市场经济的特征"，去论证"市场经济的特征"和"社会主义市场经济的特征"。虽然,"市场经济的特征"和"社会主义市场经济的特征"这两个问题是有联系的,但两者又有区别,不仅它们的内涵有差异,而且它们的外延也不同,前者宽,而后者窄。因此,这就犯了"论证过宽"的逻辑错误。

"论证过窄"是指转移或偷换后的论题较原论题在外延方面断定要窄。

例如,原论题为"社会基本矛盾",但在论证过程中,却无意或有意地只论证"生产力和生产关系的矛盾"。虽然"生产力和生产关系的矛盾"是"社会基本矛盾"中的最基本的矛盾,但两者毕竟是有差异的,不仅它们的内涵有差异,而且它们的外延也不同,前者窄,后者宽。因此,这就犯了"论证过窄"的逻辑错误。

在论证自己的论题时,要始终注意保持论题的同一,在同别人的辩论过程中,也要注意保持论题的同一,要准确地引用对方的话,不能歪曲或篡改别人的原意。否则也会犯"转移论题"的错误。如果故意玩弄偷换论题的手法,以便达到某种不可告人的目的,那就是诡辩。

例如,某单位一位领导干部批评该单位的一个党员说:"最近一段时间,你的私心太重,群众对你意见很大。我们共产党员无论何时何地都不应将个人利益放在第一位,而应处处发挥党员的模范作用。"这个被批评的党员却狡辩说:"按照你的说法,共产党员就不应该考虑个人的利益了?既然如此,你为什么还月月领工资、奖金呢?"这位被批评的党员在辩论过程中,把"共产党员不应当将个人利益放在第一位"歪曲成"共产党员不应该考虑个人利益",这种故意偷换论题的做法,显然是为了掩盖他的缺点错误而进行的诡辩。

(二)关于论据的规则

1. 论据必须是真实的

论据是用来论证论题真实性的根据。论证的过程就是从论据的真实性推出论题真实性的过程。如果论据虚假,就无法从论据推出论题的真实性。因此,这条规则要求人们在论证过程中,所引用的论据必须是已证明了的真实判断,不能引用虚假的判断作为论据,也不能引用真实性尚未证明的判断作为论据。

违反这条规则就犯"论据虚假"或"预期理由"的逻辑错误。前者以虚假的判断做论据;后者以真实性尚未证实的判断做论据。

例如,在"人是上帝创造的,因为上帝创造了万物"这个论证中,就违反了论据必须真实的规则,犯了"论据虚假"的逻辑错误。

2. 论据的真实性必须被证实

真实性尚未证明的判断也不能作为论据,否则就会犯"预期理由"的逻辑错误。

例如，在《十五贯》中，无锡知县过于执着地认定苏戌娟与熊友兰是杀死尤葫芦、盗走15贯钱的罪犯。他是这样判定的："看她（苏戌娟）艳如桃李，岂能无人勾引？年正青春，怎么会冷若冰霜？她与奸夫情投意合，自然要生比翼双飞之意。父亲阻拦，因此杀其父而盗其财，此乃人之常情。这案情就是不问，也已明白十之八九的了。"

这位知县认定苏戌娟与熊友兰有罪的证据都是主观臆想、捕风捉影的，犯了"预期理由"的逻辑错误。

3. 论据的真实性不应当靠论题的真实性来论证

在论证中，论题的真实性是从论据的真实性中推出来的，如果论据的真实性反过来还要靠论题来论证，就会形成论题和论据互为论据、互为论题的情况，实际上等于没有论证。

违反这条规则，就犯了"循环论证"的逻辑错误。

例如，有这样的一段论述："宋江是投降派。因为宋江打过方腊。为什么说宋江打过方腊呢？因为宋江是投降派，所以宋江必然打过方腊。"上述论证中，论题是"宋江是投降派"与论据"宋江打过方腊"互相论证，没有任何说服力，犯了"循环论证"的逻辑错误。

（三）关于论证方式的规则

从论据应能推出论题，主要是指论据与论题之间必须具有逻辑联系，论据应是论题的充足理由，由论据的真实性能必然地符合逻辑地推出论题的真实性。

违反这条规则，就会犯"推不出"的逻辑错误。"推不出"的逻辑错误有下列几种表现形式：

（1）违反推理规则。论证总要借助推理才能进行。正确的推理形式是使论据和论题建立起逻辑联系的"纽带"。如果论证中所运用的推理形式不正确，违反了推理规则，即使论据真实、充分，也不能推出论题的真实性。

例如：死者死亡的原因是砷中毒，因为凡死于砷中毒的死者在其尸体中能提取到砷的残留物，而尸检提取到砷的残留物。这个三段论违反了"中项不周延的错误"。

（2）"论据与论题不相干"。这是指论据与论题之间在内容上毫无联系。在这种情况下，即使论据是真实的，也不能从论据推出论题。

例如：某县法院在一起伤害案的判决中，判决书中列举了这样3点"理由"："一是被告人已赔偿了受害人的医药费、营养费1 500元；二是被告人在打伤受害人后，已被行政拘留了15天；三是此案发生后，被告人没有新的违法活动。"并据此对被告做出了"免予刑事处罚"的判决。显然，判决书中所举的3条论据与论题是毫不相干的。因为在《刑法》中，没有任何一条可联结上述事实而成为这一处理结论的根据。因此，上述论证犯了"论据与论题不相干"的逻辑错误。

（3）"论据不足"。这是指在论证过程中，所引用的论据对于确定论题的真实性来说，虽然是必要的，但不是充分的，从论据的真实性还不能必然地推出论题的真实性。如果要使论题的真实性确立，还必须补充其他的论据。

例如：某举报人反映情况说："张某是凶手，因为张某和被害者有宿怨，并且张某去过现场。"因为单凭"张某和被害者有宿怨"和"张某去过现场"并不足以证明"张某是凶手"，所以，这个论证犯了"论据不足"的逻辑错误。

（4）"以人为据"。这种错误是指在确定论题真实性时，用关于某人的品质的评价作为依据，来证明某个论题的真实或虚假性。

例如：在法庭辩论中，公诉人不拿出证据证明被告人有罪，而去谈论其平时的不良表现；或辩护人不拿出证据证明被告人无罪，而去谈论其平时的良好表现等都犯了"以人为据"的逻辑错误。

第三节 法庭辩论的逻辑技巧

法庭辩论的逻辑技巧是指各方当事人及其代理人（或被告人的辩护人、公诉人）在庭审诉讼活动中，为保自方的合法权益，达到预期目的或效果，在依据事实和法律的基础上，就自己的诉讼主张所做出全盘计划和实施的逻辑方法及谋略。庭审辩论的逻辑技巧，不仅是一门口才辩论艺术，更是公诉人和律师参与诉讼活动的基本技能之一。

1. 紧追不舍，迫其吐真

在庭审中，律师常常请求合议庭允许他事先调查过的有利于自己的证人出庭作证，但由于种种原因，证人有时会改变自己已向律师提供的真实证言，或含糊其词，或做虚假陈述。如果证人的证词很关键，无疑将会关系到案件的判决。在这种情况下，律师必须引用先行采集的调查笔录，追问证人，迫使其客观作证。

例如，在一法人型联营合同纠纷案件的庭审调查中，由于几位重要证人均是原先派至联营企业的干部，所以，他们在作证时，有的含糊其词，有的则做虚假陈述，将亏损及停产的责任全推到被告身上。十分明显，他们在庭上所做的证词，与事前向被告方律师提供的证词不尽相同，甚至完全不同。他们所做的虚假证词，会影响案件的处理。为此，律师在征得审判长同意后，立即向证人发问道："你是糖厂的生产车间主任吗？"答："是的。"问："你们车间在生产管理上正常吗？"答："正常。"问："既然是正常的，那么你在3月10号对我们说，原料质量粗劣，而且任意加减原来配方，这算不算正常呢？"答："我说的是一般情况，以前讲的情况也是有的。"由于被告律师采用这种追问法，几位证人都承认了原告在管理联营企业生产方面存在的问题，因而也就间接地证明了证人庭上证言虚假性和庭前证方的真实性，从而为自己辩论阶段的辩论观点奠定了坚实的事实基础。

由此可见，在证人证方不稳的情况下，利用证人首次做出的客观证言，刨根问底，无疑是可以奏效的。当然，提问要得当，同时要避免审问式的发问。

2. 提示矛盾，争取主动

在同一案件中，证据与证据间可能会存在矛盾，这些矛盾只要认真细致地研究案卷材料，是完全可以发现的。但有时由于粗心疏忽，往往等到法庭上出示有关证据时才发现这个问题，而这个问题又会影响案件的处理。此时，律师应针对出现的新情况，迅速做出反应，提示矛盾，争取案件处理的主动权。

例如，在一抢劫杀人案件中，被告人供述，他为图财，夜间将某工商所值班员杀死，抢走财物若干；后又为劫财，先后杀死二人。法庭调查时，被告人交代，他在工商所内一刀将被害人捅倒，包取钱物随即逃走。法庭出示现场勘查照片。被告辩护人猛然想到阅卷时该照片清晰可见死者脖颈上有数个刀痕，显然与被告人仅捅一刀的供述矛盾。于是辩护人向被告人发问道："你捅了他几刀？""就一刀。""真的是一刀吗？""当然是一刀。""刚才法庭出示的照片死者脖颈处有3个刀痕，怎么可能只捅一刀呢？"被告人眼见无法解释，只得承认工商所案是3人作案，他在外放风，另两人行劫，事先并未商量要杀人。被捕后想到自己已欠了3条命，终是一死，不如替他们受过，所以就没有抖出他们。矛盾提示揭示出来后，辩护人及时提出，鉴于本案可能遗漏罪犯，建议退回补充侦查。补充侦查的结果，抓获了漏犯。合议庭考虑，被告人提供了特大犯罪线索，有特大立功表现，因而判处被告人死刑缓期二年执行。

显然，辩护人的"急中生智"获取了主动权，使被告人得到适当的处罚，而且帮助司法机关查清了全部案情。由此可见，在庭审调查过程中，如果辩护人或公诉人发现案件中的矛盾，不妨揭露矛盾，同时在此基础上向合议庭提出合理化建议，这样一定会收到令人满意的效果。

3. 调整思路，集中出击

如何根据庭审情况，把握好辩论中一轮、二轮或三轮的时间和内容，也是辩论技巧问题。一般说来，可在一轮辩论时把辩论观点处理得原则些、简练些，在以后几轮辩论中再进行阐述、发挥。但也有需要灵活处理的例外情况。

例如，在一经济纠纷案件中，由于案情复杂，出庭证人众多（司法会计鉴定人和技术鉴定人也到庭陈述），故法庭辩论开始，原告方律师虽持有大量有利证据，但在发表代理词时仅提出原则意见，被告方两位律师预计合议庭会在当日结束庭审，二、三轮辩论时间将会很短，甚至没有，因而必须调整原定思路，将火力集中在一轮辩论中。于是，两位被告代理人轮番上场，用较长时间充分论证了原告对于纠纷的发生也负有一定责任这一观点，给合议庭和旁听者留下深刻的印象。发言结束后，审判长稍加评议本案，即宣布终止法庭辩论，在征得双方同意后，指挥庭审转入调解。此时，原告方律师已无机会答辩，由于刚才讲的是原则，给人的印象似乎是没有多少道理可讲；被告方律师由于及时调整思路，采取集中火力出示了一张好的底牌，案件终以有利被告的调解协议结束。

4. 直接反驳，拉回正题

在法庭辩论之初，有些公诉人往往脱离起诉书的内容，提出新的起诉意见，从而偏离了辩论的主题；有的辩护人往往东拉西扯，辩护没有针对性。针对这种情况，辩论一方应该立即反驳对方，指出对方的辩词脱离了辩论的主旨，从而把辩论内容拉回到主题上来。

例如，在一起重大走私案中，公诉人在公诉词中大谈某公司走私案的事实及法律依据，然而，起诉书指控的是该公司的业务员刘某个人犯有走私罪。针对公诉人这一违反法律程序的说法，辩护人马上指出："起诉书仅仅指控刘某以公民身份犯有走私罪，因此本案没有关于法人犯罪的起诉书；刘某不是公司的法定代表人，起诉书也没有起诉他应代表公司作为被告人，因此本案没有法人犯罪的被告人；我们没有受委托做公司犯罪的辩护人，而是为个人被告做辩护人，因此本案没有法人犯罪的辩护人。在既无起诉书，又无被告人和辩护人的情况下，公诉人凭什么指控该公司犯罪呢？"

这一反驳环环相扣，铿锵有力，不容置疑，紧接着，辩护人就被告人是否有个人走私犯罪行为这一正题进行无罪辩护，充分反映了辩护人精到的应变能力。

5. 追问依据，陷彼窘境

在紧张激烈的法庭辩论中，有的辩论方或是不够沉着冷静，或是低估了对方熟悉法律的能力，情急之下会突然提出一些没有法律依据的辩论观点，这时对方只要洞悉了破绽，就可以采用追问依据的方法，陷彼于窘境，从而取得辩论胜利。

例如，在一妨害公务罪案件中，辩护人突然提出"按照有关规定和证据学的要求，超过 24 小时验伤无效，医院的伤情鉴定是超过了 24 小时才做出的，所以鉴定没有证明力。"公诉人很清楚没有哪条法律规定"超过 24 小时验伤无效"，辩护人半路杀出的这一枪是缺乏依据的，于是立刻发问："请辩护人说明'超过 24 小时验伤无效'的法律依据何在？"辩护人深知失言，在答辩时回避了这个问题。公诉人乘胜追击，在下轮辩论中指出："我国法律从无 24 小时验伤之说，医院的伤情鉴定完全具有证明力。"辩护人在公诉人这种强大的攻势下，无法辩解，因而陷入窘境。最后合议庭采纳了公诉人的意见。

6. 不辩之辩，击败诡辩

不少刑事案件在经过侦查和审查起诉后，犯罪事实已经清楚，证据也确凿充分，因此，辩护人只能根据已查实的出合乎法律要求的辩护意见，以尽可能地维护被告人的合法权益，而不能撇开事实和法律进行无谓的诡辩。如果辩护人进行诡辩，公诉人除严辞驳斥外，还可用"不辩之辩"的应变方法赢得辩论胜利。

例如，在一抢劫案件中，被告人翻墙入室，窃得现金两万余元，未及出走，被事主归家发现，事主堵截被告人，被告人随手拎起一张椅子砸向事主，夺门而出，逃跑中被群众抓获。其行为已从盗窃转化为抢劫。公诉人以抢劫罪对被告人提起公诉。被告辩护人辩护说："被告人是推椅子，不是砸椅子，而且其目的是想弄出响声，让事主误以为他正从侧门逃跑，从而将事主引向侧门，以便从正门逃走。被告人主观上并不想使用暴力，客观上也没有使用暴力，因此，其盗窃行为不能转化为抢劫行为，只构成盗窃罪，不构成抢劫罪。"辩护人的观点出现了一个明显漏洞，即如果被告人是想通过推椅子将事主引往侧门的话，那么，椅子的去向应是侧门，而且椅子一般不会翻倒，但到过现场的群众曾提到椅子翻倒在正门口。很显然辩护人无视案件事实做了诡辩。公诉人冷静地观察到合议庭感觉到了辩护人的这一漏洞后，确信胜券在握，无须再辩，于是在二轮辩论中简洁地说道："我们的意见已在起诉书和公诉词中充分阐明，不再重复。请合议庭判决。"由于起诉方鸣锣收兵，辩护方也只好偃旗息鼓，法庭辩论就此结束。结果合议庭以抢劫罪处予被告人刑罚。

在这里，公诉人的"我们的意见已在起诉书和公诉词中充分阐明，不再重复"的简单的一句话，既间接地指出辩护人的辩护意见是极其错误的，又避开了辩护人的无理纠缠，使辩护人无从再辩。由此可见，在这种情况下，使用不辩之辩的方法反击诡辩，更能轻松地取得辩论胜利。

在法庭辩论最后阶段，如发现对方纠缠不休、死不认账等情况，律师作为一方辩者还应掌握善于拒绝无谓辩论的技巧。所谓拒绝无谓的辩论，一是不重复说；二是当对方抓住一些无碍案件处理的枝节问题不放时，则应采取"对这个问题不予辩论"或"发言到此结束"的办法。这种近似于沉默不辩，不仅在一定时机和法庭上有着巨大的震动力，而且在辩论技巧上戛然而止，干脆有力，听上去似乎退了一步，实质上却是进了两步。

总之，一个成功的案件既需要能抓住案件的核心，正确运用法律，又需要方法得当，采用高超的诉讼技巧，明确诉讼策略，讲求辩论艺术，在办案过程中恰当地把握时机，运用一切必要的诉讼手段，往往能起到四两拨千斤的效果。法庭辩论总的要求：有据有理有节，合情合理合法，会辩敢辩善辩。具体而言：①有据有理有节，论述使人信服。有据就是通过分析、鉴别、判断证据的真实性、关联性、合法性，根据事实，运用证据说话；有理就是通过掌握、理解、解释法律的概念、条款、立法原意，正确适用法律，阐明理由；有节就是通过把握、掌控、运用庭审的方式、节奏、效力，展开法庭辩论，点到为止；②合情合理合法，结论不言自明。合情就是符合公序良俗、社会公德；合理就是符合国家政策、规章制度；合法就是符合法律法规、司法解释；③会辩敢辩善辩，辩论令人叹服。会辩就是能娴熟、准确、恰当、巧妙地驾驭口头语言，竹筒倒豆子倒得出，不怯场；敢辩就是不畏权势、不恋金钱、不讲情面，坚持原则，勇于展示自己的观点，短兵相接；善辩就是举事论理、一语中的、智言巧辩、切中要害。

第四节 谬误与反驳

谬误是人们日常辩论中都极易发生的一种论证错误。它不但会给我们的思想交流造成困难，也会被一些心术不正、在辩论中理屈词穷的人加以利用，从而把对问题的讨论引入歧途。

一、形式谬误与非形式谬误

逻辑谬误可以分为形式谬误和非形式谬误。所谓形式谬误，就是指违反逻辑思维规律，在论题、论据及论证方式方面发生的各种错误，主要是指论据与论题之间构成的推理关系不符合逻辑要求而发生的错误，除形式谬误之外的论证中其他非正当论辩手法的谬误，就都属于非形式谬误。

非形式谬误，不是逻辑思维形式方面可给以归属的谬误，实则就是一种诡辩。诡辩是一种"貌似正确、似是而非"的论辩手法，它"以任意的方式，凭虚假的根据，或者将一个真的道理否定了，弄得动摇了，或者将一个虚假的道理弄得非常动听，好像真的一样。"所以，诡辩手法又具有极大的欺骗性。

二、法庭辩论中的非形式谬误

1. 故意利用语词歧义的谬误

人们日常生活中使用语词，并不总是那么清晰的，难免含混、多义、模糊。一个语词甚至一个语句，它的确切含义总是同其所处的特定的语境相关的。法律、法规中所使用的语词和语句，一般也都注意了它表达的清晰、准确，但是也不可能做到像人们想象的那样处处那么清晰；至于在人们日常生活中，因故意利用语词歧义而引发纠纷的情形，更难避免。

例如，在一起民事案件中，被告共欠原告 6 700 元并留有欠条。被告在第一次还欠款 1 000 元后，于原欠条下方写上"还欠款伍仟柒佰元整"的字样，未签名。后原告向被告再次催缴欠款时，被告辩称自己还欠款 5 700 元，只欠 1 000 元了。法庭论辩中，被告竟然以此为由，证明自己只欠原告 1 000 元，而不是欠 5 700 元。后调查事实证明，被告在这里就是故意利用语词的歧义进行的诡辩。

法庭辩论中，故意利用语词歧义玩弄"偷换概念"的手法，也都属于这样的谬误。

2. 任意解释、曲解法律条款的谬误

法律论证必须遵循"以事实为根据，以法律为准绳"的原则。法律论证中，所援用的法律规定必须是相关的法律条款或依法做出的法律解释，而且对所援用的法律条款的理解，还必须符合法律条款本身的立法原意或其合理意义。否则，所进行的法律论证，就势必犯"任意解释"或"曲解法律条款"的谬误。这种谬误，是论证者为了自己论证的需要而故意曲解法律条款或者原意而发生的谬误，其实质是一种"解释"的错误，是对有歧义或可以多解的语词作任意解释而出现的错误。

例如，在某起案件中，被告的辩护律师根据吴某只有 21 岁，提出："被告吴某很年轻，根据《刑法》第 17 条之规定，法庭应从轻处罚。"

这一论证就犯了"曲解条款"的错误。因为，由辩护人的论证可以看出，他根据"被告人很年轻"，就以此联结《刑法》第17条，得出对被告"应从轻处罚"的结论，反映了他为证明论题的需要而对该项法律条款的故意曲解。对照该项法律条款原文可以看出，有关在年龄方面可以考虑从轻或减轻处罚的规定，原文是"对依照前三款规定追究刑事责任的不满十八周岁的人，应当从轻或者减轻处罚。"。显然，"不满18周岁的人"，并不等于泛指"很年轻"的人，后者称的对象范围比前者宽泛得多。辩护人在进行上述辩护时，明显地就是为了适应论证的需要，故意曲解法律条款而作出的错误论证。

3. 颠倒黑白、强词夺理的谬误

颠倒黑白、强词夺理的谬误，也就是人们通常所说的"无理找理""蛮不讲理"的论辩错误，实则是一种诡辩。本来一个论证中的论据，应当能推导出它所要论证的论题，而"颠倒黑白、强词夺理"，是在论证中采用似是而非、貌似正确的手法，故意地用一些根本不是理由的"理由"做论据，强行为其错误论题做论证。

论辩中的"颠倒黑白"有两种情形：一种情形是论证者用以作为论据的命题，在内容真假方面予以故意颠倒，把黑的说成白的，或者把白的说成黑的；另一种情形是把主观责任与客观条件颠倒，把人的行为导致的结果归咎于客观条件，并以此来掩盖甚至代替主观方面的责任，强词夺理。法庭辩论中出现的"颠倒黑白、强词夺理"，主要表现为后一种情形。

例如，在关于诈骗案件中的辩护中，把实施诈骗行为的人应承担的责任，归咎于被诈骗的人不应当"想占便宜"而轻而易举上当受骗；在关于贪污案件的辩护中，把被告人实施贪污行为的责任，归咎于该单位财务制度不严、领导官僚主义，使得被告人产生了实施贪污行为的动机，给其提供了实施贪污行为的条件。更有甚者，在关于强奸案的辩护中，还把实施强奸行为的人应负的责任，归咎于被害人"长得漂亮，有吸引力""行为不检点"，甚至归咎于被告人"夫妻不和、长期分居"等。

颠倒行为的主观与客观条件的关系，较之颠倒命题内容真假关系更具欺骗性。因为，人的任何行为要导致某种结果，总离不开特定的条件、环境。没有一定的条件、环境，就不可能实施某种行为，或者，虽然实施了某种行为也不一定导致某种结果。因此，论证者利用主客观方面的这种关系，并在论证中着力渲染和强调客观方面的条件、环境，以此来掩盖或开脱行为人主观方面的责任，也就具有极大的迷惑性。其实，客观条件、环境，只是为行为人实施某种行为提供了可能性。为什么在同样的条件和环境下，别的人并不实施某种行为而被告人却实施了这种行为呢？这就表明同样的客观条件环境，并不必然使人实施某种行为；是否利用这些条件来实施某种行为，完全取决于实施某种行为的人。法庭辩论中需要证明的是行为人应负的责任，而不是某种行为得以实施所需具备的客观条件。主观责任和客观条件是两个不同的问题，绝不能把"责任"和"条件"混为一谈；更不能颠倒，用后者去代替前者。

4. 诉诸情感的谬误

"诉诸情感"的谬误，是一种古老而又很常见的论证谬误。所谓"诉诸情感"，就是以对人的好恶爱憎等情感因素做论据，来确定在内容方面与之无关的某个论题的真实性或正当性。突出地就表现为在论辩中极力利用一些激烈动听的言辞，煽动听众的情绪，并利用被煽动起来的听众的怜悯或仇恨，来达到论证某个论题的目的。

显然，这样的论证是不正当的。因为它把相信某个论断的理由，与某人是否值得同情、怜悯（或某人是否令人憎恶、仇恨）混同起来，并且煽动起来的这种情感因素代替论据。实际上，这样的论证并没有为证明论题提供任何逻辑上的支持。

例如，在关于刑事案件的法庭辩论中，如果要论证某人是否有罪，是否应从轻或从重处罚，按说就应遵循"以事实为根据，以法律为准绳"的原则，从案件事实和相关法律规定方面论证所要证明的论题。然而在法庭论辩实务中常常发生这样的情形，如，某甲因杀害某乙而受审，律师在为其辩护时，就不是依照相关的法律规定并列举确凿证据可以证明的案件事实，在证明某甲不构成犯罪或有从轻或减轻处罚的犯罪情节，而是利用激烈的言辞去陈述被害人某乙平时如何为非作歹、无恶不作，以此挑起群众对被害人某乙的憎恶和仇恨，从而掩盖被告某甲应负的法律责任；或者，用动听的语言去细说被告的老父老母如何可怜、幼儿幼女何等凄惨，以此激起听众对被告某甲的怜悯，以期获得对某甲的宽恕等，就都属"诉诸情感"的谬误。

值得提出的是，法律论证中不允许"诉诸情感"，绝不等于反对论证时应当富有感情。人总是有感情的，法官、公诉人、律师也同普通人一样，有着七情六欲。法律论证也如同日常论证一样，论证者总难免或多或少地将自己的情感融入其中，同时也期求获得听众的同情，以便使自己的论证最大限度地为听众所接受。因此，乞求同情或乞求怜悯，本身并不为错。但是，在法律论证中，如果情感被滥用，并以此代替论据去证明论题，那就是"诉诸情感"的谬误了。

5. 以人为据、人身攻击的谬误

所谓"以人为据"，就是相关于某人品质的评价，来代替某人所做的某个论断的评价；以某人品质的优劣，来代替与此无关的某个论题的论证。而"人身攻击"，则是以侮辱甚至谩骂的语言，把对方描绘成一个愚蠢、卑鄙的人，企图以此达到使听众相信对方论断错误的诡辩手法。它是"以人为据"的最典型、最恶劣的表现形式。

例如，在关于刑事案件的法庭论辩中，"以人为据"的谬误，突出地就表现为以被告人品质优劣的论证，来代替对被告人是否实施了某种犯罪行为，以及犯罪情节轻重的论证。

应当承认，一个人平常的表现好坏、人品的优劣，同他是否会在特定的条件下实施某种犯罪行为，是有密切关系的。正因如此，所以我们才强调每个人都应该加强思想品德方面的修养，强调加强青少年政治思想品德方面的教育。但是，一个人平时的表现如何、有无可能走上犯罪道路，同他事实上是否实施了某种犯罪行为，两者终究不是一回事。因此，即使证明了某人平时表现非常好、为人诚恳正直，也不能证明他就没有实施某种犯罪行为；同理，即使证明了某人平时表现很坏、品质恶劣，也不足以证明某人就实施了某一犯罪行为。要证明某人是否构成犯罪，只能运用确实、充分的证据材料，并在此基础上根据法律的相关规定做出合乎逻辑的论证，绝不能用对某人品质的评价来代替。

在反驳中，"以人为据"的谬误主要表现为对对方的人身攻击。人身攻击的目标，可以是对方的人品、性格甚至生理缺陷。其论辩特点，通常是用揭露对方隐私或指出对方人品缺点的方法，以代替对对方观点的反驳。

例如，某法院在审理一起伤害案件，被告的辩护律师为了反驳公诉人关于被告人已构成伤害罪的结论，经过一番论辩后仍不能说服对方，于是就矛头一转，去揭露公诉人如何无知、不懂法律、在某次法庭辩论中怎样"出洋相"等。又如，某县法院在审理一起贪污案时，因公诉人拿不出确实可靠的证据来证明起诉人认定的贪污数额，无法回答辩护律师在法庭上抓住不放的问题，于是就恼羞成怒，生气地反驳说："你为什么如此卖力地为她（被告人）开脱罪责呢？老实说，你们之间过去的暧昧关系，群众已早有反映……"诸如此类，就都是用人身攻击的手法来代替对对方观点的反驳，都属于"以人为据"的论证谬误。

"人身攻击"是一种十分恶劣的论辩手法。表面看来，反驳者在对对方进行人身攻击时，似乎很得意；被反驳者也常因个人缺陷被公之于众而一时答不上腔，或者不自觉地被引入对别的问题的论辩中去，在这种情况下，往往还给别人以假象，反驳者好像胜利了。其实，采用这样的手法进行的反驳，实则是对对方的论证束手无策的一种虚弱的表现。凭借这样的手法，不但不能真正驳倒对方的论证，恰恰说明反驳者自身没有掌握真理。但是令人值得注意的是，采用人身攻击的手法虽然不能驳倒对方的论证，却足以影响法庭辩论的正常进行，甚至可能把严肃的法庭论辩误入歧途。因此，对这样的诡辩手法又不可小视。

三、反驳

（一）什么是反驳

反驳是用一个或一些真实判断，并借助推理确定另一个判断的虚假性或某个论证不能成立的思维过程。也可以说,反驳就是人们常说的揭露谬误的过程。

例如,牛顿是汞中毒而死的吗?否!汞中毒的临床表现为四肢无力、痛、手指颤抖、口腔发炎、牙齿脱落。但据《科学的美国人》1981年第15期报告:牛顿在他成年后至死的漫长岁月中,只脱落了一颗牙齿;而且,他生前写的各种书稿、信件中,均没有颤抖的迹象,即根本没有汞中毒的反应。可见,牛顿并非汞中毒而死。

这就是一个反驳。它引用了医学上已证明为真的、有关汞中毒临床特征方面的判断,以及关于牛顿生前情况的判断的真实性,进而确定了"牛顿是汞中毒而死"这一判断的虚假。

反驳的结构由3部分组成:被反驳的论题,即被确定为虚假的判断,也就是通常所说的"论敌";反驳的论据,即引用来作为反驳根据的判断;反驳方式,即反驳中所运用的推理形式。

反驳与论证不同,论证是确定某一判断的真实性,反驳是确定对方论题的虚假性或不能成立;论证的作用在于探求真理,阐明真理,宣传真理,反驳的作用则在于揭露谬误,捍卫真理。前者即为"立",后者即为"破"。但是"立"与"破"又是密不可分的。从某种意义上说,反驳也可以看成论证。因为,反驳就是用一个论证推翻另一个论证。所以,反驳只不过是论证的一种特殊形式。

(二)反驳的对象

反驳的任务在于推翻对方的证明,由于对方的论证不外论题、论据和论证方式,因此,反驳可分为反驳论题、反驳论据和反驳论证方式。

(1)反驳论题就是确定对方论题的虚假性。

例如:前例中引用《科学的美国人》1981年第15期报告中关于牛顿生前的生理状况对"牛顿是汞中毒而死的"这一观点的反驳,就是反驳论题。

(2)反驳论据就是确定对方论据的虚假性。

例如,张某控告邻居李某在他去单位值班时,半夜进入其居室强奸了他13岁的小女儿,他的大女儿亲眼看见李某所为。但李某矢口否认,说这是张某对他的诬告陷害。经调查,张某控告李某犯罪的那天半夜,阴雨连绵,通宵停电。在如此漆黑的晚上,张某的大女儿根本无法"亲眼看见"所谓作案者李某。于是,警方断定张某大女儿的陈述是不真实的,经过教育,张某的大女儿终于否定了所指控的事实。

此案中张某的论题是:李某强奸了幼女;论据是:其大女儿亲眼看见李某作案。警方对张某的反驳就是反驳论据,即指出其指控所持的论据是虚假的。

需要指出,在通常情况下,驳倒了对方论据,并不能确定对方论题是虚假的,即不等于驳倒了对方的论题,只能说明对方的论证还不能成立,其论题的真实性还不能确认。论题真实性未被确认与论题虚假不同。一个论题是否真实,并不取决于它的论据是否真实,而取决于它是否正确地反映了判断对象的情况,是否与判断对象的实际相符合。从推理角度来说,前提(论据)假时,即使推理形式是正确的,其结论(论题)也并不必然假,即可能假,也可能真。因此,当驳倒了对方论据时,不能由此得出已驳倒了对方的论题。

(3) 反驳论证方式就是指出对方的论据和论题之间没有正确的逻辑联系。

在这种情况下即使论据是真实的,也不能从论据中推出论题来。运用这种反驳方法,可以直接指出对方的推理形式有错,即违反推理规则;也可以按对方的推理方式另举一例导出荒谬结论以推翻对方的论证方式。

例如,李××与陈××通奸,李的公公发觉后,陈用手掐死李的公公,事后李协助陈伪造现场,放走凶犯。某检察院认为李的行为不构成包庇罪,因为伪造现场法无明文规定。有人撰文指出,"如果按照检察院运用这一原则的逻辑推理,犯杀人罪的应有凶器,陈××掐死李的公公的行为在刑法中并没有明文规定治罪的条文,难道陈××就可以不构成杀人罪了吗?"

这种反驳就是用另一例以推翻原推理形式有错的方法。原推理形式:

凡是法无明文规定的都不治罪,伪造现场法无明文规定,所以,伪造现场不治罪。

这个推理有4个概念错误:大前提中的"法无明文规定的"是指独立的罪名,如杀人罪、抢劫罪等,小前提中的"法无明文规定"是指具体犯罪的方式,如帮助伪造现场是包庇罪的一种方式,用手掐是杀人的一种方式等,当然这些具体方式法律条文是不会一一规定的。把它们混淆起来,必然在推理上造成四概念错误。

这里还应指出,驳倒了对方的论证方式,也不等于驳倒了对方的论题,而只能确定对方论题的真实性还是待证的。因为,从推理角度看,无论前提(论据)真实与否,只要推理形式不正确,其结论(论题)就是或然的,即可能真,也可能假,而并非必然假。在论证中,论证方式犯有错误,只能说明其论题的真实性还没有得到论证,而不能确定其论题一定假。

综上所述,反驳论据和反驳论证方式都可以确定它所反驳的对方的论题的真实性还没确认,对方的论证还不能成立,但不能确定对方论题是虚假的,而反驳论题可以确定对方论题的虚假性。因此,在反驳论题、反驳论据和反驳论证方式三者之中,反驳论题是主要的。

（三）反驳的方法

1. 直接反驳

直接反驳就是用论据正面论证某论题虚假，即用一个或几个真实判断直接推出某论题是虚假的。在直接反驳中，可以运用演绎推理，也可以运用归纳推理。

例如，有篇科普文章对所谓"黄鼠狼是鸡的天敌"这种说法，就做了如下反驳：黄鼠狼真的是鸡的天敌吗？有人做过这样的实验，在关有黄鼠狼的笼子里，第一晚放进3只活鸡和一条带鱼，黄鼠狼只吃带鱼；第二晚放进鸡、鸽和老鼠，黄鼠狼只吃老鼠；第三晚放进鸡、鸽子，黄鼠狼把鸽子咬死……第五晚在笼中单单放进活鸡，黄鼠狼没有别的食物，只好吃鸡。为了进一步证实黄鼠狼的食性，有人从不同省份地区捉来黄鼠狼解剖，发现它的胃里的主粮是鼠、蛇、鸟雀蛋、昆虫等。可见，认为'黄鼠狼是鸡的天敌'，这种评价是很不公允的。

这个反驳就是引用真实的判断，确定"黄鼠狼是鸡的天敌"这个判断的虚假而做出的直接反驳。

2. 间接反驳

间接反驳就是通过证明与对方的论题具有矛盾关系或反对关系的判断的真实性，从而根据矛盾律，确定对方的论题虚假性的反驳方法。因为矛盾关系和反对关系的判断都是不可能同时为真的，只要能证明其中一个论题为真，那么与之具有矛盾关系或反对关系的论题就一定是假的了。

例如："有人说'喝醉酒的人犯罪不用负刑事责任'，这是不对的。因为我国《刑法》第18条规定：'醉酒的人犯罪，应当负刑事责任'。"这里反驳的论题是"喝醉酒的人犯罪不用负刑事责任"。反驳的方式是引用我国《刑法》的有关条文规定，证明"醉酒的人犯罪，应当负刑事责任"。显然，《刑法》规定和"喝醉酒的人犯罪不用负刑事责任"这个论题是相矛盾的，根据矛盾律两者不能同真，得出"喝醉酒的人犯罪不用负刑事责任"为假。

3. 归谬法

归谬法就是先假定被反驳的论题为真，然后由此逻辑地引申出推断，形成一个充分条件的假言判断；再引用论据确定引申出的推断虚假，或者引申出的推断本身就明显荒谬或包含矛盾，这样，通过充分条件假言推理的否定后件式，便可推出被反驳的论题虚假。

例如，有人说，不上大学就是没出息，就成不了人才。照此说来，瓦特、高尔基、爱迪生、富兰克林等就是没出息的人了！因为他们都没有上过大学。然而，瓦特这个钟表店的学徒是蒸汽机的发明者；高尔基——一个流浪儿，靠自学成了一代文豪；富兰克林——一个普通印刷工人，凭着刻苦钻研，成了电学的先驱者；爱迪生只读过3个月书，也靠自学成了伟大的发明家。你能说他们不是人才？

参考文献

[1] 朱武.司法应用逻辑[M].郑州：河南人民出版社，1987.

[2] 李延铸，李文健.侦查逻辑学[M].成都：西南交通大学出版社，1991.

[3] 吴家国.普通逻辑原理[M].北京：高等教育出版社，1989.

[4] 王洪.法律逻辑学案例教程[M].北京：知识产权出版社，2003.

[5] 雍琦.法律逻辑学[M].北京：法律出版社，2004.

[6] 张晓光.法律专业逻辑学教程[M].上海：复旦大学出版社，2007.

[7] 张大松.法律逻辑学案例教程[M].上海：复旦大学出版社，2009.

[8] 罗旭.逻辑原理与法律运用研究[M].北京：经济日报出版社，2009.

[9] 张志成.逻辑学教程[M].北京：中国人民大学出版社，2010.

[10] 刘汉民.思维实践与思维能力培养研究[M].北京：光明日报出版社，2010.

[11] 斯蒂芬·雷曼.逻辑的力量[M].3版.杨武金，译.北京：中国人民大学出版社，2010.

[12] 黄伟力.法律逻辑学导论[M].上海：上海交通大学出版社，2011.

[13] 张大松，蒋新范.法律逻辑学教程[M].3版.北京：高等教育出版社，2014.

[14] 濮方平，王萍丽.法律逻辑新编教程[M].上海：上海大学出版社，2013.

[15] 王洪.法律逻辑学[M].北京：中国政法大学出版社，2013.

[16] 杨武金.逻辑思维能力与素养[M].北京：中国人民大学出版社，2013.

[17] 贺志明，金承光，文颖丰，等.逻辑学——普通逻辑[M].北京：中国时代经济出版社，2015.

［18］陈金钊，熊明辉．法律逻辑学［M］．2版．北京：中国人民大学出版社，2015．

［19］陈波．逻辑学是什么［M］．北京：北京大学出版社，2007．

［20］刘元根．实用逻辑学——逻辑点亮智慧［M］．北京：北京理工大学出版社，2010．

［21］[美]加里·R.卡比，杰弗里·R.古德帕斯特．思维——批判性和创造性思维的跨学科研究［M］．4版．韩广忠，译．北京：中国人民大学出版社，2010．

［22］[美]伯纳·派顿．身边的逻辑学［M］．黄煜文，译．北京：中信出版社，2011．

［23］缪四平．法律逻辑——关于法律逻辑理论与应用分析的思考与探索［M］．北京：北京大学出版社，2012．

［24］倪北海．疑难案件侦查逻辑解析［M］．北京：中国人民公安大学出版社，2012．

［25］张志成．逻辑思维与司法实践［M］．北京：北京大学出版社，2005．

［26］彭漪涟，余式厚．趣味逻辑［M］．北京：北京大学出版社，2005．